"高飞锐思想"系列之二

决胜话语权

曾高飞◎著

中国经济出版社
CHINA ECONOMIC PUBLISHING HOUSE
·北京·

图书在版编目（CIP）数据

决胜话语权／曾高飞著．
—北京：中国经济出版社，2019.12
ISBN 978－7－5136－5721－1

Ⅰ．①决…　Ⅱ．①曾…　Ⅲ．①产业经济学—中国—文集　Ⅳ．①F269.2－53

中国版本图书馆 CIP 数据核字（2019）第 116104 号

责任编辑　邓媛媛
责任印制　巢新强
封面设计　任燕飞工作室
书名题字　许正扬
封面漫画　叶雨晨

出版发行　中国经济出版社
印 刷 者　北京富泰印刷有限责任公司
经 销 者　各地新华书店
开　　本　710mm×1000mm　1/16
印　　张　22
字　　数　330 千字
版　　次　2019 年 12 月第 1 版
印　　次　2019 年 12 月第 1 次
定　　价　68.00 元
广告经营许可证　京西工商广字第 8179 号

中国经济出版社　**网址** www.economyph.com　**社址** 北京市东城区安定门外大街 58 号　**邮编** 100011
本版图书如存在印装质量问题，请与本社销售中心联系调换（联系电话：010－57512564）

这个时代，努力奔跑逐梦的人最可爱

龙新民

生活在这个伟大时代，有梦想，并为之努力奔跑，不破楼兰终不还，是人生一件快事。

这本书，这个作者的故事，照映出这样一种当代知识分子的奔跑过程和追梦精神。

作者曾高飞是我的同乡，我们都来自湖南农村；经历有些相似，都是通过求学后，到首都北京工作、生活。所以，他那种小时候在乡下经历的贫穷与艰辛，他那种锲而不舍的勤奋和坚持，我都似曾相识，感同身受。

作者没有辜负这个伟大时代，也获得了时代赋予他的，与其努力相匹配的回报：在北京安居乐业，创造社会价值，实现人生梦想。

作者经历丰富，走南闯北，从企业管理者到新闻工作者，工作岗位在变，工作地点在变，而始终不变的是对文字的热爱和坚持。

以前，作者是文学少年和文学青年。初中开始发表作品，高中出书，大学靠稿费生活。写过诗歌，出版过诗集；写过散文，出版过散文集；写过小说，出版过长篇小说。

2006年到北京后，作者在人民网做了一名编辑记者。从事写作的人，都有出书梦想。做记者后，作者一直在琢磨如何将职业作品结集出版。

从2018年出版《产经风云》开始，作者找到了这样一条路子，圆了这个梦，而且一发不可收拾，形成了“高飞锐思想”产经丛书系列。

作者现在更加勤奋，几乎天天写作，天天发表文章，很少间断。他一年写作的文章在300篇以上，发表字数高达百万字。一个文字工作者，能有这种精神，能有如此成果，对自己可以问心无悔，对单位、对社会也都算有所交代了。

从其严肃认真的写作态度和不变初衷的坚持看，作者是一个真正的“努力奔跑”“认真追梦”的人。

作者是典型的湖湘文化孕育出来的当代知识分子，字里行间渗透着强烈的爱国情怀和对企业的深深忧患。只不过他选择的表达形式是从微观经济现象入手，剖析一棵棵树木，甚至是一枝一叶，而不是整片森林。

这也可以称得上是一种“双创”——创新和创造，为“大众创业，万众创新”的时代主题思想服务。

文字工作是件苦差事，能够长年累月坚持下来不简单。我也做过记者，带过记者队伍，管过新闻出版，像他这样执著，坚持初心，“撸起袖子加油干”的人，确实是值得称赞的。

改革开放后，党和国家的工作重心转移到社会主义现代化建设上来，深化改革、促进发展、实现民富国强，助力中华民族的复兴大业，成为时代主旋律。在这种背景下，商业活动日益频繁，企业家群体不断壮大，推动着我国经济实力屡创新高。

企业强则国强。一部欧美发展历史告诉我们，要屹立于世界优秀民族之林，就要排除困扰，努力发展经济，培育中国人自己的苹果、微软、大众、高通、英特尔、波音；我们希望华为那样有实力的企业越多越好。

目前，在中国，企业众多，但真正走出国门，在世界舞台上长袖善舞者仍显不足。企业家如何潜下心来，去伪存真，夯实基本功，做专做精，做大做强，已经成为经济转型升级，进行结构调整所面临的重要课题。

作者是做了大量的观察和思考的。从其冷峻的字里行间，不难读出作者在深思熟虑后的思想沉淀：做企业，要有社会责任感，少些营销噱头，多些务实创新。

逐利是企业的本质，但要有度，把握分寸。如何处理企业发展与维护消费者利益是企业需要认真对待的问题。在强大的企业与弱势的用户之间，作者始终站在用户一边，为其站台呐喊。

实际上，企业利益与用户利益并不矛盾对立。用户需要优质产品和服务，企业提供优质产品和服务，达到供需双方的和谐统一，共同为国家增添财富，为人民创造美好生活。

伤害用户就是伤害企业，维护用户就是维护企业。企业经营者需要理清当前与长远、局部与整体的关系，将企业做成经得起历史检验、经得起人民挑选的“百年老店”。

做“百年老店”，需要口碑，不站在用户利益立场考虑企业运营，进行科学布局，是做不长久的。

随着社会进步、经济发展、国家强大，研究经济现象和规律，正在成为传播学中的显学。目前，已经涌现出了一大批年轻、活跃、有作为的研究者，其中，许多人以宏观经济为观察视角。

作为后起之秀，作者另辟蹊径，从微观入手，以企业体、企业家、品牌、营销事件，甚至产品、技术切入，告诉受众隐藏在经济新闻背后的真相，很具可读性和思辨性，很接地气，给人振聋发聩、耳目一新的感觉。

这是一个独特的视角，这是一个富有开创性的研究领域，值得关注和肯定。

作者把个人爱好和工作与社会发展紧密结合，走出了一条奉献社会、服务人民的人生道路。相信他在奋进中收获的成果，会给那些努力追梦的年轻人带来启发和激励。

正如习近平总书记所指出的，“我们都在努力奔跑，我们都是追梦人”。处在伟大的新时代，努力奔跑，追逐梦想的人，一定是最可爱的！

2019 年春

（龙新民，男，汉族，1946 年 9 月生，湖南衡阳市祁东县人，中共党员。曾任北京电视台台长，北京市政府新闻办公室主任，北京市新闻出版局局长，北京市委宣传部常务副部长，北京市委常委、宣传部长，北京市委副书记，国家新闻出版总署署长、党组书记兼国家版权局局长，中共中央党史研究室副主任（正部长级），第十二届全国政协常委、文史和学习委员会副主任等职，现为中央马克思主义理论研究和建设工程咨询委员会委员。）

Preface

自序

喜欢那种永远在路上的感觉

北京的秋天，已经燕雁南飞，夜深雾重，寒意袭人。枕头边，手机上的时针指向凌晨五点，多数人睡意正酣，在南二环万寿公园西南一隅，我的书房已经漂出了灯光。年年如此，月月如此，天天如此，不敢稍有懈怠。

只要一天不码出两三千文字，就有辜负大好时光、愧对生命之感——不管有没有灵感，不管有没有引发共鸣的新闻——在亲朋和读者眼里，我已经成了一部智能写作机器。

萝卜白菜，各有所爱；鱼虫虾蟹，各有所活。有人衡量生活质量，是以住多好的房子，开多好的车，喝多好的酒，吃多好的菜，玩多刺激的游戏为标准。我是以码了多少文字，所写文章的优劣来衡量。

在那个隔着近两千公里、刚刚摘掉国家级贫困县帽子的故乡——湖南祁东，我是“别人家的孩子”，身上有层光环——在首都北京闯荡，在媒体行业就职，天天都有文章发表，年年都要出书。

其实，这只是一种自己喜欢的生活状态。对名利这东西，早就看淡，生不带来，死不带去。但活着，总得证明自己来过。在传统教育背景下成长，我追求文学巨匠巴金所指的“不单靠吃米活着”的生活。

向往过得充实，幸好结缘了文字。从小学三年级爱上文字，到初中发表处女作，到高中在中国校园文坛小荷渐露尖尖角，到大学以稿费解决生活问题，我享受到了文字给我带来的精神上的荣光和物质上的满足。对文字这东西，我感恩戴德，愿意一生不离不弃。

转眼已经四十多岁了，也算是活了大半辈子了。回首走过的岁月，最感谢的就是父母。虽然他们识字不多，大道理不会讲，但他们始终坚持读书有用，知识改变命运。无论自己过得多苦多难，都没有产生要我们休学的念头。哪怕他们长期住着漏雨的泥土房，吃着没放油的青菜，借着高利贷，过着被别人冷嘲热讽的日子。

我也不是最聪慧的，在同一班级见过太多天资比我优秀的。但写作这条路，我还算是比较成功的。因为我勤奋，坚持了下来，中间没有走过什么弯路。

我喜欢读书写作，几十年来从没断过。只是到北京之前是搞文学，到北京之后是做新闻，命运就此改变。如果没有坚持下来，自己就成了亿万农民工中的一员。在成长过程中，有成绩比我好的，没有考上大学；有天资比我好的，没有成为作家。

出书是对人生的总结。从2006年9月到2016年10月，这十年所作的好一点的新闻作品——以财经产经评论为主，在上一本书《产经风云》中做了交代。这本《决胜话话权》收录的是从2016年10月到2017年12月所写作的300多篇财经产经观察作品中精挑细选出来的，算是对这一年多的写作和生活做个交代。

在每篇文章的后面，我都标上了日期。这日期，除了代表了当时的新闻性，更重要的是对人生中经历的那一天有个交代。这一年中写作的文章，不可能篇篇入选，而是精选了100余篇，入选率为30%左右。这是一种忍痛割爱、迫不得已的选择。哪天有文章入选，就觉得那天没有白过；哪天的文章好，就觉得那天过得有质量。日子有没有白过，日子过得好不好，我都这样来评价。这种评价标准，也将贯穿在以后的写作人生中。

苦难的中学时代，记忆已经十分遥远，很多事情都忘却了，但有一种感觉仍然刻骨铭心，一直环绕身边，驱之不去。

那时候在离家三里之外的学校住读。住的二楼是个浩大的礼堂，临时改作了男生宿舍。没有床，两三百同学都住在水泥地板上，冬冷夏热。在地上铺一层从家里带来的稻草，在稻草上放一张草席，一个人或者两个人一床被子。门是破的，有个大洞；窗户玻璃是破的，有的只有木框，没有玻璃。冬天寒风呼啸，被窝里面冰冷冰冷的，睡在里面就像睡在金庸小说中用来练功的寒玉床，冷彻全身。

过于艰难的环境，让很多同学都坚持不下去，纷纷跑到温暖的广东打工去了。我只想通过读书，实现“跳农门”的愿望。所以，比一般人更加努力，经常半夜就起来了——现在早起的习惯就是那时候养成，并保留了下来。由于没有钟表，把握不准时间，很多时候在凌晨两三点就起来了。校园里没有路灯，到处都黑黢黢一片；也不愿回到床上再睡回笼觉，一怕影响别人，二怕睡过了头，于是只好走出校门，借着星星的微光，在乡村公路上晨跑。

晨跑的路线是家和学校之间。四周一片死寂，偶尔的虫鸣鸟叫，让周围更加诡异。在学校和家之间，中间要路过一个小山坡，山坡上是一个坟地。朦胧光影下，一块块墓碑就像飘忽的鬼怪魅形，坟地上偶有磷火（乡下叫鬼火）闪烁，让人胆颤心惊，汗毛竖立。山上偶有一两只怪鸟被脚步声惊醒，发出突如其来的尖叫，让人倍受惊吓。我胆子小，虽然害怕，但没有停下来，或者返回，而是强迫自己强行通过，并不断告诫自己：坚持住，过了这一段就是胜利。

去的时候前面有家，回的时候前面有学校，来去都有目标，有目标就什么都不怕。只是路过坟地的时候，脚步更快，希望早点把那个瘆人的环境远远甩在身后。其时的感觉就是“跑得越快，越有希望；跑得越快，越不害怕”。

从那时候起，这种感觉就在生命中传承了下来：在人生道路上，无论做什么，“跑得越快，越有希望；跑得越快，越不害怕”！

人生就像那段晨跑，也要面对至暗时刻，也要穿过鬼火飘渺的坟地，但只要有目标，不停下脚步，一直向前，就会迎来晨曦，抵达目的地。

我喜欢这种永远奔跑在路上的感觉！

感谢文字，让自己一生没有停下来的时候——以后也不会停下来。文字工作真是一个好东西，没有期限限制，以后退休了，还可以继续外甥打灯笼——照旧，就让自己一直“读书、思考、写作”，直到生命终点。

人生难免一死。我死后，希望在自己的墓碑上写下这样一句话：这个人，一生都奔跑在路上！

2018 年 10 月 13 日

Contents

目录

第一辑　网红企业家董明珠

第二辑　相爱相杀的大咖

第三辑　大咖丛生相

第一辑

网红企业家董明珠

董明珠商业悟性极高

董明珠一天的收入超过九成以上国民的年收入

十亿赌约：从趋势看，董明珠败了

弯道超车的G点来了，董明珠、姚振华各施“擒拿手”

姚振华豪掷千亿，要与董明珠在新能源汽车上见高低

姚振华要从万科“跳槽”到格力电器？

对付董明珠：美的沦陷　志高突围

董明珠再骂美的“小偷”

董明珠怼贾跃亭的如意算盘

格力手机一代殁皆玩笑，董明珠急用二代正名

周乐伟能否降住董明珠？

喝酒经验丰富的男人，一般在酒桌上都要避开爱喝酒的女人。女人要么不喝，一旦喝起来，一般男人不是对手。商场上也一样，敢在商场上亮剑的女人，肯定是有两把刷子的

董明珠商业悟性极高

在今天的中国商圈，董明珠是个另类存在。她个性强，让对手聊董色变。与董明珠为敌，不死也得要脱层皮。这是圈内的广泛共识。

但这只是硬币的一面。硬币的另一面，则是董明珠的商业悟性极高，学习能力极强，做得到触类旁通，举一反三，以其人之道，还治其人之身——从对手身上学习击败对手的技能经验。

美的是格力的宿敌。最早双方在空调领域拼得火花四溅，你死我活。后来董明珠发现美的在家电多元化上做得风生水起，于是依芦葫画瓢，做起了冰箱等其他家电产品，格力冰箱用的是另一个品牌名：晶泓冰箱。为打开市场，董明珠不惜赤膊上阵，出任了晶泓冰箱的形象代言人。现在，美的与格力几乎是全面开战，有空调、冰箱以及其他家电产品。双方还在机器人领域打得不可开交。

朱江洪时代的格力是主张做专、做强的。沉浸在空调领域，力求掌握核心科技。由于有了美的这个对手，现在格力就全面多元化了。这是在与美的的多年较量中，开拓了思路，采取多条战线同时开打的战术——尽管除了空调，在其他家电产品上，格力与美的相去甚远，但这至少表明了董

明珠的态度。

格力进军手机行业亦是受到“敌人”启发。在中央电视台“2013年中国经济年度人物”评选颁奖节目中，小米雷军与格力董明珠获奖，两人在接受主持人采访时打赌，以五年为限，格力如果做不过小米，董明珠给雷军十个亿；小米如果做不过格力，雷军给董明珠十个亿。现在看来，这个赌约游戏的成分多过务实，但这启发了董明珠：原来手机才是最大的消费电子产品市场，潜力无限。既然雷军可以从头开始做手机，格力为什么不能？于是，董明珠在其后紧锣密鼓地向手机行业进军了。尽管到目前为止，格力手机以内部消化为主，在广阔的市场上还没有找到自己的位置。但毕竟，董明珠想到了用手机来对付雷军。

2016年野蛮人姚振华在叩门万科王石之后，打起了格力的如意算盘，这让董明珠很生气，多次强势喊话。后来，董明珠成功击退“野蛮人”。但这一战，给董明珠带来的最大启发就是，原来资本市场上挣钱要比做实业来得更为迅速、更为容易。于是，就有了董明珠入股银隆，入股夏利，入股海立。

当然，入股银隆、夏利，进军汽车行业，有圆其新能源汽车梦的考量。最近传出，到2018年5月，董明珠有可能从格力卸任。进军汽车行业，或许为其退出格力做出新的职业布局，毕竟那时董明珠还只有六十岁出头，正是年富力强、做企业的好年华呢！

入股海立，有掌控制冷产业链核心部件环节的考虑。据格力电器公告，自2017年8月29日至9月19日，总耗资超5亿元资金，通过证券交易所集合竞价方式增持海立股份4331.56万股，占海立股份总股本的5%，与此同时，格力电器表示：不排除进一步增持可能，将根据证券市场情况，决定何时增持海立股份及具体增持比例。

然而在海立眼中，目前的董明珠与当年叩门格力的姚振华在本质上并没有什么区别，都是“野蛮人”。但愿董明珠不学姚振华叩门南玻A，把好端端的一个创业管理团队一锅端了，让一个好不容易做起来的企业难以为继。

喝酒经验丰富的男人，一般在酒桌上都要避开爱喝酒的女人。女人要么不喝，一旦喝起来，一般男人不是对手。商场上也一样，敢在商场上亮剑的女人，肯定是有两把刷子的。所以，要学会明哲保身，避而远之，少招惹为好！否则，最后怎么败的都不知道。

（2017 年 9 月 26 日）

董明珠2016年的收入相当于4000个中国人一年的收入之和；董明珠一天的收入，平均下来在20万元以上，超过了90%中国公民一年的收入，相当于10个人一年的收入之和

董明珠一天的收入超过九成以上国民的年收入

“网红”董明珠再上头条，这次是因为慷慨大度的年度股份分红。

2017年4月26日，格力电器发布2016年年度报告称，将拿出108.28亿元给股东分红。这一大手笔分红一举超越第一股贵州茅台，创造了公司分红历史新高，堪称“石破天惊”。

目前，董明珠持有格力电器4431.85万股，位列公司十大股东行列。作为格力电器掌门人、格力电器十大股东之一，董明珠在这次分红中共获得收益7977万元（税前）。加上600多万元年薪，董明珠在格力电器的一年收入达到8500多万元，凭借股份分红，董明珠跻身于全球身价最高的企业掌门人行列。

三年分红董明珠收入过两亿

1990年，36岁的董明珠加盟格力电器（那时候叫海利，1992年改名为格力电器）的时候，只是一个片区的普通业务经理，格力电器也只是一个名不见经传的小企业。20多年打拼下来，董明珠做到了格力电器的董事长、总裁，格力电器也发展成空调行业产值破千亿的龙头企业。

董明珠对格力电器的成长功不可没，但到底是董明珠成就了格力电器，还是格力电器成就了董明珠呢？

董明珠当仁不让地认为是前者。在她看来，没有董明珠就没有格力电器。但在笔者看来，说成是没有格力电器就没有董明珠也未尝不可。

在格力电器的发展过程中，主抓科研和生产的前董事长朱江洪对格力电器发展居功至伟，也是董明珠的伯乐。这些年来，格力电器以质量过硬著称，在业界有口皆碑；如果没有质量保障，格力电器要有现在的成就，那是痴人说梦。只不过与锋芒毕露的董明珠比起来，朱江洪甘愿做一片默默无闻的陪衬绿叶，从不与之争锋。

董明珠加盟格力电器的二十多年，适逢中国企业处于高速发展的黄金时期，如果没有董明珠，或许有李明珠、王明珠，帮助格力电器高速增长。格力电器的老对手美的，在 1990 年的时候，也是名不见经传。

由于销售业绩好，赚钱容易，格力电器在股份分红上很大方。据格力电器公布的数据，其家用空调从 1995 年开始，已经连续 23 年保持国内份额第一。连续多年分红数在沪深上市企业中名列前茅。在 2012 年朱江洪隐退，董明珠成为一把手后，格力电器变得更加慷慨大度，分红累计已经高达 360 多亿元。

作为格力电器十大股东之一，董明珠从股份分红中赚得盆溢钵满。就拿最近三年来说，其分红所得就超过了两个亿，让人望尘莫及。

2014 年，格力电器分红方案是 10 转 10 派 30 元，分红总金额超过 90 亿元，董明珠分得 6000 多万元。2015 年，格力电器业绩虽然比 2014 年锐减 400 多亿元，但并不影响格力电器分红，格力电器派现分红仍然超过 90 亿元，董明珠获利 6573 万元。2016 年，格力电器拿出 108. 28 亿元进行股东分红，董明珠从中获得 7977 万元。

这种高收入恐怕是当初董明珠在加盟格力电器的时候做梦都没想到过的。

董明珠一天收入超过90%的中国人一年收入

据有关数据，2016 年董明珠在格力电器的工资报酬约为 619 万元；加上蔚为壮观的股份分红，2016 年，董明珠在格力电器的收入超过了 8500 万元。

这个天文数字是怎样的一个概念？

在中国股市上，年净利润低于这个数字的企业，俯拾皆是。

或许以人均国民收入来对比，更能凸显这个数字的概念。公开数据资料显示，2016 年，我国人均 GDP 为 53817 元，全国居民人均可支配收入为 23821 元。也就是说，董明珠 2016 年的收入相当于 4000 个中国人一年的收入之和；董明珠一天的收入，平均下来在 20 万元以上，超过了 90% 中国公民一年的收入，相当于 10 个人一年的收入之和。

曾经，董明珠对格力电器这种分红想踩刹车。2016 年，股东大会否决董明珠主导的格力电器收购新能源汽车银隆时，董明珠怒愤地表示："格力没有亏待你们！你看看上市公司有哪几个这样给你们分红的？我 5 年不给你们分红，你们能把我怎么样？格力从 1 个亿、从 1% 利润都没有，甚至亏损的企业做到今天，达到 13% 的利润，是靠你们来吗？是靠我们的心。"

这个"五年不分红"的意气用词，让股东大会现场鸦雀无声。

为什么董明珠现在又否定了自己的话，又给股东们分红了呢？

作为格力电器十大股东，董明珠是这种分红的既得利益者，董明珠不会与钱过不去。

以 4 月 28 日交易日结束时，格力电器股份 33 元计算，目前董明珠拥有格力电器的股份，综合市值约为 14.6 亿元。凭借这个数值，董明珠已经跻身于亿万富豪行列。

（2017 年 5 月 3 日）

十亿赌注，只是吸引眼球。其实，不管谁输谁赢，估计这个赌注，双方都不会较真。但赌注折射的两个企业所代表的商业模式和发展趋势之争，却是一个有意思的话题，留给企业界和媒体更多的启发和思考

十亿赌约：从趋势看，董明珠败了

十亿赌约，鹿死谁手？

2018 年，格力电器掌门董明珠与小米掌门雷军的“十亿赌约”将水落石出，尘埃落定。

董明珠和雷军，谁能笑到最后？

赌约实质是商业模式和趋势之争

2013 年 12 月 12 日，在央视当年的中国经济年度人物颁奖典礼上，格力电器董事长兼总裁董明珠和小米公司董事长兼首席执行官雷军榜上有名。在节目中，两人当着全国亿万电视观众的面打赌。董明珠称如果五年内小米销售额超过格力电器，她输给雷军十个亿；反之，雷军输给她十个亿。

这个赌约是全国最著名的一个赌约了。从诞生那一刻起，就成为经久不衰的热门话题。现在随着设定期限临近，这个赌约再度被人们刷屏。

十亿赌注，只是吸引眼球。其实，不管谁输谁赢，估计这个赌注，双方都不会较真。但赌注折射的两个企业所代表的商业模式和发展趋势之

争，却是一个有意思的话题，留给企业界和媒体界更多的启发和思考。

格力电器代表的是重资产的传统制造业模式；小米代表的是新兴的轻资产的互联网思维营销模式。这两种商业模式和趋势在未来相当长一段时间内成为企业发展的道路之争。

现在看来，这两种企业发展道路并非井水不犯河水，更多企业认为可以取长补短，互相促进，为企业发展所用。

从趋势看，董明珠已败

董明珠是个不服输的人，但这次恐怕由不得她了。从目前发展趋势来看，再过一年，即赌约到期，小米销售额超过格力电器的可能性相当大。

四年前，打赌的时候，董明珠底气十足，毕竟那时候格力电器已经跻身千亿俱乐部，而小米年销售额只有127亿元。一个是巨人，一个是侏儒，中间相差了七八个身段。

但小米的发展出乎董明珠意料。这家于2010年成立，以互联网营销、粉丝经济起家，号称"为发烧而生"的企业，在中国智能手机市场迅速崛起，用了不到三年时间，营收已经突破一百亿元，增长率达300%。2013年到2015年，小米更是迎来"井喷"，在2014年甚至超越三星、华为，成为中国手机市场的销售冠军。2014年小米多元化生态布局完成，产品涉及网智能硬件设备、小米手环、小米空气净化器、小米净水器、米家扫地机器人、平衡车、米家电饭煲、米家台灯等，成了一艘航母舰队，孵化企业近80家，其中有十几项做到中国第一：平衡车世界第一，充电宝世界第一，空气净化器世界第一，手环在2017年一季度也做到了世界第一。在经历了2016年的沉寂后，2017年小米手机又迎来新一轮爆发，再度跻身全球手机出货量五强之列。

两个大佬打赌，是以销售额作为标准。或许谈销售额更有意义。格力电器财报显示，2017年前三季度，格力电器实现销售额约1100亿元，预估 2017 年销售额约为 1400 亿元。而截至 2017 年 10 月，小米销售额也突破了千亿大关；据有关数据机构预计，小米 2017 年销售额有望达到 1300 亿元。差距在不断缩小。

格力电器以空调为主业，第四季度往往是空调的销售淡季，当然董明珠也可以采用降价促销的方式来提升销售——格力电器在年底已经不止一次这么干过了。小米是以智能手机为主业，而第四季度是手机的销售旺季，所以，在第四季度小米与格力电器之间的差距有望进一步缩小。

距离赌约结束还有一年时间。2017 年小米表现可圈可点，增长率在 100% 左右。如果小米在 2018 年持续延续这种劲头，不用到赌注约定期限，小米在销售额上超越格力电器就可以成真。

排除赌约因素，从未来增长趋势来看，小米营收等关键指标超越格力或许只是时间问题。

（2017 年 12 月 19 日）

董明珠已经六十岁了，在体制内，这个年龄面临退休威胁。姚振华则更年轻，正是一个人做事业的最佳时期，再拼个二十年，甚至三十年都没问题

弯道超车的G点来了，董明珠、姚振华各施“擒拿手”

最近广州车展上，承载新技术和新设计理念的车型琳琅满目，亮点令人眼花缭乱。其中，豪华车和新能源车是两个当仁不让的主角，一如既往地引领车展。

豪车吸引人是因尊贵奢华的天然基因，虽然买得起的永远只是一小部分人，但饱饱眼福总是可以的，没人抗拒得了神秘豪车那种“玉体横陈”的诱惑，哪怕只远观不亵玩。新能源车吸引人是因为代表了汽车发展的潮流和趋势，可以“众乐乐”：新能源车的发展已成滚滚洪流，没有什么可以阻挡得了了，车企是顺之者昌，逆之者亡。

几乎所有车企都在广州车展上顺势而为，推出了新能源车。一场全新的角力，正在拉开帷幕，走上台前，波涛汹涌。一个新的行业发展G点已经形成气候，正呼啸而来。可以说，如果在新能源车的追逐中，不能实现弯道超车的，未来只有死路一条。

在中国，对国民经济发展影响最大的，一是房产，一是汽车。现在看来，房产对经济的拉动作用争议较大。在中国，房产绑架了经济，这已经是共识，刚需者对之怨声载道。汽车对经济发展的作用，则是青春正能量。与房产业蓬勃发展以中国企业唱主角不同，在汽车行业中，中国品牌

处于弱势地位，外资品牌和合资品牌占据主导地位，成为中国汽车界乃至中国人的一块心病。

其他行业，包括高科技行业，中国发展日新月异，很多已经跻身于世界前列，让全球侧目，如高铁、核工业、航空航天、基础建设、消费电子等。目前只有两个工业领域让中国人最为忧心，迫切需要迎头赶上。一个是大客机，一个就是汽车。这也是中国制造面临的两道坎。

商用大飞机 C919 已经起飞，汽车也已经在奔跑——汽车业正在迎来一个弯道超车的千载良机，那就是新能源汽车。

中国汽车工业落后于人，是有深厚历史原因的。与彩电、手机等行业不同，汽车工业综合性更强，是多项技术的系统集成，需要更多的沉淀和积累。在品牌打造上，汽车企业更需要日积月累，像特斯拉那样横空出世，成为一个技术革新的神话，很少有企业能做到。以德国、美国、日本的汽车工业为支点，在全球已经形成了比较稳定的汽车工业三角架，要打破这种格局，殊为不易。

但从工业史的发展来看，技术和产品升级换代之际，正是弯道超车的最好时机，天下一片混乱，没有强者，大家都处在一个水平线上，谁都有可能成为英雄。中国汽车企业的机会，说来就来了。包括彩电、手机，中国企业都是这样，一路走来，凭借升级换代，实现弯道超车，引领全球。所以，新能源车发展机遇，中国企业要痛下决心，一定不能坐失良机。

让人欣慰的是，中国车企，甚至汽车行业之外的资本家和企业家，都在开始集中力量啃这块香饽饽了。除了新能源汽车的专业户比亚迪，包括东风风行、广汽集团、江淮汽车、汉腾汽车等，都在新能源汽车上进行发力和积极布局。长安汽车甚至登高一呼，宣布到 2025 年将终止燃油车的生产销售，虽然有些激进，但这种置之死地而后生的勇气和决心，值得其他企业学习和借鉴。如果都能这样壮士断腕、众志成城，那么中国车企在新能源汽车的发展上，是完全可以引领世界潮流，改变世界汽车工业格局的。

一些曾经离汽车行业很远的优秀企业家和资本家，都把“挖掘机”开进了新能源汽车领域，开始掘宝了。如格力电器的董明珠，把个人全部身家都押在做新能源的珠海银隆上；而资本家姚振华则是更上一层楼，投资数百亿，在杭州萧山兴建新能源汽车工业产业园，希望走上了实业强国之路。

董明珠已经六十岁了，在体制内，这个年龄面临退休威胁。但在企业界，这个年龄仍然大有可为，从其意志和身体状态看，董明珠再干个十年八年没有问题；而八年后是2025年，十年后是2027年，这个时间足够让一个新能源车企从小孩成长为孔武有力的青壮年。这个期限，也是中国新能汽车发展的关键机遇期，如果错失，中国汽车工业仍然是侏儒；如果抓住了，中国汽车工业就是“姚明”，在世界舞台上，都可以挥斥方遒，长袖善舞。

更年轻力壮的姚振华，正是一个人做事业的最佳时期，再拼个二十年，甚至三十年都没问题——最核心的是，姚振华家大业大，经得起折腾。但愿姚振华做新能源汽车，不是一时冲动，不是圈地圈资源，而是动真格的，要挑中国新能源汽车业发展的大梁!。

给一个支点，就可以撬动地球；给一点阳光，就可以满脸灿烂。中国工业，已经度过了积弱时代，正强势崛起。众人拾柴火焰高，衷心希望董明珠、姚振华这些“搅局者”能给中国老汽车行业在新能源汽车领域闯出一个全新的未来。对于家轿来说，SUV是一个新产品，就是这个新，让国产车企驶上弯道超车的高速公路。

这次广州车展上，这个信息已经呼之欲出了。可以判定：鉴于行业向新能源车转型，中国汽车工业正在迎来“黄金十年”，能否崛起，成为引领全球的行业巨头，关键就在新能源汽车上的发力。

（2017年11月19日）

这一男一女，两个经济强人做新能源汽车的决心是铁板钉钉的。董明珠的新能源汽车都已经出来了，这点不用去怀疑。而姚振华也是动了真格的

姚振华豪掷千亿，要与董明珠在新能源汽车上见高低

大佬"扳手腕"，没有永远的朋友，却有永远的利益；没有永远的敌人，却有永远的面子。有钱就是好，可以任性怼到底，不胜不罢休。

进军新能源汽车，姚振华再战董明珠

就在网红董明珠紧锣密鼓地推动新能源汽车梦想照进现实的关键时刻，宝能集团掌门人姚振华也高调宣布进军新能源汽车领域，从资本圈钱向"实干兴邦"转型。

2017 年 10 月 19 日，宝能集团与杭州市富阳区政府签订项目合作框架协议，拟投资 140 亿元，在富阳区江南新区灵桥罗山圈地约 3000 亩，用于新能源汽车的生产、测试、研发、总部楼宇及电机、电池、电控"三电"等配套核心零部件生产。沸沸扬扬的宝能集团进军汽车的传言，终于得到了证实。

不得不佩服姚振华的灵敏嗅觉和商业头脑：处于严管之下的资本市场赚钱越来越不容易，一不小心就栽了；而做实业，正是国家政策积极提倡，认真鼓励。新能源汽车刚刚起步，大家机会均等；双积分制、禁产禁售令，都让新能源汽车站上风口，成为中国制造下一个最大的金矿，商机

凸显。这个千载难逢的机会，姚振华不想错过。

寻找下一个赚钱风口，是宝能集团进军新能源汽车的动力和初衷。可姚振华这边靴子一落下，就踩上了董明珠的雷区，两宿敌再度产生交集，开始正面交锋。

新能源汽车是董明珠职业生涯里的一个最大梦想。虽然格力电器拒绝助力董明珠圆梦，但她并没放弃，而是凭一己之力，拉来万达王健林、京东刘强东，东挪西借，筹措了三十多亿元，砸成珠海银隆股东。随着珠海银隆新能源汽车亮相，董明珠正梦想成真。

姚振华是董明珠众多冤家中的一个。2016 年，“资本大鳄”姚振华看上了业绩优良、股权分散的格力电器，进行了偷袭。但此举遭到董明珠强力狙击。董明珠公开怒斥姚振华为“破坏实业的千古罪人”。后来证监会为董明珠背书，怒斥资本插手实业为“妖魔、害人精”。随后宝能集团被处罚，姚振华梦想破碎。

但现在看来，姚振华与董明珠的恩怨并没戛然而止，而是延伸到了新能源汽车领域。

年轻多金 VS 产业经验：谁将胜出？

做产业，是董明珠强项。掌控与格力电器同处一地的珠海银隆，董明珠具备天时、地利、人和便利，加上董明珠个人的坚韧、执着，对商业的悟性，对企业的操盘把控经验，将珠海银隆做大、做强的可能性极大。

当然，姚振华也是货真价实的金刚钻。与董明珠相比，其优势在于年轻多金。姚振华 1970 年出生，2017 年 47 岁，正处于年富力强，做事业的黄金时期。董明珠已经 60 多岁了。岁月不饶人，这个年纪的女人，再强大，都有老骥伏枥之感。

姚振华很有钱，据有关资料统计，宝能集团净资产高达 1200 多亿，市值超过 5000 亿元。这些都是姚振华可以调动的资本，在政策允许的情况下，可以由他自己支配。格力电器虽然也有钱，帐上躺着1000多亿现金，可那是格力电器的钱，董明珠虽然贵为格力电器董事长，能支配的数额也是有限的，并购珠海银隆被格力电器否决就是一个明确信号。

这一男一女，两个经济强人做新能源汽车的决心是铁板钉钉的。董明珠的新能源汽车都已经出来了，而姚振华也是动了真格的。除了在富阳投资圈地建厂外，证明他想在汽车领域大干一场的实锤还蛮多的。

姚振华对汽车工业情有独钟，梦想由来已久。早在十年前，他就在深圳修建了宝能汽车大厦，距离宝能集团总部只有数百米远，由其兄弟坐镇。据工商登记信息显示，宝能集团于2017年3月20日注册成立了宝能汽车有限公司，注册资本10亿元。其中深圳市宝能投资集团有限公司持股比例为99%，深圳宝源物流有限公司持股比例为1%，经营范围涉及汽车整车制造和修理、维护。另外坊间传言，宝能集团计划出资65亿收购由于业绩不佳在向新能源汽车转型的观致汽车51%的股权，据有关消息，“定金10亿元已经到账”。

有一件事，或许更凸现“姚氏野心”。那就是他计划在陕西投资800亿，打造包括科技产业园、物流、金融在内的大项目。陕西科技园用来干啥？如果文章读到此处，就算我不点透指出，各位看客都已经心明如镜了。这个科技产业园，包不包括打造时下流行的生态圈？

如此说来，姚振华在新能源汽车上，准备投入的资金可能高达上千亿元。

姚振华是有野心、有冒险精神的企业家。王石的万科都敢叩门，董明珠的格力电器都敢怼，在中国做实业，那就没有姚振华不敢做的事。

做企业，大格局，大风险，大回报。

姚振华进军新能源汽车，确实看点很多。有董明珠在，有姚振华在，以后中国的新能源汽车，肯定精彩不断，好戏连台。

（2017年10月31日）

姚老板入侵格力电器，道路有可能比入侵万科艰难，也有可能容易，这取决于珠海市国资委的态度。如果珠海国资委与宝能系达成默契，要通过这种方式把董明珠赶出格力电器，那就变得容易了，只要珠海市国资委对宝能系增持保持中立就成

姚振华要从万科"跳槽"到格力电器?

从每股22.52元到30.59元，格力电器股票连续八个交易日被拉出大阳线，让资本市场的小散们目瞪口呆。

这波行情是凭借"叩门"万科一举成名的宝能系姚振华拉动的。其旗下前海人寿增持格力电器股票已经从0.99%上升至4.13%，快触及5%的举牌红线，前海人寿已成为格力电器"三当家"。据中金公司研报预言"格力电器被举牌是大概率事件"。有万科一战成功案例在先，小散们有理由放心跟着姚老板啖肉喝汤。

宝能系增持格力电器，或许到现在仅仅只是一个开始，这有万科和南玻A为参照。按照姚老板做事惯性，不做被举牌企业的第一大股东，是不肯罢休的。格力电器第一大股东是珠海市国资委，目前占有18.22%的股份。宝能系要做到格力电器第一大股东，还有相当长的一段路要走。换句话来说，如果一切按照姚老板的套路出牌，格力电器股价还要涨很长一段时间。笔者预测，当宝能系做成格力电器第一大股东的时候，其股价应该在目前基础上翻一番，达到60元左右。这个股价，对格力这种优质企业来

说，并不算高。

宝万大战，在恒大许家印帮助下，让姚老板赚得盆溢钵满。到目前为止，已有300多亿盈余，这笔钱能够帮助姚振华控制格力电器。宝万一战也帮助姚老板财富激增820%，平均每周上涨20亿元，达到1150亿元，成为富豪榜上财富增长最快的一匹黑马，从2014年的200多位猛升到第4位，仅次于王健林、马云、马化腾。

资本市场运作带来的财富巨增，让姚老板尝到了甜头。格力电器与万科具有一样的性质，都是优质企业，股权结构都比较分散，都具有国企背景。

但要做万科第一大股东，是需要巨资投入的。按前海人寿目前所持格力电器股份4.13%的1.87亿股，均价25.52元计，姚振华已为此投入资金48亿元左右。如果举牌格力电器，做格力电器第一大股东，宝能还要准备足够多的弹药。由于在宝万大战中，注入资本过多，宝能系入侵格力电器，还需要一段时间的准备，要把大量资金从万科那儿腾挪出来。宝能持股万科股票由于受到A股对主要股东增减持的限制，其所持股份在2016年7月最后一次增持后的6个月内不得卖出。这样看来，从万科腾出资金，宝能系还需要一两个月。而这个时间档期或许刚好使得宝能系把钱从万科挪到格力电器。目前前海人寿完成对格力电器举牌只需15亿元左右，要取代格力集团成为格力电器第一大股东，则需要240亿元以上资金，在考虑举牌冲击成本的情况下，增持所需动用的资金量可能远超这一数字。

但有一点可以肯定，姚老板入侵格力电器，道路有可能比入侵万科艰难，也有可能容易，这取决于珠海市国资委的态度。因为格力电器目前第一大股东是珠海市国资委，这种背景表明，如果要对抗“野蛮人”，能够调动的资源相对要多得多。但如果珠海国资委与宝能系达成默契，要通过这种方式把董明珠赶出格力电器，那就变得相对容易了，只要珠海市国资委对宝能系增持保持中立就成。毕竟董明珠已经年纪到了，董明珠个性又屡次让珠海市国资委不满。

珠海市国资委与宝能系达成默契并非不可能。最近，珠海市国资委在内部人事上的一系列动作，都有较强的针对性，如果董明珠在格力集团董事长和法定代表人被撤，改由周乐伟接替，宝能系入侵，或许正中珠海市国资委下怀，珠海市国资委也清楚：宝能系入侵从长远来看，并非想长期控制格力电器，而是一种财务投资。

（2016 年 12 月 5 日）

像志高这样，能从董明珠嘴仗下成功突围的案例并不多见。或许志高之路，对其他品牌如何应对董明珠，有着十分重要的借鉴意义，也值得借鉴

对付董明珠：美的沦陷　志高突围

为建设品牌、管理舆情，多数上市企业都有一套完整的企业发言人制度，意在规范领导人谨言慎行，避免对品牌造成危机，给企业运营造成困扰。

董明珠废了格力电器发言人制度？

格力电器的发言人制度在朱江洪隐退、董明珠成为格力电器一把手之后，约束力是否还在？

董明珠话题不断，成为网络舆论场上的“企业界第一网红”，远远盖过曾经的“互联网思维缔造者”小米雷军，以及“名嘴”罗永浩。

被董明球炮轰的往往不局限于空调行业，而是有四种：一是直接硬碰硬的空调行业，以美的、志高、奥克斯为代表；二是对手的朋友，以小米雷军为代表；三是新兴的互联网企业和人物，以马云和阿里巴巴为代表；四是阻碍董明珠对格力发展规划的，如“野蛮人”和中小股东。

由于空调行业是格力电器立身之本，也是董明珠最了解、最有话语权、也是存在最大竞争对手的行业，所以，常被董明珠挂在嘴上、沦为炮灰。无论是如影随形的追赶者美的，还是后起之秀、步步紧逼的志高，还

是后来居上趋势的奥克斯——其中美的和志高与格力同处珠三角，在天时地利人和的资源分配上，给格力电器造成的竞争压力最大。

竞争最有效的手段，就是直接打击。董明珠的嘴上功夫好、效果佳、屡试不爽。从最近《法治周末》联合新微邦推出的"2016 中国空调用户满意度调查"的大数据来看，董明珠的炮轰，确实给对手品牌建设带来困扰。其中，美的用户满意度的评分数据很难说与董明珠嘴炮没有关系，毕竟董明珠是大网红，可以引导舆论。

在董明珠嘴炮下，空调企业如坐针毡，惶惶不可终日。如何避免被董明珠所伤，成为冲击第一阵营的空调品牌迫切需要解决的课题。

作为被董明珠怼得最频繁的两大空调竞争对手——美的和志高都在摸索应对办法。从大数据看，这两家企业采取的手段截然不同，效果迥异。

美的装聋作哑

美的是董明珠最喜欢怼的。

没有无缘无故的爱，也没有无缘无故的恨。在空调行业，离格力最近、冲击最大的，非美的莫属了。在经营上，双方各有千秋，甚至在某些环节，美的超越了格力。

对格力空调，美的采取的是一种追赶战略，亦步亦趋。随着格力电器多元化战略，双方发生正面冲突的领域越来越多、越来越激烈。双方"交战"最集中的领域是空调，将来最可能是机器人领域。

美的、格力形成了空调领域的第一阵营。在机器人领域，格力采取自主研发战略，美的采取收购成熟国外企业的战略，目前领先格力一步。由于交集多，冲撞力度大，美的成为被董明珠炮轰的对象自然成为家常便饭。

董明珠炮轰时往往选择在媒体众多的公众场合，火力全开、不留情面。所以，董明珠每次对美的炮轰，都成为舆论热点，给美的形象和品牌形成巨大打击和伤害。

美的与小米战略合作，被董明珠形容成“两个小偷在一起”，是“小偷集团”。而且“小偷”成为董明珠送给美的的标签，在一些重大场合，不时被董明珠提起，包括美的收购机器人企业库卡。

显然，对董明珠的炮轰，到目前为止，美的仍然没有找到合适的破解之道，只有忍气吞声，既不争辩，更没法还击。

或许这种不理不睬，是将伤害降到最低的有效手段。如果美的与董明珠打嘴仗，恐怕会被陷得更深、伤害更大。从原始数据和网友反映来看，董明珠炮轰对美的造成的伤害，成为美的网络口碑一直无法攀升的障碍。

甚至有网友直截了当地指出，董明珠对美的炮轰已经成为格力遏制美的发展的常用武器和重要手段。如果没有董明珠的嘴仗，美的品牌形象或许能更好一些，销量或许能更大一些。

如何从董明珠的嘴仗下成功突围，是美的提升企业形象、建设企业品牌的重要课题。如果这个问题解决好了，美的品牌建设之路或将迎来大的改观。

志高实现完美突围

对付董明珠嘴仗，另一空调巨头志高做法截然不同。

作为潜伏在两大空调巨头格力、美的身边的最有力搅局者，志高这两年迎头赶上，做得风生水起。这也让董明珠倍感压力和威胁，从被而董明珠纳入法眼，成为其炮轰的对象之一。

志高有两件事，让董明珠耿耿于怀：一是志高从格力挖走了某位“技术明星”，并委以重任，帮助其实现产品精品化转型；二是把格力曾经的形象代言人、国际巨星成龙挖走，帮助其实现品牌高端化转型。

这两件事，对董明珠触动极大，让董明珠“是可忍，孰不可忍”。

但有意思的是，对这两件事，董明珠并没有太多办法，她的愤怒这次并没有获得太多网友的认同，因为问题明摆在那儿：水往低处流，人往高处走。现在职场跳槽是一件司空见惯的事儿；包括成龙代言的选择，都为志高获得点赞和加分。

从大数据反映的情况看，志高被董明珠怼的这两件事，恰恰获得了舆论的正面支持，取得了意想不到的效果。媒体和网友都认为，这两件事，帮助志高强化了内功，提升了产品竞争力和品牌形象，成为志高实现“弯道超车”的强大引擎，从而获得一致好评，赢得加分。这种结果或许也出乎董明珠的意料。

根据《法治周末》和新微邦的统计数据，志高在“2016 中国空调品牌用户满意度”调查中脱颖而出，获得了 87.33 分的高分，在活跃于中国市场的十大空调品牌中位居榜首。

从网络舆论场来看，志高把追赶格力和应对董明珠嘴仗的策略放在练好内功上，在科技创新、产品性能、智能指数、服务口碑等关键指标上，都有相当不错的表现，赢得了口碑。当然，在减分项目方面，如漏水、噪声、漏氟、异味、异响、制冷效果、制热效果、部件损坏、出风异常、退换货难、安装滞后、发货滞后、维修不规范等参考项目上，志高产品都处于低位水平，被减分较少，这折射出志高产品的品质和服务口碑上都处于一种向好状态。

当然，志高勇摘“2016 年中国空调品牌用户满意度”桂冠，并非董明珠怼的结果，而是自身运营情况的一种综合反应。数据统计结果显示，在这两年不景气的空调行业，志高能够实现逆势增长，亦是与李兴浩重出江湖有着密切关系，他为志高空调转型高端、冲击行业第一阵营开辟了道路。

业内像志高这样，能从董明珠嘴仗下成功突围的案例并不多见。或许志高之路，对其他品牌如何应对董明珠，有着十分重要的借鉴意义。

（2017 年 3 月 22 日）

在越来越激烈的商场竞争中，手段也是越来越多，这种炮轰，也是白热化竞争催生出来的一种极为有效的攻击方式。在网红身份的加持下，董明珠把这种方式的潜能发挥到了极致，给对手品牌造成伤害

董明珠再骂美的“小偷”

格力电器董事长董明珠宿敌众多，有竞争关系的、没竞争关系的，都有可能被她率性的“话语炮弹”即中。

由于话语火药味重，加上网红身份，董明珠每次“炮击”，都要在网上经久不息，被过分解读，热闹好一阵子。

这也给被董明珠“炮轰”的企业和人物带来烦恼。在被董明珠炮轰的对象中，有两个经常“躺枪”——一个是企业美的，一个是人物雷军。最近，他们又无缘无故地“躺枪”了。

美的被董明珠再讽“小偷”

格力和美的宿怨由来已久。这种“冤家对头”关系，源于两者在商场上的白热化竞争，尤其是在空调领域。

在美的迎头赶上之前，在空调领域，有相当长一段时间是格力一家独大。但后起之秀的美的通过价格战等手段，迅速壮大，甚至一度超越格力。现在的格力和美的，你追我赶，差距不大，多年来一直维持着空调领域“双寡头”局面。这种局面的出现，作为追赶者的美的兴高采烈；但作

为被追赶者，格力感觉颜面无光，董明珠心里尤其不高兴，于是美的常常成其嘴下“炮灰”，美的一有大动作，都有可能被董明珠“炮击”。

最近，美的再度成为董明珠嘴上“炮灰”。3 月 4 日，在“格力智能装备全球首发暨高峰论坛”上，董明珠火力再开，她说：“我不评价别人几百亿收购别公司的产权。一个企业是小偷，永远都是小偷，不可能当领导，因为它没有多大的胸怀，没有高瞻远瞩的思想，逐利而行，这不是中国制造业，特别是在供给侧改革的时代。”

虽然董明珠没有点名道姓，指出那个“小偷”是谁，但听者都是心知肚明，除了美的，没有其他。

对格力和美的宿怨稍有了解的人，都能清楚地听出董明珠话里行间的信息。笔者认为，董明珠的话，至少从三个方面证明了这种判断：一是董明珠曾经公开骂过美的是小偷，这事儿在网络上热闹了好久，众所周知。所以，只要董明珠一提小偷，那普天之下都知道，这个小偷就是指美的和雷军；二是格力在做机器人，美的也在做机器人，都把机器人当作将来战略业务，两者又要面对面竞争，又成了水火不容的“冤家对头”；三是为抢先一步发展机器人，2016 年，美的花了 292 亿元收购了全球著名的机器人公司——德国的库卡。

在发展机器人上，格力和美的的选择代表两种不同的模式。以格力为代表，走的是自主研发的路子，希望自己掌握核心科技。这条路，精神可嘉，但在速度、技术和质量稳定性上，都处于摸索阶段，有待实践来验证。以美的为代表，走的是并购成熟企业的多快好省之路，其技术和产品都已经被市场检验过了，在全球处于领先地位，有利于抢占制高点，并形成规模化销售。

如果没有其他特殊情况，在机器人发展上，并购方式确实帮助美的走在了格力前面。这或许是董明珠把这种并购定义为“小偷”，并预言美的“没有高瞻远瞩的思想”，无法做领袖企业的原因。

蓬勃发展的机器人正在显示出旺盛的生命力。在《中国制造2025》规划中，重点之一就是机器人，习近平总书记曾在两院院士大会上指出，机器人是“制造业皇冠顶端的明珠”。在我国2015年的新增机器人中，国产机器人约2.3万台，占31.8%。有数据显示，2018年国内智能装备的市场规模会达到5000亿元。

笔者认为，企业发展，存在模式之争，实属正常，孰优孰劣，谁对谁错，应该留给时间来检验。

“小偷”由来

“小偷”是董明珠给企业美的和企业家雷军的固定标签。美的和雷军被董明珠贴上这个标签至今已经两年了。

2014年12月，在“2014中国企业领袖年会”上，董明珠针对小米和美的即将宣布的战略合作，悻悻点评称，“美的偷格力的专利法院判你赔我两百万，两个骗子在一起，是小偷集团”，一语既出舆论哗然。

当然，董明珠的“小偷论”并没阻止美的和小米牵手。董明珠话音刚落，美的就正式发布公告，以12.6亿元引入小米科技作为战略投资者，持股1.288%，小米由此获得提名一位核心高管加盟美的董事会。

作为企业界的佼佼者，董明珠和雷军之间交集还挺多的，他们都是在珠海奋斗的著名企业家，都是全国人大代表，在天时和地利上，几乎重叠，但两人偏偏输了“人和”，成了敌人。造成这种局面的，得从董明珠和雷军的“十亿赌约”说起。

2013年12月，在央视“中国经济年度人物”颁奖典礼上，年度人物大奖获得者雷军表示5年内如果小米模式营业额击败格力，希望董明珠赔自己1元；董明珠则表示，如果被击败愿意赌10亿元。雷军的信心来自小米是用互联网的方式，而格力依然是传统公司。

赌约之时，格力和小米之间，还没有什么正面竞争，但自从有了这个十亿赌约，董明珠就从没放过雷军。现在两者就更复杂微妙了，因为格力做起了手机。

手机是小米最大、最主要的业务单元，也是格力下一个重要业务板块。但两者差距甚大，雷军把手机做得风生水起，曾经一度占据中国市场第一，现在也还是前五。格力手机却是不瘟不火，成为董明珠一块心病。格力做手机已经喊了四五年了，但雷声大，雨点小。格力和小米，从没有竞争交集，到现在开始面对面，真刀真枪地干了起来。尽管目前格力手机从规模上看，尚不是小米对手，但依董明珠不达目的不罢休的个性，她与雷军之间，这辈子恐怕是冤家宜结不宜解了。

美的宜培养自己的"网红"

董明珠每次"炮轰"，都让美的只有招架之功，没有还手之力。这种被动挨打局面，恐怕让美的创始人何享健和掌门人方洪波心里不舒服，但又没有办法。

其实，在越来越激烈的商场竞争中，手段也是越来越多，这种炮轰，也是白热化竞争催生出来的一种极为有效的攻击方式。在网红身份加持下，董明珠把这种方式的潜能发挥到了极致，给对手品牌造成伤害。

美的如何改变这种被动挨打局面?

或许以其人之道，还治其人之身是一个不错的办法，美的如果怼回去，结果可能就不一样了。当然，在笔者看来，美的是缺乏一个与董明珠怼起来的"网红"。

打造一个属于美的的"网红"，目前已经成为美的品牌建设道路上的一个紧迫课题。

（2017年3月7日）

虽然贾跃亭的乐视网之梦是破灭了，但其造车梦“法拉第未来”仍在继续，这是贾跃亭唯一的救命稻草了。如果贾跃亭可以凭借“法拉第未来”实现咸鱼翻身，那将来“法拉第未来”将成珠海银隆的劲敌，贾跃亭将成董明珠的劲敌

董明珠怼贾跃亭的如意算盘

为逃避追债，躲在太平洋彼岸“闭门造车”的贾跃亭，这两天又以配角身份上了国内媒体头条，主角是“企业家网红”董明珠。

董明珠在天津演讲，把贾跃亭作为反面教材，称“十分看不惯贾跃亭这样的企业家，弄了一个概念，把股民的血汗钱弄没了，这是带给社会负能量”。

董明珠再度把贾跃亭推向风口浪尖，引起舆论广泛热议。

董明珠是企业家，贾跃亭也是企业家；董明珠是风云人物，贾跃亭也曾是风云人物；只不过现在，董明珠仍然是成功企业家，贾跃亭却失败了。

成王败寇，现实就是这样残酷无情。如果乐视没有失败，贾跃亭也不至于被董明珠说得如此不堪。

董明珠炮轰其他企业家，是家常便饭。但她把枪口对准贾跃亭，还是第一次。

在风光旖旎、春风得意的时候，贾跃亭在台上谈论其七大生态梦想，台下鸦雀无声，言毕掌声如潮，风头丝毫不亚于董明珠。但这一切，已经随风飘散在历史的烟云中。因为失败，这段时间以来，贾跃亭麻烦不断，

被千夫所指。

其实，有董明珠的地方，就有热点，并不一定要针对贾跃亭。这次董明珠怼贾跃亭有什么玄机？

半年来，自乐视出事起，作为乐视"掌柜"，贾跃亭就是媒体追逐热点。董明珠的炮轰，表面看起来，也有蹭热点之嫌；事实上，董明珠自己就是一个强大的发光体，完全不用蹭这个热点来凸显自己。

个性鲜明，作风强悍的董明珠敌人众多，然而认真梳理之后，不难发现，董明珠每次并非盲目开炮，而是有非常强的目的性，那些被她骂过的人，都是与她掌管的企业的利益密切相关，换句话来说，即使是骂人，董明珠都是在为企业服务。

董明珠把矛头对准了贾跃亭，为什么呢？

相信董明珠不是一时兴起，有感而发，而是经过了深思熟虑的。贾跃亭固然是一个反面教材，但两人现在也成了抬头不见低头见的冤家同行。在准备以格力电器名义控股新能源企业珠海银隆失败后，董明珠并没有放弃，而是自掏腰包，斥资十亿元，入股珠海银隆，成为其第二大股东，准备在新能源汽车领域放开手脚，大干一场。

虽然贾跃亭的乐视网之梦是破灭了，但其造车梦"法拉第未来"仍在继续，这是贾跃亭唯一的救命稻草了，贾跃亭是孤注一掷。如果贾跃亭可以凭借"法拉第未来"实现咸鱼翻身，那将来"法拉第未来"将成为珠海银隆的劲敌，贾跃亭将成为董明珠的劲敌。

珠海银隆和"法拉第未来"目前都有新车亮相。毫无疑问，"法拉第未来 FF91"堪称梦幻之作。如果把这两款车放在一起，那是高下立判——董明珠的珠海银隆新能源车与"法拉第未来 FF91"完全不在一个档次上。在董明珠的辞典里，与其让其做大，将来冲击珠海银隆市场，不如现在将其掐灭在摇篮中，以免夜长梦多。

（2017 年 11 月 20 日）

格力手机一代可谓“出身未捷身先死”。现在格力手机二代将面临什么样的命运呢？这取决于消费者的反应。决定消费者反应的，关键还要看格力手机二代的质量和用户的体验，而不是董明珠的江湖地位和高得离谱的定价

格力手机一代生殁皆玩笑，董明珠急用二代正名

格力电器掌门董明珠是一个执着的人。与雷军一个玩笑，催生了董明珠染指手机行业的想法，做手机，其初衷或许是为了“分分钟灭小米”。

2015年3月，格力手机谍照曝光。6月格力手机粉墨登场，但广大消费者并没在公开市场一睹格力手机如何出类拔萃。据说只“特供”公司内部使用。在聚划算上做了一次公开抢购活动，限量1000台。但活动上线半个小时后，格力手机却是凭空消失得无影无踪，就像从来不曾存在过。

格力手机面世第一年，董小姐豪称要销售一亿台，后来改为5000万台。最后有没有五千部都很难说。据说，由于质量和性能问题，格力手机一代内部消化掉了，在市场上不受消费者待见。但格力员工内部有人称，送给我就要，要我买就算了。基于此，我估计这位员工的话道出了见识过格力手机一代人的普遍心声，最后格力手机一代应该是都“送了，体验过了”。

三年的沉寂，现在格力手机第二代又卷土重来。据说还是内部渠道消化，而且还消化了几十万部。虽然几十万部距离董明珠当初目标太远，但

毕竟比第一代格力手机强多了，勉强可以不再让人把董明珠进军手机的事儿当作玩笑了。

从相关资料来看，这个格力手机第二代还像那么回事，采用6英寸2K屏，搭载骁龙820处理器，内置4GB内存和64GB机身存储空间，提供一个800万像素前置摄像头和一个1600万像素后置摄像头，电池容量4000mAh，支持双卡双待全网通，采用2.5D玻璃，USB Type-C接口等亮点配置，号称30分钟充满50%，100分钟充满，前置指纹识别0.2s即可解锁。

为了这个玩意儿的出现，董明珠是下了血本的，投入了几亿资金，养了几百号人。可以看得出，董明珠研发生产销售手机是很用心的。但遗憾的是，这款手机目前仍然还是在内部渠道消化处理。这不仅让人怀疑，难道格力手机第二代仍然是丑媳妇难见公婆面？毕竟格力手机第一代无疾而终，留给人的印象太深了。夭折的最大原因，在于质量不过关，硬件配置落后，还没面市，却已过气。其性能只有当时红米Note2、魅蓝Note2的一半，价格却要贵一倍。这是格力手机第一代无人喝彩的根本原因。要消费者冲着董明珠名头来做一回傻傻不清的事儿，难度还真不小。

现在这款格力手机第二代仍然采用了董氏惯用的高价策略，售价达3300元。在这个价位的国产手机，目前只有华为做得风生水起，oppo、vivo勉强可以一试。格力手机凭啥呢？难道董明珠名头这么值钱？做销售，光主观臆想不行，还得看消费者是否买帐。据某网站一项调查显示，高达56.8%的用户认为格力手机2代的价格太坑人。

格力手机一代可谓"出身未捷身先死"。现在格力手机二代将面临什么样的命运呢？或许现在一切言之过早，得等到格力手机二代正式公开面市销售，取决于消费者的反应。当然决定消费者反应的，关键还要看格力手机二代的质量和用户的体验，而不是董明珠的江湖地位和高得离谱的定价。

但愿格力手机二代可以证明董明珠的手机梦不再是一个玩笑。董明珠也该用这个产品为自己正名努力了。如果格力手机二代仍然没有什么起色，那董明珠做手机，就真成了一个大玩笑。

（2016 年 12 月 6 日）

董明珠是个强硬的人，个性十分鲜明。在格力体系内部，是培养不出可与董明珠叫板的人的。在珠海市体制内，这种人并不多见

周乐伟能否降住董明珠？

谁能降住霸气任性董明珠？

或许没有，但格力集团婆家珠海市国资委屡败屡试，一直在勇敢尝试。

最近，珠海市国资委一前一后做了三件事，目标明确，都奔董明珠而去：10 月 18 日免去董明珠格力集团党委书记、董事长、法定代表人职务。11 月 28 日被爆出任命周乐伟替代董明珠，担任格力集团董事长、法定代表人；并把原来传闻接替董明珠的孟祥凯的格力集团书记和董事捞了。

明眼人看得出来，走这步棋，说明珠海市国资委对限制和监督董明珠，积极布局后董明珠时代的格力走出了实质性一步。以后在格力体系内，不管董明珠接受与否，周乐伟将以董明珠上司身份出现在公众视野中。

这纸任命牵动人心。或许周乐伟与董明珠之间的一言一行从此将成为媒体关注的焦点。在格力集团，自从 2012 年董明珠唯一服从的人生伯乐朱江洪隐退，董明珠顺势上位后，格力就成为明珠一言堂。同时身兼格力集团和格力电器多个一把手职位的董明珠，在格力体系内成为“女皇”，权力和地位不容挑战。

在董明珠任格力集团董事长的时候，珠海市国资委曾经派过去另一个姓周的，叫周少强，做格力集团总裁，名义上是配合董明珠，实际是分权制衡，履行监督之职。但周少强在格力集团被整得灰头土脸，连一个格力电器的董事都没选上，这事震惊珠海市高层。最后，周少强因“酒宴门”落了个身败名裂，在体制内混不下去的下场。这事儿将珠海市国资委与董明珠之间的微妙关系折射了出来。

现在珠海市国资委把周乐伟派过去，取代董明珠的意味十分明显，这种新旧交替只是一个时间问题。但周乐伟能降住董明珠，完成珠海市国资委托付的重任吗?

对于周乐伟替代董明珠，至少有三个天时条件：第一个是国资委掳去董明珠格力集团董事长、法定代表人的政策依据。这个不出台，恐怕真没理由和借口杯酒释兵权。第二，1954 年出生的董明珠已经 64 岁了，在体制内，这个位置这个行政职别的人已经退休几年了。放弃体制内的格力集团董事长职务，选择格力电器董事长职务，董明珠或许也有年龄方面的考量——格力电器是上市企业，在体制外，不受体制内年龄要求的束缚和限制，但格力电器毕竟不是民营企业。第三董明珠也不是格力电器创始人，不能一直恋栈。

与董明珠年龄形成鲜明对照，“70 后”周乐伟年少有为，年富力强，有的是资本和时间。仅从年龄上看，周乐伟被珠海市国资委布局“后董明珠时代”的格力权力中心的用心一目了然。

从周乐伟的简历来看，珠海市国资委物色这个人也是用心良苦，谋划已久的。周乐伟在珠海有着十分丰富的工作经历和人脉资源，这种人生经历，绝对是个职场上典型的“高富帅”。周乐伟是厦门大学金融学博士研究生，曾任建设银行珠海分行副行长，珠海航展公司董事长、党委书记，市会展局局长，市会展集团公司董事长、党委书记。就任格力集团集董事长之前为金湾区委常委、常务副区长、珠海航空产业园管委会副主任。从

2005 年开始担任珠海航展公司董事长。周乐伟在该公司任职长达 10 年，推动了珠海航展一步步走向国际、跻身世界五大航展之列，对珠海市当地的社会和经济发展做出了积极贡献，在珠海市是个实权派和强权派人物。这样一份工作履历，被派至格力集团去，是足以服众的。

董明珠是个强硬的人，个性十分鲜明。在格力体系内部，是培养不出可与董明珠叫板的人的。在珠海市体制内，这种人并不多见。周乐伟是否能让董明珠臣服，目前尚不得而知。但两强相争必有好戏，周乐伟与董明珠之间，职场交集是否会碰撞出激烈火花来，也让我们拭目以待。

（2016 年 11 月 30 日）

第二辑

相爱相杀的大咖

资本市场众叛亲离，王石要从万科出局

王石做好从万科走人准备

恒大落井下石，许家印助姚振华阻击王石

三大佬联手挤兑，王石败局无悬念

图谋吞万科统江湖，许家印野心究竟有多大

跟着恒大赚钱，揭秘许家印炒股秘籍

万达否定电商深层原因：没做起来，丢了王健林颜面

王健林应该向马云学些什么？

乌镇大局下的小饭局江湖，马云局或2018年登场

马云品牌封锁：新零售要公平竞争还是挥刀“自宫”

不是马云，不是刘强东，该由谁来“二选一”？

刘强东将国美、苏宁在故乡的存在视作耻辱

刘强东做“国美酒业”，让黄光裕情何以堪

资本贪欲毁了黄光裕黄金十年

国美改名等动作频频，佐证黄光裕再战江湖传闻

在资本市场上，王石几乎众叛亲离。所以，王石离开万科，只是一个时间问题而已。作为职业经理人，只知一味与众多老板对着干，想要取得胜利，着实不易

资本市场众叛亲离，王石要从万科出局

与万科被同一“野蛮人”姚振华敲门的南玻A，最近以原董事长曾南带领8位高管集体辞职落幕。

这种结局是不是万科管理团队将来命运的写照？王石有没有兔死狐悲之感？

南玻A股权之争引发的高管变动，让吃瓜群众对王石的坚守充满质疑。而王石近日放出的“老板挖角消息”，让人对其在万科的去留浮想联翩——这既是对股权之争中敌方的一种警告，又是对自己未来去向的提前布局。

对王石职业生涯来说，万科是他一手拉扯大的孩子，倾注了其前半生心血。坚守万科，不到万不得已，实在呆不下去了，王石是不可能挪窝腾位的。

但王石自己比谁都明白，目前他在万科的处境，有生以来，从来没有这样艰难。

目前万科第一大股东宝能系掌门人姚振华对王石极为不满，因为作为万科管理层代表，王石不止一次在公开场合表示，万科不欢迎姚振华这个“野蛮人”——作为一个职业经理人，以这种心态来对待大股东，能处理

好关系吗？姚振华也是十分清楚：这个骨子里充满傲气和倔强的万科创始人，即使现在迫于形势，屡次做出了道歉，但这些都是权宜之计，而不是出自真心。换句话说，只要王石仍在带领万科管理团队，宝万的矛盾就难以调和。

作为万科目前第二大股东，华润集团的掌门人傅育宁对王石所作所为亦相当不满。华润集团的态度，已经在宝万之争过程中暴露无遗了，那就是这个曾经支持王石的盟友，已经站在了王石的对立面。在将来，王石要争取傅育宁改变立场，恐怕比较困难。

至于目前对王石态度较为暧昧的恒大系，恐怕是敌非友的可能性更大。从恒大系最近在资本市场的运作来看，绝不是一项单纯的"财务投资"，许家印对万科志在必得。恒大与万科，在商场上你死我活地拼杀了很多年。从某种意义上解读恒大与万科商战，其实就是许家印与王石之间的战争。对他们来说，最大快人心的结局，就是把对手吃掉。所以，许家印或许是最不能容忍王石继续掌控万科的。

对于万科广大中小股东来说，恐怕对王石更没什么好感。在宝万之争之前，万科那么优质的企业，股价却是波澜不惊，一潭死水，一点激情都没有。他们对王石游山玩水，不务正业，多年没能把股价拉抬上去充满怨言。

由此看来，在资本市场上，王石几乎众叛亲离。因此，王石离开万科，只是一个时间问题而已。作为职业经理人，只知一味与众多老板对着干，想要取得胜利，着实不易。但王石到底啥时候卷铺盖走人呢？

笔者预估，如果没有其他时来运转因素，王石在万科还能呆半年。因为这届董事会任期到 2017 年 3 月结束。在这届董事会里，目前大多数都是王石的人，没有宝能系的人，没有恒大系的人。这届董事会，是王石的保护伞，有他们在，王石暂时没有问题。届时改选了，结果就完全不一样了。到时候，新董事会还会选王石做董事长吗？如果不做董事长，他还愿意待在万科吗？

万科董事会改选的布局已经迫在眉睫。恒大不断买进万科股票，一个重大原因，就是确保自己在即将改选的万科董事会占有一席之地。根据万科公司章程，董事会由 11 名董事组成，选举时进行累积投票制。要保证一名候选人当选，需要持有股票比重在 8.34% 以上，保证两名候选人当选，所需最低持股比重应在 16.67% 以上。根据宝能目前持投 25% 计算，在累积投票制下至少可以保证有 3 名候选人当选董事。华润目前持股 15.29%，能保证 1 ~2 名候选董事当选。恒大持股 10%，有一个名额，但估计恒大将继续增持，以获得更大话语权。

目前坚持王石的安邦系仅持股 6.18%，基本上与董事会无缘。如果算上以王石为代表的管理层及其他盟友合计持股约 9%，万科管理层“盟军”大概能保证 1 ~2 名候选董事当选，在新的董事会当中起不到多大作用。如此一来，在将来万科董事会中，与目前相比，敌我力量将发生根本性改变。这种改变对王石极为不利。

（2016 年 11 月 28 日）

可以肯定，包括王石在内，万科管理层的命运不是掌握在自己手里，而是在“野蛮人”手里

王石做好从万科走人准备

股价不断创造纪录，“野蛮人”持股比例越来越高。宝万之争何时终结呢？万科创始人王石何去何从？这些都牵动着媒体和业界的神经。

在最近的广深媒体年会上，王石放出重磅消息，称“在股权纷争的这一年多，猎头公司给万科的中层团队开出了不可抗拒的价格，但团队依然稳定。”

这段话，表面看，是王石表达了坚守万科的决心。实际上，笔者还读出了另一种意思：那就是王石和团队已经找好退路，警告“野蛮人”们别太出格，别太过火，否则，他和团队一走，对万科的经营和股价是巨大冲击，到时候将“多败俱伤”。

王石所谓“野蛮人”，现在已经不止宝能系掌门姚振华一个，目前还包括了恒大系掌门许家印。王石曾经坦率地称万科不希望民营企业成为万科第一大股东。但宝能系已经是万科第一大股东了，据目前各方信息透露，宝能系持股比例为25.4%，远高于国企华润持股的15.24%。而万科商场劲敌，同为民营房产企业的恒大目前所持万科股份已超过10%，接近第二次举牌线。从最近恒大在资本市场运作动作来看，其增持万科的决心远没停止。

在王石眼里，恒大许家印或许比宝能系姚振华更讨厌：一是恒大也是民营企业，符合王石不喜欢其做第一大股东的标准；二是恒大也是搞房地产开发的，与万科扳了多年手腕，目前发展势头甚至比万科还好；三是许家印对房地产开发的造诣和企业经营管理的水平，并不比王石低，如果王石离开万科，有许家印坐镇，万科不会陷入大混乱。

或许后面一点，才是王石最忌讳的。这也许正是王石在广深媒体年会两度向姚振华隔空道歉，释放善意的理由——对于从骨子里瞧不起并百般抵制姚振华的王石来说，做到这一点可真不容易。

但天要下雨，娘要嫁人。在资本市场的大风大浪中，王石和万科管理层的话语权实在微不足道，只是风浪中心一艘无法掌控自己命运的小舟——现在万科管理层不断增加其股本话话权，但目前只持股4.14%，万科工会持股0.61%。这种比例的股份，完全可以被大股东当作脚下的一只蚂蚁。

从各种迹象来看，万科股权之争其实远没有停止。王石及其管理层命运如何，目前还是未知数。但可以肯定，包括王石在内，万科管理层的命运，不是掌握在自己手里，而是在“野蛮人”手里。鉴于以前的交恶，目前第一大股东宝能系的姚振华，其态度坚决：破镜重圆的可能性非常低，况且这面镜子从一开始就被王石打破了，现在还没见修复好的迹象。

现在主要看恒大许家印的脸色和态度，许老板有足够的钱可以做万科第一大股东，股权之争给他提供了一个千载难逢的良机，精明的许老板不会错失这场精彩大戏。尽管目前只是万科第三大股东，但谁都坚信，恒大增持万科的脚步还没到停下来的时候。届时，作为同行，作为曾经的劲敌，许家印能容得下王石吗?

或许，对于自己在万科的命运，聪明的王石早就预料到，在做“一颗红心，两种准备”了。

（2016年11月23日）

对王石来说，一个姚振华就让他左支右绌，焦头烂额，疲于应付了。现在又多出来一个比姚振华更难缠的许家印。如果与猜想的一样，那么在这场旷日持久的宝万之争中，王石似乎败局已定

恒大落井下石，许家印助姚振华阻击王石

万科股价王者归来，王石黔驴技穷

2016 年 8 月 4 日，万科股票一扫复牌以来的浓重阴霾，以涨停价收盘，在股市整体并不活跃的当下，强势演绎"王者归来"。

这可乐坏了小散们，也是他们期待已久的时刻。2015 年年底和 2016 年年初，在宝能系运作下，万科股价开始如脱缰野马，撒腿狂奔，也把小散们的期待和情绪调至高潮。但这让王石感到了威胁，他匆匆从国外赶回。在他介入下，万科停牌，一切归于寂静。半年后复牌，万科股价跌掉 30%，此后一直萎靡不振。

8 月 4 日的涨停，彻底扫除了万科复牌以来的晦气，让小散们欢欣鼓舞，目光重新凝集在万科身上，为万科股价止跌回稳奠定了信心基础。这似乎喻示万科股票在今后一段时间里走势向好。

与小散们为股价悲喜不同，万科控制权之争的两大主角却处在冰火两重天的处境。悲的是万科创始人、董事局主席王石；喜的是被王石称为"野蛮人"，欲将其挤出局的宝能系掌门人姚振华。

因为今天的股价表现是王石和姚振华之争的一个意义非同寻常的分水岭，意味着姚振华正在取得阶段性胜利。

这让王石猝不及防。对他来说，只有把股价拉下来，让姚振华关于万科的九个资管计划破产，才能真正阻止姚振华登堂入室，让自己在万科董事局主席宝座上稳如磐石，让以王石、郁亮为核心的管理团队不至于被清洗出局。所以，这次意外涨停，让王石半年多来的所有努力都打了水漂。

在这场战争中，只要股价止跌上涨，对王石来说，那就是噩耗。由于深圳地铁引入的受阻，目前只有打压股价，才是对付姚振华的最直截了当、行之有效的办法了。唯有让姚振华爆仓，平仓，才能将其赶出局。

现在万科股价出现复牌以来第一次涨停，这意味着，王石在人为打压万科股价上，已经黔驴技穷，走投无路了。

许家印或成王石新“麻烦制造者”

如果说只是宝能系为求平仓自保，动用资本拉动万科股价涨停，或许是新瓶装旧酒，没有什么可说的。

但这次让万科股价涨停的主要力量来自万科的竞争对手恒大。换句话来说，以许家印为首的恒大集团已经加入宝万之争，成为一个新搅局者。

虽然目前许家印还没明确表态站在哪边，但那是秃头上的虱子——明摆着的。如果许家印在帮王石，那他肯定不会大胆吃进万科股票，而是只需作壁上观，只要任凭万科股价下跌即可。他选择在这个时候大规模吃进万科股票，明显是在帮衬“野蛮人”姚振华。

据有关数计统计，目前恒大集团持万科股票比例已经占到2%，加上许家印个人帐户上的1%，恒大系持股已经占到3%。也有人算了一笔帐，这需要恒大动用资金约在40个亿左右。这么大的资金体量，足见许老板是下了决心的——当然可以肯定，许老板对万科的投资并没有就此打住，还留有后手，可谓“来者不善”。

对于王石来说，一个姚振华就已经让他左支右绌，焦头烂额，疲于应付了。现在又多出来一个比姚振华更难缠的许家印，真是吃不了兜着走。如果与猜想的一样，那么在这场旷日持久的宝万之争中，王石似乎败局已定。

许家印或许正在成为王石的新麻烦制造者。

恒大落井下石 对万科穷追猛打

在中国房产市场，万科和恒大两霸主导的格局已经初具雏形。

2015 年，万科和恒大的销售额都在两千亿元以上。万科 2614. 7 亿元，恒大 2013. 4 亿元，差距已经不大。2016 年上半年，恒大利用宝万之争的大好时机，奋起直追。从双方最近公布的财报数据来看，恒大销售面积为 1660. 5 亿平方米，而万科为 1409. 9 亿平方米，恒大实现了对万科的超越。

7 月份，恒大更是彻底征服了万科，实现了销售面积和销售金额的双重超越。7 月恒大销售面积为 625. 5 万平方米，销售金额为 430. 1 亿元，分别同比增长为 248. 3%，205. 0%；万科销售面积为 207. 7 万平方米，销售金额为 274. 4 亿元，环比下降分别为 36. 4% 和 35. 3%。

这种过于明显的此消彼长，与宝万之争是脱不了干系的。

万科与恒大，一直处于你争我夺的竞争状态。宝万之争正好给了恒大一个弯道超车的机会。

假如姚振华被爆仓，王石取得胜利，那么在极短时间内万科就可能重拾旧山河，一心一意应对恒大。这样以来，恒大要超越万科，难度就更大了。

在目前这种情况下，买进万科股份，是一石多鸟之计：如果姚振华胜利，王石出局，那对恒大来说，除掉了一个强有力的竞争者，全面取代万科成为龙头老大，就只是时间问题。如果姚振华不能取胜，也不能便宜了王石轻易地把宝能系清除出去，而是要让股价涨起来，让王石和姚振华继续斗下去，这样有利于恒大以时间换市场，打赢与万科的争霸战。

恒大对万科的战争其实早就在静悄悄地开始了。以前万科开发项目主要集中在一二线城市，以高端客户主；而恒大开发项目主要集中在三线城市，走的是农村包围城市路线。随着恒大发展壮大，正在逐步从三线城市向一二线城市布局，并取得了成功。据有关数据，目前，恒大一二线城市项目已经占六成，中高端市场客户已经达到85%。

（2016年8月5日）

难道王石回天乏力了？当然不。留在万科，或许只有一条路：那就是放下身段，摆正位置，虚心接受大股东。这样，可能鉴于王石在万科的影响力和其卓越经营能力，股东们会权衡再三，从企业长远发展考虑，留下王石，让其继续当"王"。

三大佬联手挤兑，王石败局无悬念

最近数日，万科A股价就像一匹脱缰野马，一路向上，具备了2016年第一"妖股"潜质。8月16日，万科A再度强势涨停，以27.57元/股收官。

这是万科A股票8月以来的第四个涨停板。在最近9个交易日中，万科A股票涨幅已经达到54%。

这种股价一路向上的局面对王石极为不利；受益者则是傅育宁、姚振华、许家印。现在基本上可以这样下结论：在万科控制权争夺中，王石败局已定，几无悬念了。王石收拾东西，从万科走人，只是时间问题——当然，如果王石向三大佬妥协，或有回旋余地，可以留在万科，但这有悖于王石坚强个性。

打压股价，让对手爆仓出局，是王石对付"野蛮人"姚振华叩门的"截拳道"。为此，王石不惜让万科A停牌半年之久，强势导演"毒丸计划"，谋划引入深圳地铁，让其坐上第一股东之位。在复牌后，王石一度领先，让万科A股价连续跌停，让野蛮人姚振华接近爆仓。这也引发了原万科第一大股东华润的不满，华润掌门傅育宁一改前任传统，站在了王石的对立面，连续出招否决王石作法，让王石“毒丸计划”流产夭折。

股价下挫也给其他资本提供了机遇，在眼看姚振华顶不住的关键时刻，万科常年竞争对手恒大集团老板许家印及时出手，介入“宝万之争”，不断吃进万科A股票，推动万科A连续涨停。据悉，到目前为止，恒大连续斥资100多亿，截至8月15日恒大系共持有万科A股票6.82%股权，已成为万科继宝能系、华润系之后的第三大股东。

让王石感到绝望的是，在资本市场，万科三大股东，恐怕没有一个站在王石这边支持他。而散户们，肯定是乐见万科股价上涨，从中分得一杯羹——这种局面已经喻示王石无力回天了。王石再坚强，恐怕也顶不住三大佬联手挤兑。

作为中国房地产市场一个十分优质的企业，万科市盈率一直较低，这在中国股市上是珍稀品种，具有相当大的操作空间。以野蛮人叩门为起点，万科A股价已经呈现“龙抬头”之势，包括资本和小散，都在密切注意和关注到万科股价的变化，积极参与其中，资本市场上的一场饕餮盛宴已经初具雏形。

在万科，王石是一个双重身价的尴尬人，他既是万科创始人，又是一个风雨飘摇的掌控者，不是大股东，只是一个职业经理人。这在中国企业史上恐怕是绝无仅有的。但凭借万科创始人身份，王石在万科却由着性子胡来，一是没有正常上班，却拿着高额薪酬，引发万科生态圈不满；二是在大股东面前，没有摆正自己职业经理人的位置，配合好大股东进行治理，而是与股东作对，想把股东挡在万科治理之外。

难道王石回天乏力了？当然不。留在万科，或许只有一条路：那就是放下身段，摆正位置，虚心接受大股东。这样，或许鉴于王石在万科的影响力和卓越经营能力，股东们会权衡再三，从企业长远发展考虑，留下王石，让其继续当“王”。

但心高气傲的王石会妥协屈服吗？

也许让一步，就会海阔天空。让一步这场资本盛宴或许就成了“王的盛宴”，让王石在职场上不至于晚节不保，但王石不是那种轻易服软的人。

（2016 年 8 月 19 日）

恒大不惜血本，通过大宗交易大手笔增持，于高位接盘，在笔者看来，许家印不可能没有精心计算，其图谋吞并万科的想法昭然若揭

图谋吞万科统江湖，许家印野心究竟有多大

历史似乎再度重演。

2015年此时，万科被“野蛮人”宝能系完成三次举牌，大举入驻；2016年今日，恒大再次举牌，步步为营。此刻，华润保持沉默，宝能则按兵不动，恒大却献给了万科一支独舞。

11月29日下午，深交所披露最新大宗交易数据，恒大通过3笔巨额成交再次吃进万科A4.4亿股，约占万科总股本的3.99%，成交价格为27.5元，较当日收盘溢价逾5%，累计成交金额高达121亿元。

加上此前收购，恒大已耗资近363亿元，而曾经五次举牌的宝能系共耗资440亿元。然而，继宝能入驻万科之后，恒大此时增持，其成本之高远胜彼时宝能增持之时。如许家印所说，看好万科的投资价值，只想做个财务投资者，这恐怕再难站住脚。

如今，万科流通盘已经锁定，公司股价狂飙突进，恒大不惜血本，通过大宗交易大手笔增持，于高位接盘，在笔者看来，许家印不可能没有精心计算，其图谋吞并万科的想法昭然若揭。

对于拥有众多分散的公众投资者的公司而言，董事会是争夺公司控制权的最佳场所，要想掌握公司话语权，就得支配或拥有多数董事会席位。

按万科公司章程，万科新一届董事会在2017年3月将进行改选，万科非独立董事候选人名单由上届董事会或连续180个交易日单独或合计持有公司发行在外有表决权股份总数3%以上的股东提出。若按照累计投票制计算，在下一届董事会拟选11名董事中，若要保证有一名候选人当选，恒大需要最低持股8.34%以上；若要保证两名候选人当选，恒大则需最低持股16.67%以上。

自2016年8月买入万科的恒大，在数次增持后其持股比例达14.07%。对于近在眼前的16.67%，许家印只要再踮踮脚就能摘下。

不过，或许许家印也无需在董事会候选人上大费周章。通过增持，如果能拿下万科30%股份，直接控股，许老板可能也做得出来。

因为根据万科公司章程中关于“控股股东”所需条件之一，即为“该人单独或者与他人一致行动时，持有公司发行在外30%以上（含30%）的股份”。

此前，恒大陆续打出“怪牌”，如卖掉已投入巨资的粮油饮料资产、整合小规模的房地产公司，吃瓜群众们直呼“看不懂”。直至今年，恒大盯准万科大盘，一口咬住，许家印的野心逐渐浮出水面。

2016年11月，地产界“龙头”万科公布前10个月的销售总额，约3119亿元；而早在10月，恒大前三季销售额超2800亿元，曾赶超万科夺下地产首席之位。如果最终接盘体量庞大的万科，许家印将一统地产江湖，掌握整个房地产行业的话语权。

突然想起，曾经引起坊间恐慌的一则流言——恒大曾说要让万科的股价涨到120元。如今看来，这股传说中的洪荒之力出自哪里，已经昭然若揭了。

（2016年12月1日）

无论是装修公司，还是电气设备供应，不难看出许家印的经营思路：除了打通产业链，往上下游积极延伸外，很重要的一点，都是为房产开发的战略和主业服务，而且不把鸡蛋放进一个篮子里，做到了货比三家，在选择供应商和服务商上，也是公平竞争，优胜劣汰

跟着恒大赚钱，揭秘许家印炒股秘籍

恒大房产资本两线作战

如果不是因为许家印最近抄了万科王石的后路，在股市上成为万众瞩目的焦点，恒大在资本市场的运作，都是在“这里黎明静悄悄”中进行，不引人注目。

从房产到股市，许家印现在既是房产大鳄，又是资本大鳄。到目前为止，恒大已经砸了164个亿在资本市场，投资对象除了深陷宝万之争的万科，还有其他十多家企业，包括嘉凯城、廊坊发展、金螳螂、智光电气等。

由于股市一路下跌，进入低洼地带，给有闲钱的企业扫货、并购，提供了难得机会。做实业的恒大开始了实业和资本两条战线同时作战。以8月9日收盘价计，恒大总计持股市值高达233.11亿元，目前投资A股浮盈约69亿元，收益相当可观。

主力放在房产开发，与主营业务形成资源互补

恒大系目前投入资本最多的是万科，据统计已经动用资本达100多亿元。即使是许家印，在万科上的投入，肯定也不算是毛毛雨。这个投入，也凸显许家印搅局宝万之争志在必得，有可能持续扫货，这足以让王石的幻想破灭。许家印如此投入万科，当然绝不是解决与王石的个人恩怨，而是出于恒大战略选择和竞争现状考虑。试想一下，两个一直斗得不可开交的高手，突然其中一个变成另一个的主人了，这足够让一方沮丧，另一方扬眉吐气了。

许家印的投资体现了其在房产市场上的巨大野心。在房地产上，恒大投入资金最多，总计高达144.8亿元，约占股市总投入的88.3%。嘉凯城约36亿，持股比例高达52.78%，处于绝对控股地位。粤宏远A投入资金2亿多，占股4.35%，接近举牌线。金科股份投入3亿多，占股比例1.77%。这种投资策略说明许家印并非乱买，而是投资自己最熟悉的领域，对主营业务拓展能够形成资源互补。

为经营服务，货比三家，小散放心跟进

许家印在其他企业上的投入，也是围绕房地产展开，可以看成是对房产开发有益的，必要的补充。如廊坊发展投入7.7498亿，装饰行业的金螳螂、腾达建设、宝鹰股份，恒大都有投入，这有利于打通房产开发下游，实现房产开发与装修的综合业务开发和服务。

在电气设备企业上，许家印也是一掷千金，投了平高电气、京运通、智光电气。电气设备是房产开发的设备供应商，在房产开发设备供应方面占据重要位置。

无论是装修公司，还是电气设备供应，不难看出许家印的经营思路：除了打通产业链，往上下游积极延伸外，很重要的一点，都是为房产开发

的战略和主业服务，而且不把鸡蛋放进一个篮子里，做到了货比三家，在选择供应商和服务商上，也是公平竞争，优胜劣汰。

目前股市处于熊市阶段，股民炒股很难把握机会，实现赢利。跟着许老板的思路走，或许是一种不错的选择。目前许老板炒股赢利高达42.2%，让很多小散们无意中赚得盆溢钵满。有财大气粗的许老板兜底，确实可以让小散放心跟进。

（2016年8月10日）

目前万达电商与万达集团的体量毫不匹配，说万达做电商，在规模上是个笑话，有损万达和王健林颜面。万达集团是目前中国最大的城市商业地产综合体，王健林也是多年雄踞中国首富宝座。万达电商呢？目前不要说是"牛后"，恐怕"鸡后"都不是

万达否定电商深层原因：没做起来，丢了王健林颜面

与时俱进的万达集团一直在谋求转型，其中方向之一就是把线下消费人气转到线上，将如火如荼的线上经济作为新的增长点，电商就是这样一个契入口。

但最近万达网络科技集团总裁、万达集团老臣曲德君在接受人民网记者采访时竟然声称，万达从来没有说过要做电商。

此话一出，确实让人看不懂，也想不明白：既然万达不想做电商，那还折腾网络业务干啥？包括飞凡在内，原来都不是为做电商啊？

从目前万达网络集团公布的业务来看，暂时难以发现有什么革命性的创新和应用，万达网络要重新定义和打造出一个腾讯、阿里、百度、脸书，也几乎没有可能。倒是笔者看到，无论万达网络折腾啥，最后都是殊途同归：即为买卖产品和服务，或者服务于买卖产品和服务。

所以，从这个意义上来说，万达网络要做的，无论其形式怎么千变万化，都难以摆脱电商这个"宗"的——电商都是万达网络实现商业模式的重要平台、途径和渠道，所以，这种形式上的改头换面，是暂时无法支撑

曲德君"万达从来不做电商"的说辞的。

既然电商是万达商业模式的重要一环，那万达为什么要自我否定呢？这其中有什么玄机？

笔者认为最重要的是目前万达电商与万达集团的体量毫不匹配，说万达做电商，在规模上是一个笑话，有损万达和王健林的颜面。万达集团是目前中国最大的城市商业地产综合体，王健林也是多年雄踞中国首富宝座。但万达电商呢？目前不要说是"牛后"，恐怕"鸡后"都不是，说出来不是万达和王健林的荣光，而是"耻辱"。

依据万达规模以及王健林的思路和习惯，做啥事儿，都是有着"高标准，严要求"的，要么不做，既然做了，就一定要成功，而且不是一般的成功，而是大成功，不跻身一流行列绝不善罢甘休。

可万达电商呢？

万达电商折腾了很久，大动作不断，钱是烧了不少，媒体版面是抢了不少，眼球也是吸引了不少，但一直都是"雷声大，雨点小"，不见有作为。

不能说王健林的决心不大。为发展电商，王健林把互联网大佬马化腾、李彦宏的手都牵了，三方组成了一个坊间称为"腾百万"的互联网公司，最后却无疾而终。为发展电商，王健林把业内专家级大人物挖过来不少，包括曾任谷歌全球副总裁的刘允、微软互联网工程院副院长杨晓松、微软大中华区副总裁徐辉等。但这些都没像王健林设想的那样帮万达在互联网领域掀起大风浪。

前段时间，王健林在网络上最红火的一件事儿就是其小目标：先赚一个亿。王健林的小目标都是以一个亿来衡量，可见其眼界有多高，心有多大。现在被王健林寄予厚望的万达网络，却是一个扶不起来的阿斗，这让王健林做何感想？

当然，万达否定电商还有一个顺手推舟的因素：那就是给王健林和万达网络集团那帮人在电商上无所建树找一个台阶下。既然否定了做电商，那电商做没做起来，又有啥关系？由于万达网络是在做一件完全创新的事，是在走其他互联网企业没有走过的创新之路，所以，大家一定要给万达一点时间，要对万达网络的失败以宽容心态来对待。所以，曲德君否认万达电商之说，既能让王健林有台阶下，也让自己对老板有所交代。

企业现在都在做电商，也把注意力和资源往电商倾斜。笔者不信王健林对电商就没动过心。如果万达要做好转型，把产品和服务借助网络推广推销出去，那就一定得痛下决心，摒弃门户之见，让真正懂网络，玩得好网络的互联网精英当家作主，把事件干好。

做互联网不同于做传统实业。万达拥有雄厚资金和优质资源，但在互联网业务上捉襟见肘，作为不大，不得不引起万达深思。

万达网络做不起来，关键在人的因素。有合适的人，就有了方向和模式。

这合适的人是谁？哪里来？

有可能是外部挖角，也有可能是内部培养。

其实，国民老公王思聪倒很懂网络，也对互联网兴趣盎然。

笔者建议，如果万达要把网络做好，不如让王思聪试试，说不定会有意想不到的收获。

（2017 年 2 月 17 日）

现在从居庙堂之高到处江湖之远，都已经看明白了：房地产绑架了中国经济，中国经济想向前看，要实现科学、可持续发展，已经到了非整治不可的时候了

王健林应该向马云学些什么?

在云诡波谲的中国企业界，他们轮流在首富位置上坐庄，为人处世都很高调，都酷爱高歌一曲；但命运的分水岭在2017年浮出水面，一个向右，一个向左。

这两个商界枭雄，一个是王健林，一个是马云。

最近，老王麻烦缠身：海外资产被查，股债双杀，万达电影停牌，割肉甩卖万达地产项目还债。海外评级机构落井下石，标普将万达商业下调为垃圾级（BBB－BB），穆迪更上一层楼，将万达商业调为垃圾中的“垃圾”（Baa3－Ba1）。

马云则无限风光上险峰，生意做得风生水起，股价水涨船高，阿里市值突破4500亿美元大关，直逼对手亚马逊。马云成为全球各地政要的座上宾，为世界经济诊断把脉，活脱脱一个全球经济救世主形象。

决定这种天上人间、境遇迥然的，有多种原因。为扭转命运劣势，王健林该向马云学些什么?

视野决定高度，思路决定出路

视野决定高度，思路决定出路。王健林和马云都站得高，看得远。但

出发点不一样，一个为私，一个为公。心大了，路就宽了；心小了，路就窄了。因为企业一做大，就不再是自己的了，更何况是上市企业，公众公司。

作为自然人，即使是饕餮之徒，奢张之辈，一辈子又能吃多少，穿多少，用多少？王健林和马云积聚的财富，早就一辈子，几辈子都花不完，用不尽了。所以，财富应该与社会责任对应起来，帮助他人实现共同富裕。

马云曾经豪气干云地说：阿里巴巴是国家的，什么时候想拿去就拿去。这种大公无私的境界，让马云赢得超高人气。

而王健林偏不，他的钱是为自己赚的。他公开宣称，钱是我自己挣的，想怎么花就怎么花。于是有了万达在国外不停地“买买买”。在钱不多的时候，王健林的话是有道理的；但在钱多得富可敌国时，再这样说就不合时宜了。王健林纵有天下本事，如果没有政府帮扶，没有政策滋润，没有中国这块地大物博的肥沃土壤，能这样飞黄腾达，成为中国首富么？

在国外“买买买”，这种作法本身有问题。中国处于高速发展阶段，国内有的是机会，国内很多项目都缺钱。难道王健林，你看不见？幸好王健林是聪明人，马上见风使舵，并主动表态，要把钱投在国内。否则，如果一条道走到黑，麻烦可能还没完。

当然，王健林更刺痛社会神经的名言是：清华北大，不如胆子大。在中国社会，清华北大有多神圣，难道王健林不知道？清华北大培养了多少社会精英，这些社会精英掌管多少资源，为社会做了多大贡献？

促进社会发展的作用和方式是多元的，而不仅仅是商业。如果没清华北大学子们务实地推动解放思想，为企业解套松绑，万达能飞得起来？可以肯定地说，虽然王健林没有上过清华北大，但亦是清华北大的受益者。抛出“清华北大，不如胆子大”这种论调，不是在公开宣称“读书无用论”么？别人说说就算了，作为中国首富，作为一名社会公众人物，提倡这种悖逆社会主流价值观的思潮，对社会负面影响有多大，对社会发展危害有多大，难道王健林不知道？

顺势与逆势

最近，王健林解读企业家精神，被近期因接盘乐视和万达商业地产的财经圈焦点人物、融创中国董事会主席孙宏斌点赞。

王健林理解的企业家精神的核心为“首先是冒险精神，敢闯敢试，敢于冒险”。冒险确实是很多企业家成功的关键特质。但冒险的前提是把握势。得势者得天下，得势者聚财富。古人论成功三要素：天时、地利、人和。其中，天时就是所谓“势”，被摆放在三要素之首，甚至形势比人强。所以，想要持续成功，看准势，顺势而为很重要，顺势者昌，逆势者衰。

都是大企业家，都有高屋建瓴的眼光，都有纵横捭阖的能力，但对势的理解和把握上，就让王健林和马云有了质的区别。

阿里巴巴是把传统的商业贸易搬到虚拟的网络上，让世界没有难做的生意，解决了互通有无的大问题。互联网技术，是目前发展最快的科学技术，是创新的强大引擎，是公认的改变世界的持续力量。这种势，给阿里巴巴带来滚滚红利。1999 年创立的阿里巴巴，2014 年在美国上市时市值仅为 200 亿美元，而目前其市值已经高达 4500 多亿美元，跻身于全球市值最高的科技企业五强行列。

阿里巴巴既得了科学发展的势，又得了政策优势的势。马云搭建的这个大平台，顺乎三大政策优势：一是实现了让一部分人先富起来，然后带领大家共同富裕的目的。在阿里巴巴平台上，很多人都先富起来了，更多人在向着共同富裕跑步前进。二是阿里巴巴搭建了一个大舞台，在这个大舞台上“大众创业，万众创新”，变得更容易，更落地有声。三是阿里巴巴深得“一带一路”精髓，让全世界的资源互通有无和共享。难怪全世界政要都把马云奉为座上宾，都把马云作为解决供给侧问题的钥匙，都愿意为马云做生意背书。企业家做到这种风光的，放眼全球，都是屈指可数的。难怪多年雄踞全球财富榜首的比尔·盖茨都要谦虚地恭维马云：未来的世界首富不是比尔·盖茨，而是马云。

当然，王健林亦是把握了一段势，才有了万达的今天。商业房地产在中国曾经风光一时，但互联网时代的到来，让这种高资本的商业模式不堪重负，捉襟见肘，已经走在一条下坡路上。特别值得一提的是，现在从居庙堂之高到处江湖之远，都已经看明白了：房地产绑架了中国经济，中国经济想向前看，要实现科学、可持续发展，已经到了非整治不可的时候了。

这种整治的决心和行动，导致万达迅速从云端跌落。值得庆幸的是，毕竟王健林在商场驰聘多年，练就了敏锐的商业嗅觉，尽管脚步慢了点，但已经在重新定位和转型，大量抛售商业地产项目，向轻资产的文化旅游、电影院线、网络、金融等转移和布局。

（2017 年 10 月 7 日）

虽然没有出席，但乌镇大局下的两个小饭局确实震动了马云，促其放出狠话："你信不信我今天真能搞个饭局，把全世界都请来，请来一帮土豪，在全世界都是顶级的，还真没几个请得起我的饭局。"

乌镇大局下的小饭局江湖，马云局或 2018 年登场

这两天，在乌镇第四届世界互联网大会上，大局下的小饭局火了，风头甚至盖过大会本身，被吃瓜群众津津乐道，谁参加谁没参加，座次怎么排，在局上吃了些啥，都被热议，甚嚣尘上。

丁磊局的商业玄机与东兴局的联络感情

饭局年年有，今年再添一个新饭局。即一年一度传统的丁磊局和今年闪亮登场的"东兴局"（由京东的刘强东和新美大的王兴联合做东）。

网易掌门丁磊的饭局早在 2014 年乌镇首届世界互联网大会上，就显赫登场。借尽地主之谊名义，浙江宁波的丁磊请来张朝阳、田溯宁等八大佬组了一个饭局，"丁磊猪"（丁磊养的猪）借饭局漂亮露脸。

2015 年，丁磊局扩容到 11 人，李彦宏、马化腾、张朝阳、曹国伟、梁建章等互联网大佬成为座上宾，饭局亮瞎江南乌镇。

2016 年，丁磊再度大宴宾客，有 17 位大佬如约赴宴。媒体形容丁磊局来了"中国互联网的半壁江山"。

今年饭局再更上层楼，非同凡响。腾讯 CEO 马化腾、百度 CEO 李彦

宏、小米 CEO 雷军、京东 CEO 刘强东、联想 CEO 杨元庆、宽带资本董事长田溯宁、微软全球执行副总裁沈向洋、搜狐董事长张朝阳、华为高级副总裁余承东、新美大 CEO 王兴、百度总裁张亚勤、58 同城 CEO 姚劲波、爱奇艺 CEO 龚宇、高瓴资本合伙人张磊、红杉资本全球执行合伙人沈南鹏、金沙江合伙人丁健等 20 多位大佬现身饭局，与东道主丁磊开怀畅饮，把酒言欢，指点江山。

年年岁岁花相似，岁岁年年人不同。如果把人生比作大部头巨著，这次饭局则是其中一篇华美精致的散文，其形是饭局，其神则是丁磊局后面的商业玄机，形散神聚。

或许在前三届，“丁磊猪”是玄机主角，但这次却是五花八门，除了必备的网易味央猪肉，还有网红菜肴淮盐花生、重庆麻辣兔丁、开口板栗、星云酥、鲜果冻、绍兴黄酒，甚至“祸及”碗碟餐具、酒壶酒杯、饭局伴手礼等，但都经过丁磊严格挑选，来自“网易严选”。这意味着一帮互联网大佬，都在为网易严选代言和背书。

从实际传播效果来看，在丁磊局上用的、吃的、拿的，经过互联网放大和渲染，都已经红得发紫，产生了几何级数的传播裂变效果。一些网友留言笑称“距离大佬饭局只差一个在网易严选上下单的距离”。借助饭局，丁磊为网易严选成功地宣传了一把，饭局之后可以美美地送货收钱了。

与丁磊局呼应，另一饭局亦在推杯换盏，觥筹交错之间气氛酣畅热烈。这个饭局亦高朋满座，由刘强东和王兴作东，以腾讯系为主，包括马化腾、刘强东、王兴、程维、雷军、知乎创始人周源、摩拜单车创始人王晓峰、快手 CEO 宿华、58 集团 CEO 姚劲波、高瓴资本张磊、红杉资本沈南鹏、今日头条创始人张一鸣、联想集团 CEO 杨元庆、金沙江创投合伙人朱啸虎、京东金融 CEO 陈生强、美团点评高级副总裁王慧文等，与丁磊局分庭抗礼，成为互联网的“另半壁江山”。与丁磊局满满的商业元素不同，“东兴局”比较单纯，纯粹借机“一家团聚，联络感情，和气生财”。

马云局或在 2018 年登场，要后来居上

但眼尖的网友已经发现，无论是丁磊局，还是东兴局，阿里巴巴董事局主席马云都在饭局之外。

由于两个饭局都号称互联网的半壁江山，加起来就是整个互联网。但在中国，谈及互联网，怎能少了阿里巴巴，怎能少了马云？没有了阿里巴巴，没有了马云，中国互联网还算完整吗？

关于马云没有出席饭局的原因，网友也是浮想联翩，有的猜测马云要见世界政要；有的猜测马云被互联网大佬孤立，没在邀请之列。

确实，这两个饭局，马云都不好参与，其中一个重要原因是如果马云参加了，他该坐在哪，座次如何安排？在中国互联网乃至中国企业界，马云都是一个气场强大，威望崇高的人，在饭局上，他得坐主座才行。如果参加了丁磊局，马云坐哪，丁磊坐哪？如果参加了东兴局，马化腾坐哪，马云坐哪？总不能丁磊和马化腾把主座腾出来，从主角沦为配角吧？如果不能让出主座，估计马云也不愿意参加吧？

虽然没有出席，但两个饭局确实震动了马云，促其放出狠话：“你信不信我今天真能搞个饭局，把全世界都请来，请来一帮土豪，在全世界都是顶级的，还真没几个请得起我的饭局。”马云的话，不是吹牛，你信他信我也信。

马云的足迹遍及世界很多国家，到哪都是国家元首、政府首脑的座上宾。前不久马云出演的处女电影秀《攻守道》就凸显了马云的能量，包括袁和平、洪金宝、程小东都来捧场，功夫巨星甄子丹、吴京、泰拳托尼·贾、向佐、拳王邹市明都成了马云拳脚下的败将。

马云个性高调，且不甘落后、不甘寂寞。组建一个阵营更为强大的马云局，灭灭丁磊局、东兴局的威风，已经势在必行，呼之欲出了，估计其策划和公关团队都在跃跃欲试，为 2018 年乌镇马云局提前谋划布局了。

2018年，乌镇第五届世界互联网大会是否会出现马云局，与丁磊局和东兴局争霸天下，马云局到底有哪些“以一抵十”的重量级神秘嘉宾到场，有哪些横空出世的策划创意煽风点火，这些都让网友莫名兴奋，也让网友在今年乌镇互联网大会落下帷幕后，仍然对来年的乌镇寄予厚望，充满期待。

（2017年12月7日）

互联网需要开放共享，市场需要公平竞争。新零售不能从一开始就让这些经过千锤百炼沉淀下来的优质商业原则成为摆设。从这个角度来说，阿里系确实有必要反思品牌封锁对不对，该不该，还要不要坚持。竞争是在所难免的，但不能剑走偏锋

马云品牌封锁：新零售要公平竞争还是挥刀“自宫”

发轫于阿里、席卷线上线下的新零售正在形成两个泾渭分明的敌对阵营，进行着一场旗帜鲜明的战争。

这场战争的一方是以马云为司令的阿里系。从新零售酝酿之初起，阿里凭借强大的资本实力，大举投资线下实体，参股了银泰商业（收购后退市）、苏宁云商、三江购物、新华都、联华超市、高鑫零售等，争抢线下支付入口、数据和流量入口、物流配送体系，形成了一个庞大的航母舰队。

另一方是腾讯系，以腾讯、京东商城、唯品会、永辉超市为先锋。坊间给腾讯系取了一个针锋相对、耐人寻味的江湖名号，叫“反阿里联盟”。反阿里联盟在今年乌镇世界互联网大会的“东兴饭局”上横空出世。刘强东在饭局上悲情控诉阿里“二选一”，将反阿里联盟共识空前凝聚在一起。

有战争就必有动机和借口；有动机和借口就必有是非正邪。是非正邪的界定要看出发点和实际成效，出发点不能只是“胸中有我”，以企业得失为唯一标准；还要做到“胸中无我”，给竞争对手和合作伙伴一条活路，

促进生态的共同繁荣，打造开放共享的商业秩序，提倡公平竞争的公平市场精神，共同实现平台、品牌及其生态链、消费者的互利多赢。

但新零售剑走偏锋，过早地竖起了排他壁垒。从“双11”前后就风起云涌、倍受媒体鞭挞的“二选一”，迄今并没戛然而止的迹象，反倒越演越烈、变本加厉。刘强东在公开场合宣称，受“二选一”冲击，从二季度开始，有一百多家中国本土服装品牌被迫从京东平台退出。最近传出不断有品牌选择以阿里为独家代理，拓展中国市场，与其他渠道的合作之路被生生切断。

腾讯系把阿里系这种独家垄断的商业操作称为“品牌封锁”。这也是腾讯系组建“反阿里联盟”的理由和动力。阿里系的“品牌封锁”确实有悖于开放共享的互联网精神和公平竞争的市场精神，给了反阿里联盟一个正义凛然的反怼口实，让阿里系尝到了“失道寡助”的滋味——这种失道寡助并非指阿里没有品牌合作以及站台吆喝的商业帮手，而是民心，特别是在新零售背景下的网友和消费者的民心向背。

阿里是个大平台，有钱多金，傍上了阿里就是傍上了大款，打开了生财有道的门路，可以获得资金和资源支持，所以阿里从来不缺帮手——目前阿里投资控股、参股的企业实体已经数以百计，这也是阿里进行品牌封锁的资本，也是品牌明知“二选一”不利于自己市场拓展和长远发展但不得不“从了”的原因。最近阿里高管王帅针对“二选一”称：“二选一不是平台的二选一，而是商家的二选一。并没有人规定说在天猫开了店，就一定也要在京东开店。如果商家对自己的选择都没有决定权的话，难道还要刘强东来替他们做总结?”王帅这话，首先是承认了“二选一”确实存在；其次是把“二选一”的责任推给品牌——其实品牌没有那么傻的，如果阿里允许“二选二”，他们难道会选了阿里就自动放弃京东?

从2008年全球金融危机以来，市场元气还在恢复之中，生意并不好做。渠道为王，鉴于阿里在电商市场拥有半壁江山的江湖地位，品牌商都寄希望于阿里，以为傍上阿里，就能把生意做得风生水起。这也是品牌商接受阿里“二选一”的现状根源。其实，对品牌而言，拓展市场是“多条渠道多条路”，希望尽可能有更多选择帮助自己做大做强，特别是那些成长型品牌或者将中国作为新目标市场进行拓展的品牌。如果不做出“二选一”的站队，那就意味着将失去与阿里合作的机会。

对阿里来说，这种“二选一”，可以帮助阿里实现利润最大化，既垄断了市场，做到“人无我有”，又掌握了定价权，谋求更大的利润空间。但这种做法，是以损害品牌商和消费者利益为前提，不利于打造一个新零售的健康生态。互联网的发展，以前那种一家独大的局面已经结束；两强争霸甚至三五极鼎立的局面更有利于“互联网 +”的发展。如果新零售只有阿里系，那就是灾难。所以，幸亏有腾讯系登高一呼，对阿里系进行钳制。有对手为鉴，也有利于阿里系知是非，明得失，判对错，不断完善自身经营缺陷。

对品牌商而言，如果只是一家独大，没有其他渠道平台，不仅受制于渠道强势，听其摆布，而且在业务拓展上捉襟见肘，影响局面打开，影响业绩做大。因为不论哪个渠道有多强大，毕竟不可能百分百地垄断市场。现在阿里系所占份额也就在一半左右，品牌做了“二选一”，就意味着将失去另一半市场。这是品牌商不愿看到的。

对消费者而言，无论是在线上电商平台，还是线下实体店，都已经习惯了“货比三家”的消费方式，品牌“二选一”了，就意味着只能被动地接受产品质量、市场价格和售后服务，没有比较的可能，没有选择的余地，从而谈不上享受到“最好的品质，最合理的价格，最优质的服务”——而这些偏偏是新零售打动消费者的核心竞争力。如果没有这些，那还叫“新零售”吗？

互联网需要开放共享，市场需要公平竞争。新零售不能从一开始就让这些经过千锤百炼沉淀下来的优质商业原则成为摆设。从这个角度来说，阿里系确实有必要反思品牌封锁对不对，该不该，还要不要坚持。竞争是在所难免的，但不能剑走偏锋。

如果“反阿里联盟”逐渐成为一种深入民心、深得民心的存在，那对阿里系发展来说，将是致命的。历史经验告诉我们，无论曾经势力有多强大，历史最后还是“得民心者得天下”。腾讯系深明这个道理，并以此作为“反阿里联盟”的口号，阿里系不得不好好提防。亡羊补牢，为时未晚。阿里系还有时间修正自己过于偏激的营销策略，共同打造一个公平竞争的商业环境，实现平台、品牌、消费者甚至包括竞争对手在内的多方共赢的新零售秩序，才是正道和王道。

（2017 年 12 月 23 日）

在帮助品牌商做大做强的过程中，让自己也做大做强，这才是打造健康生态的王道。“二选一”显然是背道而驰，为一己私利，利用平台支配地位，要求品牌商做出选择

不是马云，不是刘强东，该由谁来“二选一”？

一年一度的“双11”全球购物狂欢节正进入高潮。吃肉的，啃骨头的，喝汤的，各大电商平台八仙过海，各显神通，希望尽可能多分一杯羹。

最近，迫使品牌商站队的“二选一”浮出水面，引发网络热议。11月6日，京东集团创始人刘强东在微博上炮轰这种选边站的竞争手段，称：“二选一不是一家公司牛逼的表现，其实是一种无能的表现！不过，任何下三滥手法从来都不会赢到最后！”

“二选一”的前世今生

刘强东没有指名道姓。但这一切都是和尚头上的虱子——明摆在那儿的。在“双11”战火越烧越旺之际，能搅乱刘强东心湖，让其视为对手的，只有马云，只有天猫和淘宝了。

所谓“二选一”，就是要求提供商品的品牌商选择站队，非此即彼，以牺牲商家利益，达到排挤其他电商平台，实现某个电商平台的利益最大化目的。

这种“二选一”，对于那种处于支配地位的电商平台而言，具有明显

优势——如果硬要做出选择，品牌商只有选大弃小，忍痛割爱，没有其他中间道路可走。

目前，这种“二选一”已经从关键节点的618、“双11”进化到常态化，从公开转移到地下，如果不是商家自曝，还真难察觉出来。

其实，在业内，这种“二选一”手段由来已久，越演越烈，阿里是始作俑者。

据有关资料，2012年“双11”期间，阿里发函给各电商平台，称天猫享有“双11”商标专用权，希望其他电商平台尊重，不要在广告、活动中用到“双11”字样，以免承担法律连带责任。这个函件，拉开了“二选一”的序幕。从2013年6月开始，天猫对品牌商做出限制，要求品牌商来了天猫，就别去其他电商平台了，去其他平台了，就别来天猫，将“二选一”政策从“双11”延伸到“618”。2015年8月，天猫宣布与迪卡侬、Timberland、Lafuma等20余家国际品牌签署独家合作协议，明文规定产品只能在天猫平台上独家销售，将“二选一”突破节日限制，变成常态化。

进入2017年，随着电商平台的竞争更趋白热化，“二选一”手段的使用有增无减，也更隐秘高明，从被迫签订“独家合作”协议外，发展到利用资源配置来达到“二选一”的目的：从了的，电商平台在广告位等优质资源配置上给予支持；不从的，让你淹没在茫茫商海，没有出头之日。知名服饰品牌商刘云（化名）对媒体表示：“不发邮件、不发微信，天猫的二选一不会给你留下证据，如果拒绝二选一，你付钱购买的权限（如直通车）也不会直接关闭，但很多隐性福利将向其他品牌倾斜。”

随着“双11”高潮到来，这种“二选一”持续发酵。最近，多家服装品牌不得不选择关闭京东店铺，包括海澜之家、太平鸟、欧时力、江南布衣、真维斯等40多个国内知名服装品牌官方旗舰店宣布撤出京东，但在天猫等其他电商平台上继续运营。

很难说这是品牌商自己选择的结果。因为从京东撤出的服饰品牌，在京东平台的业绩并不差，从今年 1 到 8 月，太平鸟、真维斯的业绩同比增长分别为 90%、40%，增速最快的 GXG 更是超过了 120%。选择退出京东平台，显然是被逼无奈——没有哪个品牌商有这么傻。

到底是谁干的？即使笔者不挑明了，读者也是心明如镜的。

“二选一”危害性大

做企业，讲生态。目前商场竞争，已经不是甲企业与乙企业之间的你争我夺，而是彼此生态闭环的比拼，电商平台更是如此。

在帮助品牌商做大做强的过程中，让自己也做大做强，这才是打造健康生态的王道。“二选一”显然是背道而驰，为一己私利，利用平台支配地位，要求品牌商做出选择。

这种“二选一”，对生态打造是一种极大的破坏。

首先，“二选一”不利于品牌商做大做强，对实体经济造成较大伤害。

每个电商平台，都有自己的客流，都有自己的优势。这正是品牌商看中的地方。如果品牌商被迫“二选一”，势必失去其他平台客户，对市场的推广和在渠道的销售，造成明显影响。特别是对处于成长期的中小品牌商而言，他们需要迅速占领市场，这种“二选一”给他们做大做强的梦想加上了一把枷锁，让其“苦不堪言”，自然就“怨声载道”。

从目前来看，这种“二选一”是有选择性的，特别适用于那种成长性品牌，或者急切需要进入中国市场的新品牌。对于那些大家耳熟能详的大品牌，如耐克、李宁，即使是阿里，也是无法左右其作出“二选一”的抉择。但那些成长型品牌，就不得不俯首贴耳，听从平台安排。其实，成长型品牌的成长，是众人拾柴火焰高的结果。以韩都衣舍为例，据其财报，2016 年公司营收为 14.3 亿元，主要是由天猫商城、唯品会、京东商城三家大平台贡献。很显然，如果接受“二选一”了，业绩必然受到影响。

其次，“二选一”不利于电商平台自身竞争力的提高，包括当事的电商平台。如果某个电商"只此一家，别无分店"了，在电商平台上形成了垄断，对电商平台也好，对品牌商也好，都失去了"鲶鱼动力"，容易在价格、配送、售后等环节缺乏竞争、比较、监督，容易温水煮青蛙，不利于自身竞争力的提升，也限制了行业的健康发展。

当然，利益受到危害最大的，应该是消费者。现在消费者越来越理性，网友逛网店、买东西，喜欢货比三家，比品牌、比质量、比价格、比物流、比体验，最后才能做出选择。这种"二选一"的结果，就是让网友没得比较，没得选择，只有被动接受，接受其价格，接受其物流，接受其售后，从而影响用户体验。

到底由谁说了算？

既然"二选一"危害大，难道就没有法律来管一管？

对电商的管理，不仅是中国面临的难题，也是世界性难题。互联网发展日新月异，而法律的出台往往具有滞后性。然而，可以肯定，监管部门不会允许这种现象长此以往。

2015 年 9 月 2 日，国家工商总局公布了《网络商品和服务集中促销活动管理暂行规定》，其中明确规定，"网络集中促销组织者不得违反《反垄断法》《反不正当竞争法》等法律、法规、规章的规定，限制、排斥平台内的网络集中促销经营者参加其他第三方交易平台组织的促销活动"。11 月 4 日，全国人大常委会副委员长陈昌智在全国人大常委会会议分组审议电子商务法草案时强调，电商平台不得逼迫商家"二选一"。

诚然，网友逛物，最终只能从众多电商平台中选择一家，所以，天猫要推"二选一"。但网友到底要选哪一家，不是由马云说了算，也不是由刘强东说了算，也不是由唯品会的沈亚说了算，而是应该由消费者自己当家作主，做出自己的决定。

（2017 年 11 月 9 日）

宿迁是刘强东的故乡。这不等于说宿迁就是刘强东一人天下，可以任其折腾。即使刘强东再有能耐，要用电商统一宿迁市场，把宿迁变成一个没有国美、苏宁门店，纯粹是京东商城一家独大的京东乐土，恐怕也不现实

刘强东将国美、苏宁在故乡的存在视作耻辱

近两年，京东商城掌门刘强东可谓春风得意，实现了爱情、事业双丰收：奶茶妹妹娶到手，并给他生了孩子；2016年京东商城营业额突破9000亿元，跻身世界500强，位居366位。

这种成功让刘强东信心爆棚。最近在央视财经频道《遇见大咖》栏目做节目，当谈到在老家江苏宿迁看到还存在国美、苏宁门店和OPPO专卖店，他情不自禁地发飙：“那都是我们京东的耻辱，兄弟们!”

刘强东这冲冠一怒顿时成为春节后网络上的第一个热门话题，激起千层浪，抢占了各大媒体头条。

炒作：与董明珠雷军十亿之赌是否异曲同工

不作不活，互联网企业靠话题炒作活下去，电子商务企业尤其如此。不炒作，没人气，没势。人气是电商企业的那口气。如果气没了，要活下去就难了。

在互联网企业家中，将刘强东冠以“炒作大王”，或许并不过分。刘强东是深谙炒作之道和其妙用的。认真追溯下去，京东商城从创立到

现在，都得益于刘强东高超的炒作技巧和水平。可以毫不夸张地说：没有刘强东的高妙炒作，京东商城要有现在这种规模和成就，那是比较困难的。

如果把刘强东这次发飙单纯地当作一种炒作，倒也罢了，没必要那么较真。

但借助央视那个高大上的平台，在正规采访的那种严肃的场合，刘强东那么不顾后果地说出这种影响观感的话来，足见刘强东并非只想炒作，并非只想配合节目演演戏——当然，央视 2 套有别于央视 1 套，偶有活泼风格，出镜大咖常有话不惊人死不休的经典桥段，其中影响最广泛深远的，当数当年格力总裁董明珠和小米创始人雷军的十亿元赌注。

从目前媒体关注来看，刘强东这话是又要火了的节奏：除了刘强东的身份、名气，让刘强东又火起来的，还是这话本身的“霸气、匪气、痞气、江湖气”——这话又挑起了传统渠道和电商渠道之间你死我活，势成水火之争，与当年董明珠和雷军赌注有异曲同工之妙：其实董雷之争，也就是以格力为代表的传统企业与以小米为代表的互联网企业之间的兴衰更替之争。

现在刘强东新瓶装旧酒，把这话题再度挑起来了。

刘强东的宿迁情结

宿迁是刘强东故乡，对那片养育了他的土地，他有着特殊的感情。刘强东每次衣锦荣归，都要弄出一些新闻话题来，包括对父老乡亲慷慨解囊。

或许在宿迁那个地方一统江湖，验证自己与众不同的能耐，是刘强东认为成功人生中最值得浓墨重彩书写的一笔。

今天功成名就的刘强东在宿迁占有天时地利人和之便，他在当地拥有高人气，整合资源也相对容易。得益于父老乡亲的支持，京东商城在宿迁的电商市场占有率第一。

但这不等于说宿迁就是刘强东一人天下，可以任凭刘强东折腾，即使刘强东再有能耐，要用电商统一宿迁市场，把宿迁变成一个没有国美、苏宁门店，纯粹是京东商城一家独大的京东乐土，恐怕也不现实——尽管在京东商城上市之后，刘强东把京东全国客服呼叫中心设在了宿迁。

向来是有矛就有盾。传统渠道和电子商务，是一对矛盾的存在，而不是非此即彼的存在。从京东商城创立到现在，虽然电子商务蓬勃发展，结束了传统渠道独霸江湖的局面，从传统渠道那儿抢走了很多蛋糕，给传统渠道带来前所未有的冲击，但电子商务要彻底灭掉传统渠道，那是痴心妄想。

即使是在刘强东可以呼风唤雨的宿迁，京东商城都不可能灭掉国美、苏宁、OPPO 传统门店。这是一个多元化的世界，消费者的选择和爱好具有多样性，而传统门店的存在，在用户体验和信任上，具有电子商务不可替代的优越性。

我们也不能忽视电子商务的高速发展对传统渠道造成的巨大冲击。为应对这种冲击，传统渠道也在积极转型，把电子商务元素融入企业发展之中。国美和苏宁这些传统渠道，都有了自己的电商平台，更重要的是他们把体验和配送有机结合，形成了纯粹电子商务不具备的优势，提升了生存能力。

当然，电子商务发展除了迫使传统渠道积极学习和转型之外，确实还迫使传统渠道集中度越来越高，一些小店关张是在情理之中，但要国美、苏宁这种上规模的连锁门店关张，那是有一定难度的。从 2016 年零售生态来看，虽然电商仍在高速发展，但增幅回落的苗头已经显现。依靠传统渠道实现销售额大幅度逆势增长的企业已经出现，如 OPPO、vivo 在 2016 年借助传统渠道实现翻番增长，一举跻身国内三强，就是一个很好的例。这告诫企业家：传统渠道仍然是一支不可忽视的重要力量。

从目前各种迹象来看，2017年不少企业将把对传统渠道的追逐和依赖当作提升销售的一个新话题来重新审视。

刘强东耻辱将长期存在

对于刘强东的发飙，喜欢见缝插针炒作的苏宁云商集团COO侯恩龙在微博上表示："苏宁的店数量越开越多，体验越来越好，从苏宁生活广场到易购直营店等，全国已经近4000家。还好刘总去的地方不多，宿迁还不是一个很大的城市，就已经感到耻辱了，如果去更多的城市、更繁华的地区看看，岂不是活不下去了？并且劝解道：世界那么大，看了有耻辱，不看又难受，刘总还是好好活着吧。"

如果刘强东不能正确地看待传统渠道与电商渠道二者将长期存在的事实，硬是要把消灭宿迁的传统渠道作为京东商城使命，那么，笔者认为刘强东的耻辱将长期存在。

即使在宿迁，要把国美、苏宁、OPPO门店统统消灭干净，那也是一项几乎不可能完成的任务。

（2017年2月13日）

不得不佩服这是一则十分高明的广告，足以混淆视听，在强烈悬念的吸引下，看到广告的，都能耐心地把内容看完

刘强东做“国美酒业”，让黄光裕情何以堪

一个是现代电商霸主，一个是传统渠道至尊。因为“同行是冤家”的缘故，京东商城与国美电器，刘强东与黄光裕之间，没有相爱，只有相杀。

这种你死我活的竞争关系，从京东商城成立的第一天，就轰轰烈烈开始了——京东商城不是靠积累，而是借助互联网成本优势，从一开始就搞大规模价格战抢夺市场份额，冲击原有格局。

2004 年 1 月成立的京东商城，依靠价格战，到 2016 年实现了 6582 亿元人民币的交易总额。随着京东商城的翅膀越来越硬，刘强东的底气越来越足，其对国美电器的追杀也越来越狠。

京东与国美这种冤家对头关系，无疑是根深蒂固的。最近笔者在环球时报上看到一则广告，被吓得不轻，这则广告赫然写着：京东自营，国美好酒。

难道京东与国美尽弃前嫌，化干戈为玉帛，握手言和，牵手联姻了？

“傍大款”的营销策略？

认认真真看完，并不能确认此国美是不是彼国美。如果是，那只是证

明国美又进军一个新领域，即国美造酒了。后来上网一查，才发现，原来此国美非彼国美。此国美是国美酒业，而不是京东商城的宿敌——国美电器。

广告上的国美是国美酒业，成立于2014年8月，董事长为武玉杰，经营范围包括批发预包装食品、委托加工酒等。而我们通常所指的国美，是指国美电器，成立于1987年，最初经营家电产品，2004年被认定为中国驰名商标。

不得不佩服这是一则十分高明的广告，足以混淆视听，在强烈悬念的吸引下，看到广告的，都能耐心地把内容看完。

后来几番求证，终于弄明白：原来是一家与国美电器不相关的，叫"国美酒业"的公司与京东商城联手，一起做白酒生意；而不是表面上看起来的京东商城与国美电器联姻。

在弄清楚事实之后，笔者的第一反应就是，这是一则"傍大款的营销策略"——这则广告确实成功地让笔者关注了国美酒业，相信与笔者感同身受的人不在少数。从网络上语焉不详的资料，笔者了解到，国美酒业是在北京成立，卖的是酒都四川宜宾的酒，甚至也有一定的文化历史背景。

每个人心里都有一杆称，凭心而论，在中国驰名商标国美电器面前，国美酒业只是藉藉无名之辈。

如果不是因为这则广告引发的好奇心，让笔者查阅了相关资料，笔者也从没听说过国美酒业董事长武玉杰是何方神圣。但在中国，恐怕很少有人不知道曾经的中国首富、国美电器创始人黄光裕——大名鼎鼎的黄光裕在中国的知名度不比刘强东低。

这么一番比较下来，国美酒业与国美电器，谁在苦心孤诣地傍谁，已是秃头上的虱子，明摆在那儿了。

事实上，国美酒业与国美电器已经展开了一场"傍与反傍"的斗争。相关资料显示，早在2015年，国美控股集团向法院提起了不正当竞争诉讼，理由是国美酒业公司侵犯了国美控股集团的企业名称权，造成市场混淆。北京国美电器有限公司于2016年4月29日对武玉杰持有的第3574427号“国美GUOMEI”商标提起无效宣告请求。

国美酒业也开始了以牙还牙的反诉。2016年6月底，国美酒业公司向北京市海淀区人民法院提起诉讼，称其经许可取得了第33类酒类商品上“国美GUOMEI”商标使用权。自获得授权之后，国美酒业公司对该商标进行了广泛宣传。目前，“国美GUOMEI”商标在酒类产品上已具有较高的知名度和美誉度。

而国美电器旗下国美在线公司在其经营的网站上使用了“国美酒窖”字样，该字样恰好用于酒类销售项目中。

京东一石二鸟之计

通过公开资料查询得知，京东商城与国美酒业的合作，双方都当作一桩大事来操办，除了主要领导，宜宾地方政府相关领导都出席了。

大书特书与京东商城合作，对国美酒业来说，全在情理之中：能攀上京东商城这棵大树，是既得里子，又得面子的事儿，在营销上，也许有着美好前途。

但对京东商城来说，如此重视，大费周章地折腾与国美酒业的合作，却让人匪夷所思：凭借京东商城目前在电商行业的领袖地位，后面排着一大把中国最大、最知名的酒企想与其合作，这也是与京东商城身份地位相符的明智之举，但京东商城为什么偏偏选了一个名不见经传，让人大跌眼镜的国美酒业呢?

如何来解释刘强东这种不按常理出牌的选择?

笔者认为，这其中最重要的一个原因，就是国美酒业这个名字。

国美酒业这个名字足以让刘强东泄心头之恨。虽然京东商城在短期内无法将国美电器消灭，但将国美酒业纳入麾下，一则可以混淆视听，让外界有国美臣服于京东的错觉；二则可以让刘强东这个互联网枭雄产生征服快感——将国美酒业纳入合作范围，确实可以对国美电器造成心理上巨大的压力和打击。

两强之争在所难免

刘强东对国美电器的意见之大，中国人有目共睹。

目前从各种资料来看，京东商城与国美酒业已经结成战略同盟，共同对付国美电器。换句话来说，国美酒业已经充当了京东商城对付国美电器的打手角色，让国美电器陷身于官司商标之中。

且不说国美酒业胜算几何，但可以肯定的是，这种官司战确实牵扯了国美电器的精力。

作为中国商场上的两个著名人物，刘强东和黄光裕的性格类似，做事强势霸道，甚至长相都有点像。

现在的黄光裕身陷囹圄，对刘强东的出招不能短兵相接。但有消息称，黄光裕重获自由已经被提上日程，当他出来后，肯定也不会任由刘强东作践自己。

届时两强之间，势必重启战事。到时候，到底是后生晚辈刘强东道高一尺，还是老江湖黄光裕魔高一丈呢？

让我们拭目以待。

（2017 年 5 月 23 日）

或许黄兴裕出狱之时，就是国美电器重振雄风之日。到2021年出狱，黄光裕仍然年轻力壮，才52岁。这个年纪，也正是一个企业家的黄金时期。做到70岁退休，黄光裕还可以奋斗20年

资本贪欲毁了黄光裕黄金十年

前段时间，黄光裕再获减刑的消息传出，由衷为他高兴，说明他在狱中诚心悔过，认真接受改造，获得了肯定。

作为从草根一族起步，依靠智慧和勤奋崛起的富豪，在这个提倡“大众创业，万众创新”的时代，黄光裕具有榜样一样的力量，一线明星一样的人气。

黄兴裕减刑奖励，恐怕除了他的商业宿敌，没人不希望他立功改过，早日出狱，重出江湖的。

黄光裕1969年生，2008年被抓，2010年被判，将于2021年出狱。黄光裕一生充满传奇，34岁就成为中国首富，不到40岁坐牢，将在52岁出狱。

40岁到50岁正是一个男人一生的黄金时期，对企业家来讲，尤其如此，这个阶段思维活泛，精力充沛，阅历丰富。但黄光袱却在狱中度过，这对黄光裕自己，对黄氏家族，对国美电器来说，都是一个不可承受的损失。如果没坐牢，这10多年，黄兴裕完全可以带领国美电器站在中国优秀企业的最前沿，傲视群雄。

随着黄光裕在狱中的日子越来越少，社会和媒体对他的关切越来越多。研究黄光裕，对其出狱后避免重蹈覆辙，用其神奇的商业智慧造福社会，造福时代，是大功一件。

祸起赚钱套路之变：资本贪念

纵观黄光裕的一生，或许是因为小时候穷怕了，对金钱占有的执着比别人更为强烈。

黄光裕的第一桶金，靠的是勤奋和诚信。连初中都没毕业的黄光裕，在商业上却是一个不可多得的奇才。1984 年，不到 16 岁的黄兴裕辍学了，跟着其兄北上内蒙做生意。1986 年兄弟俩辗转来到北京，在前门珠市口盘下一个叫国美的门面，先经营服装，后改卖进口电器。

对经营主业的改变，体现了黄光裕独到的商业思维和眼光。黄光裕认为服装有面料、季节性因素，把不准、参不透、做不好，赚钱有难度；而家电相对稳定，只要有货就不愁卖——黄光裕认为所有问题，都集中在搞定进货渠道，只要搞定了进货渠道，就不愁没钱赚。

1987 年国美电器店的招牌正式挂出来。在当时卖方市场背景下，商家都采用“抬高售价，以图厚利”的经营方式，黄氏兄弟反其道行之，“坚持零售，薄利多售”。低价策略让国美电器俘获和积攒了大量客户，生意做得风生水起。1991 年黄光裕在北京某报中缝打出“买电器，到国美”的广告，并刊登价格。这是中国当时最早的广告案例之一，让国美在北京城家喻户晓，用户奔着低价慕名而来，生意异常火爆，黄氏兄弟相继开了多家名字有别的电器店。1993 年，黄光裕将这些门店统一命名为“国美”。门店名字的一统江湖，为国美其后的连锁扩张奠定了品牌基础。1999 年国美打破地域限制，拉开全国性经营序幕。从天津开始，在上海、成都等大中城市拷贝国美模式。2003 年 11 月，国美在香港设立分部，正式进军海外市场。

2004年国美电器在香港借壳上市，实现资本运作。上市之初，黄光裕持股接近75%，达到香港联交所规定的上市公司私人所持股份的最高限度。2007年，黄光裕凭着出售非上市公司股份给上市公司套现93亿元的佳绩，成为套现最多的富豪。在资本市场上的试水，让黄光裕身价倍增，跻身于全国富豪排行榜前列，其中2003年、2004年、2008年，在胡润富豪排行榜上，黄光裕都是中国首富；在2006年福布斯中国大陆富豪排行榜上，黄光裕也是首富。

如果纯粹是做实业，不走资本运作道路，黄光裕或许没有牢狱之灾，但也不能在财富道路上一飞冲天，跻身于全国顶级富豪前列。资本运作的聚财效应，让黄光裕尝到了甜头，觉得来钱比做实业轻松快捷，值得琢磨。于是黄兴裕把国美电器日常管理交给别人打理，自己则把更多心思精力放在资本市场上，甚至不惜铤而走险。2008年11月17日，黄光裕和财务总监周亚飞被相关部门带走调查。2010年11月18日，黄光裕因犯非法经营罪、内幕交易罪、单位行贿罪，被北京市第二中级人民法院判处有期徒刑14年，罚金6亿元，没收财产2亿元。现在黄光裕已经服刑过了8年了，由于在狱中表现良好，两次获得减刑机会，现在暂时确定其出狱时间为2021年2月16日。

在黄光裕入狱之前，国美电器发展顺风顺水，一直占据中国家电连锁头把交椅宝座，傲立潮头。自从黄光裕入狱以后，国美电器开始跌宕起伏，激流勇退。2009年国美电器被苏宁电器一举超越，2013年又被京东商城超越。2010年爆发“陈黄之争”。现在国美在线也是远远落后于其他电商，如京东商城。如果有黄光裕在，相信这些都不会发生，至少不会这么惨。

对黄光裕和国美来说，值得庆幸的是，2021年黄光裕出狱时，还很年轻，只有52岁，也是一个企业家的黄金时期，加上国美仍然在黄光裕控制之中，国美迎头赶上，超越苏宁，重回家电连锁榜首的可能性仍然很大。

在狱中服刑期间，相信黄光裕面向墙壁时，难免反思：早知如此，不如当初踏踏实实做实业。对做实业来说，资本是助推剂，根和本还是应该在企业本身上，不可本末倒置。贪欲过盛，越过红线，陷身泥淖在所难免。如果黄光裕出狱后，能够悔过自新，遵纪守法经营，对他今后人生和国美电器发展，将是大功一件，也证实其在狱中改造期间有所收获。

众叛亲离的启示：对待高管太抠门

作为国美电器创始人和最大股东，黄光裕在国美内部说一不二，拥有至高无上的地位。无论是员工，还是高管，对他都噤若寒蝉，惟命是从。

黄光裕从来不允许部下稍有逾越。黄光裕妹夫、曾任国美总经理的张志铭，在其面前从来都是"低眉顺眼，像个小媳妇"。甚至江湖流传，国美内部员工见到黄光裕，连大气都不敢出，当黄光裕想好一件事，或布置一件事，现场鸦雀无声，无条件绝对服从。这种强硬作风，黄光裕一直保持，甚至在狱中都是这样。

永乐电器在华东地区是国美电器劲敌。为抗拒国美电器，永乐和大中在2005年商量合并，一切都谈好了，就差没签字。黄光裕闻讯，硬是以高出大中20%的价格把永乐收入囊中，坏了张大中的好事。收购永乐之后，黄光裕安排原永乐老板陈晓做了国美电器总载，与自己搭档。如果没有后来黄光裕入狱，这两人搭档，肯定是中国家电连锁行业中的黄金组合，其威力或所向披靡，将国美电器带至一个更辉煌的境界。但由于黄光裕的入狱，这一切都改变了既有轨迹。2008年被捕后，黄光裕安排陈晓做了国美电器董事局主席，临时主持大局，代管国美。

在黄光裕眼里，陈晓是一个不可多得的人才，堪当重任。黄光裕对陈晓一直是以礼相待，疼爱有加，从来没有人被黄光裕如此厚待过。据说黄光裕当年座驾是加长奔驰600，后来在换车时黄光裕买了两辆迈巴赫，其中一辆就给了陈晓。为体现对陈晓的尊重，黄光裕甚至在国美总部为陈晓安排了一间与他办公室一模一样的房间，并且在同一楼层、同样大小、同样装修风格。陈晓刚到北京总部上班，不适应北方饭菜，黄光裕的家人一度每天开小灶给陈晓送饭。

就是这么被器重和爱护的一个人，最后还是背叛了黄光裕。6年前，黄光裕和陈晓之间，围绕国美电器控制权，双方上演了持续时间较长，并且惊天动地的商业大片——“陈黄之争”。

2010年8月4日，黄光裕全资拥有的shinning Crown公司向国美电器发函要求召开股东大会，撤销陈晓、孙一丁职务。陈晓很快做出反应，于次日向香港特别行政区高等法院递交诉讼文件，起诉黄光裕，追偿其在2008年1、2月前后的违规行为。由此，以陈晓为代表的国美电器董事会与大股东黄光裕正式决裂，双方争夺国美控制权的战争越演越烈。

在“陈黄之争”中，原来黄光裕一手带出来的众多高管，出人意外地站在了陈晓一边。现在回过头来看，如果没有黄光裕旧部支持，陈晓叛乱就无从挑起。2010年7月国美宣布把现在已发行股本约3%（总金额约7.3亿港元）的股权授予105名高管，进行股权激励。这事儿先在保密中进行，直到快成事实时，陈晓才告知黄光裕。这让黄光裕很生气。一直以来，黄兴裕拒绝高管染指股权，宁愿给高管开高薪。2010年11月黄光裕在狱中开始反击。但让黄光裕尴尬的是，在陈黄之争中，追随多年的旧将却集体反水，全力挺陈。总裁王俊洲、主管人事的副总裁魏秋立、国美母公司鹏润投资董事长李俊洲，都选择站在陈晓这边，黄光裕众叛亲离。

表面看，黄光裕旧部反水是陈晓和黄光裕围绕国美电器发展的线路之争，陈晓追求单店效率，要提升国美利润率，黄光裕却是要求规模和市场份额。事实上，国美原高管挺陈，与国美电器发展线路之争没有一毛钱关系，而在利益之争。

陈晓对高管们的股权激励诱惑，让他们抛弃了与黄光裕多年的感情和忠心，不惜面临兵败后从国美出局的风险，毅然决然支持陈晓。

如果黄光裕以前就对高管有股权激励，如果黄光裕大方地接受陈晓对高管的股权激励方案，那也就没有让国美电器元气大伤的“陈黄之争”，也就不会在“陈黄之争”中众叛亲离了。

虽然后来“陈黄之争”以陈晓出局、黄光裕胜利告终，但至今没有迹象显示，黄光裕从这些“兵变”中吸取教训，对高管大方一点，给他们一点股份激励。

股权对于套住高管的心，激发他们斗志，作用功不可没。一个篱笆三个桩，一个好汉三个帮。现在是一个分享时代，如果老板不能与部下一起分享，怎能激发他们奋发向上、吃苦耐劳，以公司为家？华为发展这么快，根源就在于华为的股权激励机制。任正非值得黄光裕借鉴——当然，要黄光裕开明到任正非那种程度，那是不可能的，但能做到任正非的 1/10，甚至 1%，对国美电器发展来说，那也是功高盖世，前程无量。

奋起直追或有希望

没有黄光裕的国美电器，就是一头猪，但这头猪不在风口上，而在砧板上。现在从连锁线下到线上电商，国美电器已经全面落后，不复当年之勇。这一切的根源在于黄光裕不在其位。

或许黄兴裕出狱之时，就是国美电器重振雄风之日。到 2021 年出狱，黄光裕仍然年轻力壮，才 52 岁。这个年纪，也正是一个企业家的黄金时期。做到 70 岁退休，黄光裕还可以奋斗 20 年。这值得黄光裕珍惜和兴奋。现在国美电器已经今不如昔，但基本底子还在，控制权仍在黄光裕手里。这为黄光裕出狱后大刀阔斧地干，提供了很多可能。

与当年家电连锁时代国美电器处于绝对龙头地位不一样，现在家电连锁业态分化严重，以京东商城为代表的电商崛起，把国美电器远远地抛诸脑后。截至 2016 年第一季度，数据显示，国美与苏宁的差距已经相当大，国美一季度营收约合人民币 156 亿元，大致相当于苏宁的一半，不到京东商城的1/3。

还有四年黄光裕就要出狱了。这四年，无论是京东商城，还是老对手苏宁电器，都可能比国美电器发展顺利，即使在黄光裕出狱后，国美电器仍难在第一时间进入状态，而是要经过一段时间调整，让黄光裕熟悉新的业态和内外环境。

但无论怎样，黄光裕出狱后，还是可以收拾旧山河，重头再来的。想清楚国美电器的老问题，想清楚黄光裕自己的老问题，如果能够有所改进，国美电器还有机会。

（2016年9月5日）

目前，黄光裕将提前出狱的消息尚无法得到权威部门证实，仅仅是根据法院的减刑裁定进行推算。再结合最近国美大动作频频，不断在商业江湖掀起波澜的一系列动作，使人们更加相信黄光裕提前出狱会变为现实

国美改名等动作频频，佐证黄光裕再战江湖传闻

传闻 or 真相?

商界一代枭雄、曾经的全国首富、国美创始人——黄光裕，要提前出狱，重出江湖了——这个爆炸性消息在今年被传得沸沸扬扬，屡屡成为财经媒体头条。

尽管黄光裕提前出狱的消息只是传闻，但已经搅动了商界江湖，让敌我出现"几家欢乐几家愁"的两极分化局面。

苏宁掌门的张近东、京东掌门的刘强东，这些与黄光裕直接短兵相接的商界大佬，恐怕是最不愿意看到这种情况出现的——黄光裕如果出狱，会让他们压力倍增。

在黄光裕主政国美的时候，黄光裕的妻子杜鹃是隐身的，甘愿做一个幕后小女人，自从黄光裕入狱后，杜娟承担起守护国美的重任，开始抛头露面，承受商界惊涛骇浪的洗礼，甚至不惜挺身而出，作为黄光裕代理人与"背叛"的陈晓直接对抗。爱情的动力让杜鹃做出承诺，到黄光裕出狱时，还其一个更好的国美。

目前，黄光裕将提前出狱的消息尚无法得到权威部门证实，仅仅是根据法院的减刑裁定来推算，再结合最近国美大动作频频，不断在商业江湖掀起波澜的一系列动作，使人们更加相信黄光裕提前出狱会变为现实。

作为罕见的商业奇才，黄光裕出狱后，肯定要在中国当代商业史上再添浓墨重彩的几笔。

改名是为转型还是去晦气？

为迎接黄光裕出狱，杜鹃将国美的名字都改了，由原来的“国美电器控股有限公司”改成了“国美零售控股有限公司”。

这种改名，在国美历史上，可谓是石破天惊之举。国美电器是黄光裕起的，直接反映其发迹过程和主营业务范围。黄光裕对这个名字有深厚情感。当然，这种改名，肯定是经过了黄兴裕首肯，甚至是授意的。

笔者猜想，这种改名，除了宣示国美将覆盖更多领域的转型雄心外，还有两重基本意义：一是喻示黄光裕要洗心革面，重新做人，从头再来，不再重蹈覆辙，重犯错误。黄光裕是在主政国美电器期间犯的事儿，改个名，既是传承又意味着消除晦气，以新面孔重振雄风。二是折射黄光裕仍然雄心万丈，准备让国美重新出发，重塑辉煌——国美和黄光裕尽管不能划等号，但确实是你中有我，我中有你，很难割裂。

目前黄光裕还很年轻。他是1969年出生的，今年还不到50岁，这正是一个商场男人的黄金时间。作为曾经的商业霸主，在黄光裕入狱被耽误的这些年，国美已经落后于苏宁、京东和阿里巴巴。但黄光裕出狱后，奋起直追，迎头赶上完全有可能，其战略思维和手腕，都不在张近东、刘强东之下——改名亦折射新形势下国美以后不再单纯线下卖电器了，而是要线上线下通杀，电器和非电器通吃。

VR影院或为宣传噱头？

为配合这种转型，国美还“祭”出了两个大动作：在6月12日，号称全球首家专业VR影院落户国美旗下大中电器北京马甸店，凸显国美要打造“娱乐+休闲+购物”的思路。6月28日，国美宣布以2.16亿元领投标准化家装公司爱空间C轮融资，与其携手，建立起深度战略合作关系。

家电产品如电视，空调是家居电器的一部分，选择与爱空间合作，就相当于开辟了一条新的销售渠道，对于促进国美家电产品的销售，提升国美家电销售的市场份额，确实有立竿见影的作用，这种创新值得肯定。这种选择，更凸显了国美经营思路上的转变，以前国美电器是纯粹卖家电的。现在搭上爱空间，马上变得“高大上”了，不再是纯粹的产品买卖了，这从国美粉墨登场的新宣传口号上可窥一斑，那就是要从“电器零售商”转变升级为以“家”为主导的方案服务商和提供商。

这种转变，除了给国美增加了一个新的销售渠道外，更重要的是国美从卖产品到卖方案，渗进了咨询和顾问的因素，从而大大提升了产品的溢价空间，这在目前家电涨价、渠道日子艰难的情况下，变得更为有利可图，或许将成为增加效益、提升利润的新思路、新捷径。

但对于国美开业的全球首家VR专业影院，将对国美带来的作用，笔者不敢苟同。据国美公布的资料，VR影院开业，是为提升用户粘性，体验消费和扩张社交圈。笔者认为，VR影院在这三方面都作用有限，难以让国美如愿以偿。

虽然国美改名了，但目前在业务上仍然是以电器产品为主打，这在短时间内难有实质性改变——以前国美也尝试过体育专卖，但以失败告终。而家用电器的购买，多为大件，以家庭为单位。为了购买电器走进商场，一家人的目的明确，直奔主题，很难出现呼朋唤友，看上一场VR电影再去购买的。电器购买后，更换周期性比较长，对于增加用户粘性没有多大实质性作用。至于增加用户消费体验，或许VR电影有作用，但绝对不是用户的一种刚需，只是尝尝鲜而已。对用户来讲，由于家里没有VR影院设备，如果奔 VR 特效来买电器，岂不是在店里体验与在家里体验反差巨大，有上当受骗之嫌，结果可能适得其反。

如果国美是把 VR 影院作为向娱乐 + 休闲行业进军的一个新业务单元，恐怕打错了如意算盘。

目前，VR 在游戏上或许已经实现了商用，但在观影上，由于技术和片源等多重因素制约，难以支撑起其专业化影院的正常运营。

如果这种商业模式能够实现正常化了，那就轮不上国美来开全球第一家 VR 专业影院。环球影城、迪斯尼等美国跨国影视巨头早就开始运营了。所以，从这个程度上来说，国美 VR 影院是宣传噱头的意义要远大于其商业意义——当然，也不能否认 VR 专业影院能给国美带来吸睛作用，只不过这种意义并没有国美期待的那么深远、重大。

（2017 年 7 月 13 日）

第三辑

大咖丛生相

为保证转型顺利进行，张瑞敏痛下决心，大刀阔斧，率先对中层管理者动了手术，给一万多名中层管理者划出两条路：要么创业，要么走人。希望通过这种壮士断腕式改革，让转型立竿见影

海尔张瑞敏“人单合一”的红与黑

在互联网浪潮冲击下，传统家电企业处境悲苦：负责人比谁都清楚，如果不与互联网融合，最后只有“楼塌了”；但结合不好，可能还会“楼塌了”，只不过在时间上可能往后延缓一点。

如何拥抱互联网，让互联网作为平台和工具为企业运营加分，这考验着掌舵者的智慧，也让他们普遍焦虑。互联网出身的企业，如乐视、小米，做得风生水起，对传统家电企业形成强大冲击，他们的切入在快速改变传统格局。即使一度拒绝互联网的董明珠，都不得不面对趋势，苦苦寻找叨开互联网大门之法——董明珠很清楚，企业互联网化程度，从某种意义上讲，决定了企业未来。

作为中国现代企业管理“教父级”的人物之一，海尔集团董事局主席兼首席执行官张瑞敏，是最早意识到互联网作用的企业家。早在2005年9月，他就提出了“人单合一”的概念，主张在企业运营中全面引入互联网，实现彻底转型。

人单合一的“红”

“人单合一”概念的提出，说明张瑞敏企业互联网化做了系统的思考，

即实现企业平台化，用户个性化，员工创客化。

实现企业平台化就是颠覆传统企业科层制，打造共创共赢的生态圈，把企业变成一个网络，变成互联网中的一个个节点，让用户成为生态圈的领导，这样以来，在海尔只有三类人：平台主、小微主、创客。

用户个性化就是颠覆传统经济模式下的产销分离制，让工厂做到"三化"，即无缝化、透明化、可视化。借助互联网，实现生产所有环节与用户之间没有任何距离，企业所做的工作，用户都一目了然，包括用手机可看到工厂从研发到制造的全过程。

员工创客化，就是颠覆原来的雇佣制度，把员工变成创客，实现员工"自创业、自组织、自驱动"，从而达到产销合一。

从人单合一概念提出来起，在不同场合，张瑞敏花了很大的精力，乐此不疲地阐述其理论，他认为这是海尔面向互联网实施全面转型的必由之路，也是唯一途径，实现了"以企业为中心变成以用户为中心"的转变，把企业员工变成创客，在这里，订单不再是狭义的订单，而是用户体验和价值，合一就是把员工的价值变现，与所创造的用户价值匹配，即把创客创造的价值和用户连接在一起。

通过这种理想模式，让每个员工直面市场和用户，并在为用户创造价值中实现价值分享，推动整个企业商业模式和管理模式的改革。

为保证转型顺利进行，张瑞敏痛下决心，大刀阔斧，率先对中层管理者动了手术，给一万多名中层管理者划出两条路：要么创业，要么走人。希望通过这种壮士断腕式改革，让转型立竿见影。

这种作法，确实产生了一些效果。到目前为止，海跃在海尔创业平台上的平台主、小微主和创客共达七万多人，一种新型的商业模式貌似初具雏形，其中一位叫杨磊的员工是干了三年多热泵项目的小微主，他在2014年成立热泵小微，借助海尔资源和影响力，目前销售额已经突破两亿元，其项目团队里每个人都想方设法强化热泵竞争力，因为业绩与其收益直接挂钩。

这种人单合一理念，实现了客户个性化需求与企业研产销的零距离对话，有利于促进企业创新，满足客户个性化需求，提升企业响应速度和创新能力，把企业运营转到以满足客户需求为中心上来——这真的是互联网环境下企业运营的一种理想模式。

人单合一的“黑”

如果海尔每个员工都能理解张瑞敏这种理念，并将其落实到日常工作中，那海尔将成为创业、创新的海洋，成为传统制造企业适应互联网、拥抱互联网的样板，一举站上风口。

但海尔毕竟是传统企业，船大难掉头，要让这种新思维在所有员工血液中欢快流淌，并非易事。从人单合一概念的提出到现在，已经过去11个年头了，虽然有收获，但进展缓慢艰难，收效甚微，与张瑞敏的期待相距甚远。据海尔自己统计，个性化定制生产目前只占到海尔总销量不到10%。换句话说，基于互联网基础上的大规模定制生产在经过十多年努力后，并没形成气候。

究竟是什么原因成为张瑞敏人单合一理念在海尔开花结果的绊脚石？

海尔是一个大企业，体量大、惯性大，实现向互联网全面转型并非易事。这也是张瑞敏向一万多个中层管理者动手术的重要原因。要让所有员工统一思想认识，或许容易；但要让所有员工付诸行动，产生效果，还得有一个相当漫长的过程，甚至可能需要一两代海尔人的不懈努力。

按照人单合一理念，满足客户个性化需求是企业的内在驱动力，这需要与强大的研发能力相匹配。我们不否认目前海尔的研发能力，但目前海尔这种研发能力要跟上人单合一的步伐，仍有相当大的困难。从现在来看，满足客户在互联网上提出来的需求上，海尔不乏亮点，但这远远不够。当这种商业模式成为常态，海尔每天都要面临客户提出的千差万别的个性化需求时，海尔在创新上或许就将陷入捉襟见肘的境地，也就是说创新研发速度或者干脆说是市场反应速度跟不上客户多样化需求，从而产生供需矛盾。

目前海尔在白电市场占有率全球第一，其实这种第一更多地依赖于国内市场以及并购过来的通用电器影响，在中国企业中最早进行全球化布局的海尔，其自主品牌在很多主要市场并没有成为当地主流。得益于产品标准化，海尔仍然是大规模化生产，从而将成本控制在一定范围内。这是海尔的竞争力之一。

但当从互联网上拿到的订单多如牛毛、个性需求差异五花八门时，海尔的流水生产线就会不合时宜，届时生产是否会陷入一种无序状态尚不得而知。毕竟目前海尔这种流水化规模生产模式与人单合一强调的满足客户个性化生产有着巨大差别。

这些都是海尔无法回避的现实问题，是海尔实现人单合一互联网模式必须面对的坎。

（2016 年 10 月 25 日）

在大佬的世界里，只有第一，没有第二。这是他们明争暗斗的动力所在。但对于苏宁集团董事长张近东来说，有些尴尬，每次都输人一筹，距第一总差那么一点点，成了“千年老二”

“千年老二”张近东的尴尬

在大佬们的世界里，排名很重要，这是面子问题。面子是用来装饰门面的，但支撑门面的，却是冷冰冰的数据。企业发展到某个阶段，财富积攒到某种程度，钱已经只是一个数字，面子神圣不可侵犯。他们努力赚钱，不再是为钱，而是为争口气，为了面子。

在他们的世界里，只有第一，没有第二。这是他们明争暗斗的动力所在。但对于苏宁集团董事长张近东来说，有些尴尬，每次都输人一筹，距离第一总差那么一点点，成了“千年老二”。

传统家电连锁不敌黄光裕

苏宁集团靠家电连锁发家，这是苏宁由来已久的主业。

1990 年 12 月，出于对钱的渴望，张近东放弃了南京鼓楼区工业总公司的铁饭碗，以十万元自有资金在南京宁海路租下一个 200 平方米的门面，取名苏宁交家电，专营空调，开始了创业。2004 年 7 月，苏宁电器连锁集团股份有限公司正式登陆深圳证券交易所中小企业板，张近东身家一夜超过 12 亿元，跻身于大佬行列。

但在家电连锁领域，国美电器一直压着苏宁电器，黄光裕让张近东抬不起头来，两者的紧张气氛，整个家电圈都感同身受。用生死冤家来形容都不为过。

在黄光裕入狱前，张近东脸上难见笑容。对于这两家巨头之争，家电圈都心明如镜：如果说张近东是不可多见的商业人才，黄光裕则是不可多见的商业奇才。

黄光裕比张近东小六岁。张近东1963年出生于江苏南京，黄光裕1969年出生于广东汕头。张近东受过良好的教育，1981年至1984年在南京师范大学中文系读书。黄光裕文化程度不高，初中没毕业，16岁时就跟着哥哥北上谋生。后来在北京前门珠市口盘下一个100平方米的叫国美的门面，兄弟俩先卖服装，后卖电器。1987年1月1日，国美电器店正式挂牌，坚持零售、薄利多销的发展路子。2004年6月，国美电器在香港成功上市。2013年国美门店总数达1605家（含1063家上市门店，542家非上市公司），在中国大陆位居第一。

由于经营业务和模式上的高度重合，国美电器和苏宁电器曾经打得不可开交，类似于今天的加多宝和王老吉。在斗争中，国美电器和苏宁电器越做越大，双寡头格局形成，但国美电器优势明显。如果不是因为黄光裕入狱，苏宁电器要超越国美电器，那是比较困难的。

关于两人的能力和成就，或许财富对比较有说服力。无论是胡润富豪榜，还是福布斯中国富豪榜，张近东最好成绩是第九位。而黄光裕数次登顶，2003年、2004年、2008年在胡润富豪排名榜上，黄光裕都是中国首富。2006年在福布斯中国大陆富豪排行榜上，黄光裕也是首富。

后来国美电器经历了黄光裕入狱，夺权内乱，才被苏宁电器弯道超车。但现在国美电器被拨乱反正之后，强势回归苗头再现。2015年国美电器和苏宁电器在销售额上差距已经缩小到可以忽略不计了。据第三方数据，2015年苏宁电器销售额为1586亿元，国美电器为1537亿元。2016年国美电器是否超越苏宁电器，重回榜首，着实让人期待。

或许让张近东紧张的，是黄光裕快要出狱的消息。据悉，黄光裕的刑期是到2021年2月，还有四年多光景。不可否认，黄光裕出狱后，国美与苏宁争霸局势将再度上演。

据有关信息反馈，在狱中这些年，黄光裕并没有闲着，而是不断充电，阅读了大量的书籍，做了大量的思考，以弥补在文化程度上的不足。所以，牢狱之灾，对黄光裕来说，未尝不是因祸得福。或许出狱后，黄光裕已经脱胎换骨，境界和手段都更高了。

足球不敌许家印

最近媒体曝出，张近东连续飞行20多个小时，到意大利看国际米兰主场与巴勒莫比赛。但比赛结果让张近东颇为失望，双方踢成了1∶1平。意甲新赛季国际米兰两场不胜，创造了国际米兰近五年来最差开局。

由于众所周知的原因，张近东突然爱上了足球，并不惜一掷千金，在国内国际足坛上坚持两手都要抓，两手都要硬。

2015年12月21日苏宁电器从江苏舜天那儿接过江苏省足球队，更名为江苏苏宁足球俱乐部，揭开了大手笔进军足球的序幕。

2016年6月7日，苏宁体育产业集团以2.63亿欧元的总对价，通过认购新股和收购老股的方式，获得意大利国际米兰俱乐部68.55%的股份，进军国际足坛。在张近东规划里，爱子张康阳（英文名Steven Zhang）将是国际米兰未来掌舵人。

如果没有恒大许家印在足球上的投入和成功为参照，苏宁的足球之路或许没有这么快，张近东的决心也不会有这么大。虽然苏宁涉足足球是赶了一个晚集，但在投入和决心上，也是堪比恒大的。但苏宁要复制恒大许家印的成功，恐怕力所难及。

在国内足坛，从足球成就和品牌传播效果上，苏宁足球已经落后恒大足球一大截，短时间内要奋起直追，创造恒大足球的轰动性效应，着实勉为其难。恒大足球创造了很多中国足球界第一，甚至在2013年恒大足球俱乐部夺得了亚冠联赛冠军，这些成就足以让苏宁足球追赶好一阵子，即使有朝一日能够赶上，但那种轰动性效果也要大打折扣。

或许这样，才让张近东决定独辟蹊径，在意大利足坛上赌上一把。但无论是国家领导，还是全国球迷，对足球的发展，期望立足于国内，都希望像恒大许家印那样，把自己国内的足球水平搞上去。花费巨资帮助欧洲国家搞好足球，或许对中国人来说，那种愿望并不强烈，现实意义并不深远。

许家印介入足球较早，也确实一心一意想把中国足球做强。2010年恒大以一亿元收购因涉嫌假球被罚的广州队，之后更名为广州恒大足球俱乐部，后来不断补充新鲜血液，许家印硬是把恒大足球打造成了一支亚洲赛场上的一流球队，为恒大品牌传播起到了四两拨千斤的作用，促进了中国足球的极大提升。

在国际足球上，或许许家印不会像张近东那样投巨资去购买一个国际足球俱乐部，但走得很稳。许家印把钱花在为恒大俱乐部购买世界一流球员上，让他们到中国来踢球，通过他们与中国球员同场竞技的方式来提升中国足球水平。这种作法很有用，也深得中国球迷欢迎。

在促进中国足球水平提升上，许家印确实是不惜血本，功不可没。据悉，恒大投入了20亿元创建广州恒大足球俱乐部、排球俱乐部；投入11亿创建全球规模最大的足球学校；投入10亿元成立文化产业集团。张近东也在学恒大，做类似工作，但具体方式和效果评估上，或许可以多向恒大取经，把更多精力放在国内体育事业的发展上。

做电商不敌刘强东

张近东在传统家电渠道登顶地位还没巩固，电商却气势汹汹地来了。

苏宁电器先是抵抗过一阵子，后来见抵抗不了了，转而注重线上线下融合发展。

做电商，对苏宁来说，是迫于形势的一种不得已的选择。幸好，现在苏宁电商也是在圈内排得上号儿了。三十年来积累下来的品牌影响力和各种资源，让苏宁做起电商来，如鱼得水。

为支持苏宁电商发展，张近东甚至把沿用多年的苏宁电器改成了苏宁云商，足见其决心和意志。但遗憾的是，苏宁做电商并没有延续苏宁在传统家电渠道的霸气和优势，在电商领域，苏宁难言领袖地位，充其量只能算是一个跟班。

在电商领域，阿里巴巴的马云和京东商城的刘强东，是当仁不让的两强，其地位在短期内恐怕其他人无法撼动。而京东商城的商业模式，对苏宁云商构成的威胁更大。为对付刘强东，张近东不得不采取近交远攻策略，与马云结成联盟。2015 年 8 月 10 日，苏宁云商与阿里巴巴达成全面战略合作，阿里巴巴集团将投资约 283 亿元人民币参与苏宁云商的非公开发行，占发行后总股本的 19. 99%，成为苏宁云商的第二大股东。与此同时，苏宁云商将以 140 亿元人民币认购不超过 2780 万股的阿里巴巴新发行股份，未来双方将开展全面合作，为中国乃至全球消费者提供更加完善的商业服务。

搞定了马云，张近东可以一心一意对付京东商城了。在张近东面前，刘强东堪称“后生可畏”。刘强东足比张近东小一轮。刘强东 1974 年 2 月生，2004 年涉足电子商务领域，创办“京东多媒体网”（京东商城的前身），并出任 CEO。虽然京东商城一直处于亏损状态，做得越多，亏得越多，但这并不影响刘强东的身价，据有关数据显示，目前刘强东身价比张近东还高，2014 年胡润中国富豪排行榜，刘强东排名第 9，张近东排名第 11。

在电商业务上，无论是销售数据，还是在网民心目中的地位、影响声望，苏宁易购与京东商城，都不在一个重量级别上。数据显示，2014年京东商城销售额为2602亿元，2015年销售额为4627亿元。京东商城创造的这个数据，不仅远在苏宁易购之上，而且也在苏宁集团全部业务之上。

（2016年8月30日）

在任最后一年，侯为贵奋力一搏，止住了中兴下滑颓势，将其拽进千亿企业俱乐部，算是保住了晚节，功成身退。其实，在其内心深处，是留下了满满的无奈，深深的遗憾

侯为贵退隐揭秘：与华为越落越远

中兴通讯的时代在2016年被划上句号。2016年3月29日，掌舵30年之久的侯为贵退出董事会，解甲归田，不再插手中兴事务。

1985年在深圳创办中兴，侯为贵40岁出头，风华正茂，处于体力和思维最好时期；2016年从中兴谢幕，一晃30多年，侯为贵已经是75岁的老人了，体力和思维都左支右绌，在应对环境和市场变化，在经营管理企业上，已心有余而力不逮了。

人生短暂，能做成一件事，足以告慰生平，无怨无悔了。侯为贵用一生最宝贵的30年，把一个注册资本只有280万元的小企业打造成年营业收入上千亿元，在全国排名第二，全球排名第四的通信企业。这种成就，足以让人叹为观止，肃然起敬了。

在任最后一年，侯为贵奋力一搏，止住了中兴下滑颓势，将其拽进千亿企业俱乐部，算是保住了晚节，功成身退。其实，在其内心深处，留下了满满的无奈，深深的遗憾。

中兴起步早，落后远

谈中兴，绕不开华为；谈侯为贵，绕不开任正非。

尽管中兴与华为之间，侯为贵与任正非已经"轻舟已过万重山"，但毕竟两者是同城兄弟、同业竞友，曾在同一起跑线上，天壤之别是在后来发展中落下的。

目前两家企业在业务上高度重合，主要业务板块都是运营商网络、政企业务、终端消费者业务。如果硬要用一个数据来概括，估计其交集应该在85%以上，在相当长一段时间里，两者贴身肉搏，从国内打到国外，又从国外打回国内。

在起步上，中兴甚至抢了先机。1985年侯为贵来到深圳，创立了深圳市中兴通讯半导体有限公司，当年赚了35万元。1986年侯为贵用这笔钱成立研发小组专攻交换机。1989年研发出了中国第一台拥有自主知识产权的数字程控交换机，转型为通信设备制造商，到1992年中兴合同销售首次突破1亿元。

1988年转业军人任正非在职场碰壁后辞职下海，与几人合伙凑了10万元，成立了华为技术有限公司，最初代理香港一家公司的用户交换机产品，进入电信设备供应商行列。从起步资金看，中兴280万元，华为10万元，两者不在一个重量级别上。但华为很快后来居上，完成了对中兴的超越。

到1996年，两者差距已经拉开，华为销售额为26亿元，中兴通讯只有6.8亿元。此后，华为一路领跑，中兴一直追赶，结果华为越跑越快，中兴越追越落后。到2015年华为收入飙升35%，达3900亿元；中兴营收1008.25亿元。从体量上看，把两者捏在一起比较，委屈了华为，便宜了中兴。

2016年两者差距进一步拉大。上半年，华为实现销售收入2455亿元人民币，同比增长40%；中兴实现营业收入为477.57亿元人民币，同比增长4.05%。因为这种差距，华为以与中兴扯在一起为耻，中兴却以与华为扯在一起为荣。在华为眼里，中兴是一块"牛皮癣"，华为从几年前就开始了铲除这块“牛皮癣”的行动。在中兴眼里，华为是大款，傍上华为，可以让自己身价提升，在品牌推广上走捷径。

在全球通信领域，华为已经没有对手，华为竞争对手只有自己，不断超越自己，才是华为目标。目前华为排名全球第一，其后分别是爱立信、诺基亚和中兴。但这种第一，绝对是没有任何悬念和可比性的。就连全球第二的爱立信的体量也只有华为的三分之一，更不用说诺基亚和中兴了。照此势头，华为这种强势地位不断得到强化，追赶者希望越来越渺茫。

差距不只在冰冷的数据

性格决定命运，企业家性格决定企业的命运。企业差距实际上是人的差距，特别是创始人和掌舵者。中兴与华为的差距，实际上是侯为贵与任正非的差距。

上学时，侯为贵是乖学生，是典型的学霸。毕业后，侯为贵先是做了两年老师，后来进入691厂，成为技术骨干。在负责技术的20多年里，侯为贵始终是公认的厂里技术水平最高的专家。

技术型领导比较内向，不善言辞，哪怕是在公众场合，侯为贵都不善于表达自己，他给人的印象“儒雅，谦逊，踏实，书卷气较重，有长者的和蔼可亲”，处理事情强调经验，处理关系讲究均衡，不轻易冒险，很少有过激行为。所以，在中兴内部压力较小，工作相对轻松，企业经营四平八稳，进取不足，进步不大。

侯为贵曾坦承跟踪过很多东西，但不敢轻易下赌注，要看到机会大才发力，一看机会不大，就溜之大吉。这种性格，在短期内务实有效，避免重大投资损失，但也容易失去长远机会。从整个经营情况来看，中兴类似于国有企业，而侯为贵“感觉他像国有企业的厂长，一个老工程师”。

侯为贵这种性格左右着中兴氛围，并且沉淀成中兴企业文化的一部分，在成就中兴的同时，也把中兴带进困境。2012年，中兴遭遇上市15

年来首次亏损，金额达28.4亿元。这是侯为贵这种性格负面作用的集中体现。

行伍出身的任正非把军人气质融入到华为经营管理中，强调高效执行，绝对服从，高强度工作，狼性十足，在战略上高瞻远瞩，决策颇具前瞻性和穿透力；在经营上敢于冒险，不循常规，鼓励创新；在管理上，爱憎果断，奖罚分明。这种企业家个性，更适合这个风云激荡的时代。有媒体人士认为，任正非喜欢豪赌。在笔者看来，这种冒险，并非盲目，而是基于雄厚的行业积淀和独到的思维基础上，对未来发展趋势的准确判断。这种战略上的远见，战术上的务实，成为华为加速度远超行业平均水平的源动力所在——那么大体量的企业，加速度依然那么大，这在世界企业发展史上都仅此一例。

直接体现在企业战略上

侯为贵与任正非的性格直接体现在两家企业的战略性选择上，在双方三大主要业务板块上都有迹可循。

2000年前后，在日本风靡的小灵通技术被UT斯达康引进国内后，迅速掀起了小灵通热。当时手机是双向收费，较为昂贵。小灵通不仅具有手机移动性特点，而且单向收费，便宜好用。网络运营商认为小灵通建网速度快，投资小；用户觉得经济方便，同手机相比，只花20%的钱就能享受80%的服务，在国家政策松动刺激下，小灵通需求呈现爆炸性增长。侯为贵捕捉到了小灵通背后的商机，2002年底中兴迅速切入小灵通市场，并做得特别成功，甚至超过了UT斯达康，赚到了不少快钱。

但华为经过慎重分析判断后，认为小灵通技术比较落伍，不出5年就会被淘汰，于是宣布放弃。有意思的是，华为宣布放弃小灵通业务几天后，侯为贵对全体中兴员工说，中兴今后市场主攻产品就是小灵通——中兴再次拾起华为丢下的市场精耕细作，现在已经事实证明，任正非的决策是正确的，小灵通已经零落黄泥，被扔进了历史的垃圾堆。

在3G技术路线的选择上，也体现了两人完全不同的性格和见识。

1995年，CDMA项目初露端倪，中兴开始与联通结盟开发CDMA，主攻CDMA95，并在联通初期招标中颇有收获，甚至在2002年联通CDMA二期招标中，中兴夺得15%的份额。

华为认为CDMA专利集中，授权费用较高，大规模普及困难，CDMA95相对落后，所以选择了产业更成熟，专利更分散的WCDMA。在CDMA上，任正非撤掉了原来的CDMA95小组，转攻更为先进的CDMA2000。侯为贵则把重心放在发CDMA95项目，只投入小部分资源研究CDMA2000标准。

这种选择在初期让中兴尝到了甜头。2001年5月，中国联通第一期CDMA正式招标，选用的标准就是CDMA95加强版。

华为被迫把目光放到海外，CDMA2000产品线是东方不亮西方亮，虽然丢了联通小单，却在海外市场上连续攻城拔寨，特别是亚非拉等发展中国家和地区，获得巨大成功，为日后立足海外市场立下汗马功劳。

2008年前后，中国开始进入3G时代。由于在CDMA2000和WCDMA上的充分准备，华为成为大赢家，首轮争夺，成功地将自己在国内CDMA市场份额提升到25%。2009年初中国联通启动WCDMA建网招标，华为拿到31%份额的订单，由于中兴在WCDMA领域表现一般，只获得平衡性的20%份额。

这种缺乏技术前瞻性的研发投入，让中兴承受了惨重代价，在2011年开始表现出来，直接导致2012年中兴亏损高达20多个亿。之后经过多年盘整，直到2015年才逐渐恢复元气。

在消费者领域，中兴一度强过华为。但现在华为是国内第一，全球第三，中兴则被远远地甩在后面，在国内市场，两者差距更为明显。

几仗打下来，或许让侯为贵真正意识到自己老了，在思维上已经跟不上了，应该是年轻人的天下了，应该放手了。但他可能没想到的是，其过于保守的个性已经深深地融进中兴文化中，成为中兴一部分。要摆脱掉这种基因，增强中兴狼性，需要太多时间。

（2016 年 9 月 13 日）

只有大家说好，才是真的好。“丁磊养的猪”目前还是“旧时王谢堂前燕”，到底好不好，很难下结论。只有当“丁磊养的猪”飞入寻常百姓家，大家都尝到了，都称赞好，才是真的好了。

丁磊养的猪：一头猪值中产一年薪酬

网易创始人丁磊养猪，在圈内是个热门话题，也是由来已久的调侃——互联网是先进科技的代名词，企业要转型，都向互联网靠拢。像“丁磊养猪”这种互联网企业向传统农业转型的逆向思维，到目前为止，恐怕是“只此一家，别无分店”——没有哪家企业胆敢这样逆潮流而动。

对普通农户来说，养猪是一件“脏、累、重”活，但只要做到一日三餐，饲养时间足够，即可出栏。但丁磊养猪是千呼万唤始出来。从立志养猪的 2009 年开始，丁磊就言出必行，付诸行动了，可那猪一直是“只听雷声响，不见雨下来”。

2011 年 3 月，养猪基地落户浙江安吉，猪场规划总占地 1200 余亩。2012 年 9 月，网易注册了安吉味央农业发展有限公司，称丁磊养的猪将在 2013 年上市。但当年，丁磊食言了，老百姓并没有吃到，甚至也没看到。

2014 年丁磊养的猪才开始出现在一些大宴宾客的高大上场合。如 2014 年的乌镇互联网大会，那些互联网大佬们就尝鲜了，并成为餐桌话题。2016 年乌镇互联网大会，“丁磊养的猪”再度借势营销，成为李彦宏、马化腾、周鸿祎、杨元庆、雷军等近 20 位互联网企业一把手的盘中餐。

从这些互联网大佬态度来看，“丁磊养的猪”是不错的。丁磊自称：“在网易当一头猪，比熊猫还开心”，猪的排泄物经过处理后，“这水我可以喝下去”——估计这只是说说而已，没有人真见丁磊喝过经猪排泄物处理生成的水。但杨元庆背书称“我可以证明，丁磊的猪肉确实好吃”。古永锵评价称“丁磊的猪肉确实不错，自家儿子特别喜欢吃”。

与往年不一样，今年“丁磊养的猪”甚至走下神坛，与网友亲密接触了一回，在网易上开始了一场拍卖秀。首只40公斤的“丁磊养的猪”被拍卖到突破10万元的天价，但买者不愿透露姓名。其中有一只被拍到了16万元的高价，买者是丁磊的好朋友，开餐馆的吴国平。

从这一系列动作来看，“丁磊养的猪”被端上餐桌也就是今年的事儿了。据丁磊透露的信息猜测，目前在栏的猪或许高达2万头。这个数字，已经证明完全是在规模化生产养殖，可以让很多老百姓尝到。

但对于普通老百姓而言，“丁磊养的猪”目前仅限于道听途说。猪肉味道到底好不好，我们没有尝过，还没有发言权，但合理质疑的地方确实不少。首先，现在尝过“丁磊养的猪”的，都是互联网大佬们，这些人和丁磊关系密切，不看僧面看佛面，为丁磊背书和推销的成分不能排除，各位不可能不给他这个面子。其次，“丁磊养的猪”虽然做了拍卖，但是在自己平台上操作，拍主要么不愿具名，要么是丁磊的朋友，买单者不具普遍性和代表性，操作的空间大，是托儿的可能性不能排除。

目前一只“丁磊养的猪”是一个普通中产阶层一年工薪，恐怕除了少数发烧友们为这“品鲜价”买单，绝大多数老百姓是很难去购买的。如果要把养猪做大做强，丁磊得把猪肉的定价调下来，让普通工薪阶层买得到，也消费得起。

期待能够品尝到“丁磊养猪”的那天早日来临！

（2016年12月1日）

郭台铭已经进入人生佳境，打造一个属于自己的品牌，他有钱、有时间、有资源、有平台，玩得起。2016年以来，他开始马不停蹄地追逐自己的梦想。为此不惜一掷千金，接二连三地“买，买，买”

郭台铭的品牌梦：夏普可做大 诺基亚难做强

在全球，把代工企业做到富士康那么硕大的，也就郭台铭一人。

但郭台铭并非没有遗憾。对一个企业来讲，代工是缺乏生命力的，只有品牌才可以传承。做得出一个举世无双的代工企业，做不出一个品牌来，这正是郭台铭的锥心之痛。

值得庆幸的是，郭台铭已经进入人生佳境，打造一个属于自己的品牌，他有钱、有时间、有资源、有平台，玩得起。数年前，他折腾过一个销售数码产品的零售连锁，想打通产销任督二脉，但雷声大，雨点小，最后无疾而终。

但郭台铭并没停止追梦步伐。今年以来，他开始马不停蹄地追逐自己的梦想。为此不惜一掷千金，接二连三地“买，买，买”。

第一个闯进郭台铭法眼的是日本电子巨头夏普。处于内忧外患的夏普，这些年一直陷于巨额亏损的泥淖，靠不断变卖传统家产维持生计。今年4月2日，鸿海科技集团与夏普株式会社在日本大阪举办联合记者会，双方正式签署协议。鸿海科技集团总裁郭台铭、副总裁戴正吴以及日本夏普公司社长高桥兴三出席签字仪式，富士康以3890亿日元（折合35亿美元）收购夏普66%的股份，并表示将认购夏普公司增资发行1136.4万股的特别股。这是国外公司第一次拿下日本电子企业的控制权。

第二个闯进郭台铭法眼的是曾经的手机霸主诺基亚。在年老色衰后，诺基亚就像一个混得很不如意的青楼女子，命运不能自主。5月18日微软宣布将诺基亚入门级功能手机业务出售给鸿海/富士康旗下子公司富智康（FIH Mobile）和HMD Global，Oy，价格为3.5亿美元（约合人民币22.9亿元）。富智康将获得包括品牌、软件、服务、客服网络、客户合作、关键供货协议等在内的微软全套功能手机业务。这笔交易预计在今年下半年完成，届时大约4500名员工将加入富智康或者HMD Global，Oy。

第三个闯进郭台铭法眼的是奥地利IT集团S&T。10月13日，奥地利IT集团S&T宣布获得富士康旗下工业主板制造商桦汉科技（Ennoconn）1.5283亿欧元（约合1.683亿美元）的投资，占股29.4%，成为其最大股东。S&T是欧洲领先的IT软件和硬件整合服务提供商，2015年营收约为4.7亿欧元（约5.17亿美元），产品和服务领域涵盖医疗、通讯、大数据、自动化、智能电网及能源优化技术等。

收购S&T，实际是为富士康在电视和手机领域布局，即为电视业务夏普和手机业务诺基亚服务。至此，郭台铭终于如愿以偿地拥有夏普和诺基亚两个品牌，这两个品牌都曾属世界一流。郭台铭买下这两个品牌，也凸显了郭台铭做大做强品牌梦的野心。

但这两个品牌目前已经衰落，处在一个下滑通道上。郭台铭能够妙手回春，让其重新焕发青春，重返世界一流品牌行列吗？

夏普电视或可做大

在郭台铭入主夏普之前，夏普和富士康的关系就一直很紧密。

富士康是夏普电视的代工企业，夏普是富士康液晶面板的供应大户。作为富士康代工业务生命线的苹果电子产品，基本上采用的是夏普液晶面板。所以，夏普与富士康，二者是“你中有我，我中有你”，相识相知多年。

现在富士康把夏普娶过来，家长郭台铭认为这种结合，可产生强大的协同效应，大大地提升富士康对上游核心元器件的资源把控和盈利能力，打通产业链。

当然，让郭台铭最看中的是夏普的品牌，是其王牌业务电视。郭台铭相信自己的能力，可以重振夏普雄风。在收购夏普之后，郭台铭开始发力，紧锣密鼓地研发电视新品，并将 2016 年定义为“新夏普品牌中国元年”，发誓要做好电视、家电、手机。为提振士气，9 月，郭台铭帮助夏普买回了原本在大阪市中心的总公司总部大楼；发布公告称对斯洛伐克电视厂商 UMC 有投资意向，表明重回欧洲电视市场的决心。

10 月 13 日，郭台铭亲自携带多款夏普互联网电视，出席在杭州的云栖大会，与阿里合作，推出搭载 YunOS 系统的夏普互联网电视，希望借助阿里 YunOS，全面接入互联网生态系统，阿里则借夏普电视从云端输出内容和服务。富士康副总裁陈振国甚至当场宣布，夏普互联网电视将参与今年阿里的双十一电购节，新品主要通过阿里电商平台天猫和淘宝销售，价格远低于原来的夏普定价。

这些迹象表明，在完成收购后，郭台铭给夏普带来了显著变化，在中国市场的产品策略和营销策略，开始接地气，快速互联网化。虽然电视互联网化在中国已经蔚然成风，海信、创维、TCL 等传统品牌，乐视小米等互联网品牌都在发力，但毕竟夏普还是来了，领先于东芝、松下等其他日本品牌。这是在被郭台铭收归麾下后，夏普电视的一个显著变化：即价格和产品都比较中国化了。或许在夏普电视强大的品牌光环照耀下，其电视业务真可重放光芒。

夏普电视要重现辉煌，或许需要跨越一道艰难的门槛：那就是彻底改变日式企业的大企业病作风，提升市场反应速度，改变效率不高的痼疾。

这是制约日本企业发展的通病。日本电子企业，产品质量不错、技术领先、品牌强大，但这些年在全球市场，特别是在中国市场，节节败退，其根源也在这里。

郭台铭承诺收购夏普后，人员基本上保留不变，这意味着夏普骨子里还是原来的夏普，并没多大改变，特别是在企业文化的塑造上，郭台铭并没拿出一个重塑夏普的新方案。体量那么巨大，历史那么悠久的夏普，要改造起来，或是冰冻三尺，非一日之寒。这才是考验郭台铭智慧和耐性的地方。要改造夏普，郭台铭的职责不只是做一个夏普的代言人或者大促销。

手机受苹果代工业务制约，难做大

还在数年前，诺基亚曾经强大无比。最牛的时候，其市场份额占到全球市场份额的40%，在智能手机领域，诺基亚市场份额最高的时候甚至高达80%。到目前为止，还没哪家手机品牌达到过这种绝对控盘的高度。品牌强大到即使在“落草的凤凰不如鸡”的今天，很多人心里都残留着诺基亚的背影，有那么一点点的情感在涌动。

郭台铭买下诺基亚，能让其起死回生吗?

诺基亚曾经的品牌地位和残留的品牌影响力，或许正是郭台铭看中诺基亚的主要原因。富士康买它，当然不是希望它死去，而是希望它活过来，再造辉煌。

想当诺基亚救世主的人并非只有郭台铭一个。在诺基亚没落后，比尔·盖茨都想救它。2013 年 9 月，微软 54. 4 亿欧元的天价把诺基亚给买了。微软希望凭借自己强大的软件开发能力和诺基亚卓越的硬件设计制造能力，既救助诺基亚，又救助自己开发的手机操作系统 WP。但结果已经证明，救助诺基亚，比尔·盖茨打错了如意算盘：微软压根儿就没找到救助窍门，这也导致了微软操作系统和诺基亚硬件制造进一步没落颓废。

富士康买诺基亚比微软买诺基亚要便宜得多了，只花费了微软二十分之一的代价——不到三年的功夫，诺基亚身价跳水之快，让人不胜欷歔，只要走上下坡路，那是怎么都阻挡不住的。

富士康制造能力强大，就连全球最好的手机苹果 iPhone 都是富士康制造的，诺基亚曾经品牌强大，两者在一起是不是最好的结合，是不是可以走出一条成功的救赎之路?

答案恐怕得看郭台铭如何选择。因为诺基亚缺的并非制造设计能力。其实，诺基亚自身的制造设计能力都很强，达世界一流，比起富士康来，并不处于下风。微软和诺基亚结合，原以为是软硬件最强大的合体，但遗憾的是，诺基亚在卖给微软之后，并没有迎来转机。问题在哪?

其实，诺基亚自己也好，卖给微软也好，富士康买了也好，拯救诺基亚的根本之道在于帮助诺基亚找到一个用户体验都很好的操作系统。操作系统才是决定能否救助诺基亚的根本。

目前全球智能手机市场最受用户欢迎的操作系统只有两个：一是苹果的操作系统，一个是安卓的操作系统。苹果操作系统是封闭的，苹果也不会因为富士康是其代工企业，就把操作系统源代码使用权交给富士康，苹果不会这样来扶持一个潜在竞争对手。所以，富士康要把诺基亚拯救出来，唯一的选择就是用上安卓操作系统来推诺基亚手机，这样一来，可谓三强联合：即诺基亚自己强大的手机品牌号召力，富士康强大的生产代工能力，安卓系统卓越的用户体验和应用生态能力。

目前富士康收购诺基亚，大家都在关注其下一步动作，此时正是富士康向外界宣布诺基亚采用安卓操作系统的最佳时侯。关键看郭台铭是不是肯走这步棋了。

或许摆在郭台铭面前，还有一个重要关系需要平衡：那就是诺基亚与苹果 iPhone 的关系。

如果诺基亚没做起来，苹果不会说话，对其是睁一只眼闭一只眼。一旦诺基亚恢复昔日光荣，市场不断做大，对 iPhone 威胁显现，苹果的意见可能就来了。富士康业务的一半来源于苹果。苹果当然不愿意看到富士康培养出一个强大的竞争对手来。如果诺基亚做大，苹果理所当然会采取措施进行打压。

（2016 年 10 月 18 日）

宗馥莉表示：要做出与父辈不一样的娃哈哈。娃哈哈希望通过多快好省的“借壳方式”跻身资本市场的阳谋就此浮出水面。后来虽然失败了，但意味着娃哈哈对资本市场的角逐，不是结束，而是开始。迹象显示娃哈哈上市已经被提上了日程

宗庆后让娃哈哈错过上市最佳时机

做企业要与时俱进，适应时代变化做出变通。否则，就要被大浪淘沙。

曾经毅然决然表态不上市的饮料巨头娃哈哈集团，对资本市场的态度正在出现坚冰松动的迹象。

2017 年 11 月 18 日，在娃哈哈集团成立 30 周年庆典上，刚过完 72 岁生日的宗庆后称“上市后可能会加快企业的发展”。这话意味着宗庆后坚持不上市的观念已经改变，他不再那么排斥资本市场，认可上市成为了“一个美丽诱人的选项”。

事实上，娃哈哈谋划上市，一直在悄然前行，从来没有间断过。这事儿当然不是由宗庆后负责，而是其接班人、女儿宗馥莉主抓。

做大了的企业，一般都是坚持产品和资本市场两手都要抓。现在的娃哈哈貌似分工明确，产品由老爷子主抓，资本运作由女儿负责。

宗馥莉曾经表示：要做出与父辈不一样的娃哈哈。从各种迹象来看，宗馥莉的资本运作，已经在着手进行。今年早些时候，宗馥莉通过旗下公

司向在香港创业板上市的中国糖果提出现金要约。后来尽管失败，但娃哈哈希望通过多快好省的“借壳方式”跻身资本市场的阳谋就此浮出水面。

事情虽然失败了，但凸显出娃哈哈对资本市场的角逐，不是结束，而是开始——在娃哈哈，宗庆后拥有至高无上的话语权，只要他认可的事儿，那就等于圣旨。宗庆后的话语、宗馥莉的行为，都在说明娃哈哈上市已经被提上了日程。

上市是企业发展里程碑式的大事。中国人做大事，讲究天时、地利、人和，需要挑一个黄道吉日，该出手时就出手。上市踩准点十分重要，就像普通老百姓买房子，希望在最合适的时候出手，踩准了赚，踩不准损失惨重。对娃哈哈上市来说，这个时间点很重要，意味着股价更高、市值更大。

但娃哈哈似乎已经错失了上市的最佳时机。因为无论是从业绩表现上，还是从品牌声誉上，现在都不是娃哈哈最值钱的时候。

做女人，希望在最佳的年华嫁出去，企业上市也是一个道理。那娃哈哈上市的最佳时机是什么时候呢?

或许，从娃哈哈历年业绩表现上，我们可以找到答案。

娃哈哈鼎盛时期是在2013年，那一年，娃哈哈销售额接近800亿元，宗庆后坐拥1350亿元资产。2010年宗庆后是胡润富豪排行榜上的大陆首富。2012年福布斯中国富豪榜单，娃哈哈董事长宗庆后以100亿美元的净资产再登中国内地首富宝座。

2010年，娃哈哈一脚跨进500亿俱乐部，宗庆后志得意满，豪言要用七年时间，即2017年跻身千亿俱乐部。从随后的2011年表现来看，一切似乎顺风顺雨，当年实现营收679亿元，同比增长23.68%。但2012年成为娃哈哈业绩拐点，当年只实现了636亿元销售；2013年达到最高峰，为783亿元。但从那以后，娃哈哈一路下滑，2014年为720亿元，2015年为677亿元，2016年下滑趋势更加不可遏止，仅为529亿元。

从业绩可以看出，2010 年至 2014 年，应该是娃哈哈上市的黄金时期。从 2015 年到 2016 年，娃哈哈业绩同比暴跌了 100 多个亿。这个数字凸显娃哈哈逐渐陷入经营困境，至今没有明显好转。如果选择在目前上市，娃哈哈显然是错失了最佳时机。

当然，对企业来说，上市是重塑企业的一个重要契机，可能对企业发展带来质变。选择在这个时候上市，对重振士气，促使娃哈哈再上台阶，倒不失为一个千载难逢的良策和良机。

（2017 年 11 月 29 日）

作为广药集团董事长，李楚源出于企业利益，甘冒被口诛笔伐的风险，为旗下拳头产品王老吉背书推广的勇气可歌可泣，但没把握好度，过犹不及，犯下大忌

李楚源以老鼠实验结果推断喝老王吉延年寿益

人类对老鼠向来没什么好感，一句“老鼠过街——人人喊打”谚语精准地传达了人们对老鼠的厌恶。这种感情贯穿人类文明史，传承了数千年。

然而，人和老鼠之间那条不可逾越的鸿沟，最近被一家大企业的掌门轻描淡写地抹平了。

12 月 5 日，在全球《财富》国际科技头脑风暴大会上，广药集团董事长李楚源公开表示，“国家 863 计划研究结果表明，喝王老吉可以延长寿命大约 10%”。华大基因首席执行官尹烨等立马对李楚源观点做了点赞。

两位企业领袖“脑洞大开”的唱和，引发舆论一片哗然。尽管尹烨见势不妙，及时做出澄清，称“只是礼节性点赞”，希望避开舆情大火烧身，以明哲保身。但从舆情发酵来看，尹烨已经很难出污泥而不染了。谁都明白，这种“礼节性点赞”折射的可是一个人的“人品、气节”的大问题，其余的江湖含义，笔者就不点破了。

城门失火，殃及池鱼。李楚源此番言论，祸害的并非尹烨一家，躺枪的还有无辜的“国家 863 计划”。由于 863 计划的权威性，李楚源借此佐证自己观点，那可信度是无庸置疑的。但从网友扒出的资料来看，李楚源

是有意曲解了“国家863计划”的原意。据国家科技报告系统官方平台该项目的中文摘要显示：“研究针对功能食品安全的核心问题”，也就是说安全性评价是该项研究的目标，而非是李楚源所谓的“延长寿命”。

在一边倒的舆论质疑压力下，广药集团并没悔改，其官博居然晒出了如山铁证，称结论是有证据可循，而非空口无凭，是建立在对576只老鼠进行科学实验的基础上得出来的。

鲁讯先生说：“你不说，我倒还明白。你越说我越糊涂了。”老鼠科学实验论引发了第二波排山倒海的质疑和批判。

广药集团怎么知道那些用于实验的可怜老鼠本来可以活多久？即使以平均值来参照，可每只老鼠的个体寿命都是有差别的，王老吉实验如何避免具体情况？精确量化到“延长10%寿命”的结论是如何得出？即使这些都成立，那人和老鼠的个体千差万别，又怎能推断出喝“王老吉可以延长10%寿命”的结论？

这种思维逻辑，确实不可思议，堪称“最强大脑”了。

作为广药集团董事长，李楚源出于企业利益，甘冒被口诛笔伐的风险，为旗下拳头产品王老吉背书推广的勇气可歌可泣，但没把握好度，过犹不及，犯下大忌。

如果王老吉真如李楚源所标榜那样，可以“延长10%的寿命”，那王老吉堪称“天下第一神奇饮料”了。千百年来，人类对于“延年益寿”的追求和研究孜孜不倦，但收效甚微。现在依李楚源逻辑，王老吉是取得了突破性进展。

“延长10%寿命”可不是一个小数目。排除非正常因素，一个活100岁的人，常喝王老吉，就可以活到110岁。一个活90岁的人，常喝王老吉，就可以活到99岁。哪怕一个活50岁的人，常喝王老吉，也可以多活五年，到55岁。再依据这种逻辑推理一下，人生难免生老病痛，而喝王老吉几乎可以包治百病了。这种人类贡献，恐怕只有“杂交水稻之父”袁隆平能比了。

有此神奇作用的王老吉，不难一举消灭其他饮料，包括矿泉水、蒸馏水、炭酸饮料、功能性饮料等，一统江湖。具体来讲，王老吉可以灭掉农夫山泉、怡宝、可口可乐、百事可乐、脉动、红牛，甚至啤酒、白酒、红酒，并且可以放心大胆地提价——谁都愿意花钱买健康，买长寿。

王老吉当然也可以轻而易举地消灭生死冤家加多宝——尽管材料、功能、口感相差无几，高度一致。但估计加多宝掌门是不敢为"喝加多宝，延长10%寿命"的特异功能背书的。

喝王老吉，真可以"延长10%寿命"吗？估计真相与论断之间的距离，不比人和老鼠的距离近。

就连专家都看不下去，跑出来解释了。"进行动物实验等都必须有明确的'适应症'目标。"ISPE（国际制药工程协会）法规委员会委员、蒲公英论坛版主夏赟解释，就是要树一个靶子，比如治肿瘤，建立一个有人类肿瘤的动物模型，用药后达到了什么样的目标。"每种'适应症'都有严格的实验标准指南，但是根本不存在'延长寿命'这一可以研究的适应症。"

看来王老吉忽悠老百姓不容易，忽悠专家更不容易。当然，这个舆情横空出世，估计加多宝高兴了。为啥？"延长寿命10%说"估计不仅不能帮王老吉拉来新客户，反而让那些反感虚假宣传的拥趸要"弃暗投明"了。

（2017年12月7日）

> 目前来看，苹果通过放出消息来打击高通，目的已经达到。高通股价在消息出来后，受到影响，出现下跌。但从长远来看，苹果更是杀敌八百，自损一千

库克书生意气，苹果挥刀“自宫”？

本来以为是一种竞合，以战促和，没想到苹果 CEO 库克真急了，在与高通的专利大战中，有些慌不择路，不择手段，不计后果了。

苹果自废武功，携手“敌人的敌人”

据最近美国媒体报道，鉴于与高通之间的知识产权法律纠纷僵持不下，苹果计划在 2018 年推出的新一代 iPhone 和 iPad 中，放弃使用高通芯片组件，考虑采用高通竞争对手英特尔和联发科的调制解调器芯片。

据有关消息，苹果要到 2018 年 6 月下旬才能确定调制解调器供应商，下一代 iPhone 约在 10 月份上市。现在距离苹果新一代 iPhone 推出还有一段时间，双方的知识产权纠纷亦在如火如荼地进行中，不清楚苹果释放这个消息是为增加解决问题的筹码、迫使高通做出让步的权宜之计，还是真要鱼死网破，但至少这个消息引发的轰动效果已经浮出水面，在迅速扩散。

仅有这种想法，还没落实到行动，就不啻引爆了一枚核弹。

目前来看，苹果通过放出消息来打击高通，目的已经达到。高通股价在消息出来后，受到影响，出现下跌。但从长远来看，苹果更是杀敌八

百，自损一千。这种作法，对苹果的影响或许更加深远。美国媒体 Huffington Post（赫芬顿邮报）直言不讳地警告苹果，这样做是“一个方向性错误”。

调制解调器（基带芯片），就是我们口头上常说的“猫”，英文为 modem。“猫”是一种计算机硬件，最初的功能在于将计算机的数字信号翻译成可沿普通电话线传送的模拟信号，而这些信号又可被线路另一端的另一个调制解调器接收，并翻译成计算机可懂的语言，从而实现两台计算机之间的通信。在无线通讯时代，“猫”是手机接收运营商信号和网络的最重要的部件，直接影响智能手机的上网体验和通话质量。由此可见，“猫”是智能手机必不可少的关键部件，决定智能手机的速度和畅通性，以及通话的质量等智能手机最基本的功能体验。

目前，“猫”仍属于高科技产品。全世界能养“猫”的企业并不多。当然，也并非就高通一家，别无分店；努力从 PC 芯片向移动芯片转型的英特尔以及曾经的“山寨之父”联发科都在养这种“猫”。在与高通专利战打得难分难解、不分胜负、各祭杀招的时刻，苹果如此这般的逻辑十分简单，那就是“敌人的敌人就是朋友”。通过联合“敌人的敌人”来强化自己的力量，实现打击对手的目的。

放弃高通“猫”：苹果从卓越到泯然

库克如此出牌，算得上聪明的一招吗？这样做，苹果能如愿以偿吗？

虽然都是“猫”，但此“猫”和彼“猫”的差别，不是那么一点点。用一位资深业内人士的话来说，高通与英特尔和联发科之间，在调制解调器芯片产品上“有很大差别，技术和产品差别达 1 ~ 2 代”。据美国媒体报道，苹果为了压制高通，在美国的 iPhone 中就人为压低高通的基带芯片性能指标，以达到与英特尔基带芯片持平的目的。为了制衡高通、“提携”英特尔，苹果不惜承担“欺诈蒙蔽消费者”的风险。他们的市场份额差别也很好证明了这一点：2016 年，在全球调制解调器芯片市场，高通份额为 59%，联发科为 23%，其后才是英特尔。虽然英特尔是 PC 芯片之王，但在移动芯片领域一直不是很成功，这也是众所周知的事儿。现在苹果声称放弃高通基带芯片，并非由于英特尔和联发科的产品比高通强，而是一个无计可施的选择。

在调制解调器的合作上，苹果与高通具有悠久的历史，双方合作从 2011 年的 iPhone 4S 就开始了。现在苹果的 iPhone 8/8Plus 以及 iPhone 上市十周年纪念版 iPhone X 都在用高通的"猫"。可以说，高通的"猫"为提升苹果产品性能、助其攻打手机江山，立下了汗马功劳。

选择高通"猫"，既是苹果对产品追求极致的高标准体现，也是果粉对苹果产品的严格要求，是市场选择的必然结果。这些年 iPhone 价格高、销量好，攫取了全球手机行业利润的八成以上，根本原因在于苹果的产品性能卓越，给用户带来了出类拔萃的体验，而这种体验，很大程度上体现在"快"上。如果弃用高通"猫"，转而选择性能一般的英特尔和联发科，那就意味着苹果产品在性能和用户体验上，将大打折扣，从卓越一路向下，开始落后于安卓阵营，从而造成果粉流失。

目前智能手机基本上由安卓阵营和苹果 iPhone 两强瓜分。在安卓阵营努力下，其品质和体验正迎头赶上，与 iPhone 的距离不断缩小，并且某些领域和指标上安卓阵营要领先苹果，很多新技术和体验反而是先在安卓手机上被采用。如果届时苹果再弃用高通"猫"，就会导致产品竞争力下降，价格下跌，利润降低，份额减少，给安卓阵营留下更多赶超的机会；并且会导致苹果股价下跌，市值蒸发，严重的话，整个苹果从卓越走向平凡。

目前支撑苹果帝国的，主要靠 iPhone 和 iPad，尤其是 iPhone，无论是销售、利润，还是股价、市值。当有一天，苹果的 iPhone 竞争力不如三星和以华为、小米、OV 为代表的中国国产手机阵营，那对苹果来说，意味着啥呢？

目前智能手机正处于从4G向5G转型的关键时期。在5G技术上，比起英特尔和联发科，高通优势更加凸显。如果苹果放弃与高通分享进步的机会，就意味着在未来5G时代，苹果产品将越来越落后。所以，放弃高通"猫"，是"一次冒犯之举"，苹果将为此付出代价。

如果没有高通"猫"及其他知识专利技术助力，苹果iPhone的位置和前途在哪里？或许，冷静下来，面对现实，力求和解，才是解决双方知识产权纠纷的唯一出路。

（2017年11月5日）

客观上讲，贾跃亭有情怀，有理想，踏实肯干，炒作上亦不输任何人，一度与马云、刘强东堪称“落霞与孤鹜齐飞，秋水共长天一色”。由其担纲总设计师的“面向未来的乐视七大子生态”，简直是一幅企业发展的《清明上河图》，如果梦想成真，那贾跃亭在中国商业发展史上的地位和贡献，甚至要盖过马云、刘强东

谁害惨了贾跃亭，法拉第未来驶向何方？

备受关注的贾跃亭在美状告顾颖琼案，第二回合交锋，出现了有利于贾跃亭的变化：据媒体报道，日前华盛顿州当地法院召开听证会，裁定顾颖琼在微信公众号“顾颖琼博士说天下”发布的关于贾跃亭设立海外不可撤销信托文件为伪造，包括文件上贾跃亭的签名。

而且一度看起来正义凛然的顾颖琼博士在接受采访时称“洛杉矶听证之前，贾跃亭当时的律师问我要多少钱才闭嘴，我就报了 20 万美元”。

这让围观群众跌破眼镜，难以置信——看来贾跃亭被顾颖琼坑了！

是谁害了贾跃亭？

客观上讲，贾跃亭有情怀，有理想，踏实肯干，炒作上亦不输任何人，一度与马云、刘强东堪称“落霞与孤鹜齐飞，秋水共长天一色”。由贾跃亭担纲总设计师的“面向未来的乐视七大子生态”，简直是一幅企业发展的《清明上河图》，如果梦想成真，那贾跃亭在中国商业发展史上的

地位和贡献，甚至要盖过马云、刘强东。

但贾跃亭摔倒在了逐梦路上，乐视七大生态也沦为一个笑柄，作鸟雀散了。七大生态中，只剩一个汽车生态，即“法拉第未来”在苦苦支撑着贾跃亭的宏大梦想，但亦是风雨飘摇，麻烦不断。

据悉，“法拉第未来”已经处在困顿状态，其中担任融资和产品研发重任的两个关键人物，“法拉第未来”首席财务官 Stefan Krause 和首席技术官、宝马 i 系列之父 Ulrich Kranz，现在都被贾跃亭解雇，扫地出门。

“法拉第未来”要走出困境，以上两个职务至关重要，因为“法拉第未来”现在最缺钱，将来最缺产品。目前来看，贾跃亭信用已经破产，很难融到“法拉第未来”迫切需要的十亿美元，Stefan Krause 被解雇，理由之一就是融资无力。原来在贾跃亭规划中，2018 年“法拉第未来”超级汽车要量产上市，由于 Ulrich Kranz 被解雇，恐怕这个计划面临流产的可能性在增加。

贾跃亭为法拉第未来描绘了一幅宏伟蓝图，如果梦想成真，“法拉第未来”确实将是一个惊艳业界的车企，与目前的特斯拉有得一拼。对贾跃亭来说，“法拉第未来”承载着他咸鱼翻身的唯一机遇。

被贾跃亭所描绘的生态吸引着，本来有很多资本都在排队等候跻身贾氏商业帝国，即使雪中送炭，亦是有人愿意挺身而出的。但这一切都被 9 月份“顾颖琼博士说天下”发布的信息毁了。顾颖琼称从洛杉矶律师助理手里拿到了贾跃亭的 irrevocable living trust（不可撤销的生前信托）的一份草稿文书（信托名字叫 THE YT IRREVOCABLE TRUST），内容显示，贾跃亭给其女儿 Tiffany Jia 留下 7500 万美金，约五亿人民币。妻子甘薇是信托基金守信委托人。

这个爆料引发舆论广泛关注，佐证贾跃亭是自私之人，其梦想只不过是牟利肥私手段，让其名誉扫地。这直接导致贾跃亭信用破产，资本争相躲避。他的“法拉第未来”也再次被推向风口浪尖，备受颠簸考验。

当然，如果把推倒贾跃亭七大生态梦想的全部责任推在顾颖琼身上，显然有失公允，顾颖琼只不过把贾跃亭逐梦路上的一段关键桥梁给毁了。在顾颖琼之前，贾氏商业帝国大厦正在倾覆，其危机始于乐视斥巨资购买其时正江河日下的酷派手机。酷派手机资金链断裂，乐视又无力填补窟窿，这才牵扯出乐视生态困局。如果贾跃亭能够步步为营，不盲目扩张，就不会出现乐视生态梦想的破灭，至少不至于那么快——对贾跃亭来说，钱重要，时间更重要，如果乐视生态困局延后爆发，说不定贾跃亭就可以利用这段宝贵时间，带领乐视走出困境。

“法拉第未来”将驶向何方？

有梦想的人，可敬；面对梦想，百折不回的人，更为可敬。但人生精力有限、时间有限，梦想太多，就容易成为空想。曾经七大梦想，现在只剩其一，对贾跃亭来说，未尝不是一件好事。法国作家罗曼·罗兰曾经告诫世人：与其花很多时间去打很多井，不如花同样多的时间去打一口井。

人生都希望成功，集中精力，聚焦攻关，能让成功来得更快一些，成功的把握更大一些。

现在“法拉第未来”是贾跃亭的唯一梦想了。如果这个梦想再破，贾跃亭想再翻身就难了。目前能够拯救法拉第未来的，一是钱、二是产品。前者是当务之急，后者是关键出路。

据悉，目前“法拉第未来”走出困局急需10亿美元。这个钱，贾跃亭自己是无能为力的，他已经弹尽粮绝。据胡润中国富豪排行榜，贾跃亭排名从第31位跌倒了1978位。他也明确表示自己没钱了。法拉第未来所需，只能靠融资。炒掉首席财务官Krause，物色新的人选，或许是一条路。毕竟上任以来，Krause在融资上并没有多大建树，甚至成为了绊脚石，主张让“法拉第未来”破产，“阻碍公司正常融资的顺利进行”。

据最新消息，印度塔塔集团看中了“法拉第未来”，要投资9亿美元，占10%股份。如果属实，“法拉第未来”有可能起死回生。塔塔是印度最大汽车生产企业，这笔投资凸显了塔塔对“法拉第未来”的认可——在塔塔眼里，法拉第未来估值高达90亿美元，这个价值已经堪称一个伟大企业了。目前塔塔并没确切消息传出，但愿传言是真实可信的。

首席技术官Kranz离职，贾跃亭找到替代者了吗？这个岗位，对“法拉第未来”来说，至关重要。鉴于目前“法拉第未来”的现状，有合适的人愿意加盟，来接替Kranz吗？如果没有，这确实是一个十分棘手的问题。因为如果“法拉第未来”挨得过资本关，接下来就要面对最重要的产品关。如果产品量产上市成问题，“法拉第未来”仍然前途渺茫。

产品量化上市，不仅关系到“法拉第未来”命运，也关系到贾跃亭未来命运。贾跃亭迫切需要“法拉第未来”的超级汽车来让自己重建信誉，重树信心，重拾梦想。如果“法拉第未来”的超级汽车迟迟出不来，那贾跃亭的梦想和商业帝国真可能“山河破碎风飘絮”，贾跃亭这一辈子了就要“身世浮沉雨打萍”了。

除了Kranz，负责“法拉第未来”FF汽车生产线的Bill Strickland目前也选择了离开。“法拉第未来”曾经有员工1500多，现在只剩1000人，走掉了1/3。这或许对“法拉第未来”开源节流有作用，但也给FF电动车制造计划带来更多不确定性。

最疯狂的时候，贾跃亭曾经宣称要每年生产13种车型，规模数百万辆。现在调整为从2018年底起开始量产FF91，每年生产1万辆。这个数字要保守得多，也容易得多。但实现起来，或许并不那么容易。对处在困境中的贾跃亭来说，剩下的时间不多，已经拖不起，也忽悠不起了。

（2017年11月15日）

老乡见老乡，两眼泪汪汪。老乡关系是贾跃亭和孙宏斌一见如故、携手合作的信任基础，为利益各打各的盘算，则是动力。但孙宏斌想不到，这一次被老乡坑得这么惨，甚至可能要赔上前半生的努力

做朋友都难了，贾跃亭害惨孙宏斌

如果人生可以推倒重来，孙宏斌宁愿不认识贾跃亭；即使认识，也不愿蹚乐视这趟浑水。

乐视是贾跃亭挖的大坑，上面盖着美丽的掩饰。贾跃亭自己从坑里爬了出来，跑去了美国；孙宏斌掉了进去，背起了黑祸，想脱身都不容易。

两人的交集是他们都是晋商。

贾跃亭是山西襄汾人，孙宏斌是山西运城人。贾跃亭 1973 年的，孙宏斌 1963 年的。孙宏斌比贾跃亭刚好大十岁；但在情商上，或许正好要反过来看。

老乡见老乡，两眼泪汪汪。老乡关系是他们一见如故、携手合作的信任基础，为利益各打各的盘算，则是动力。但孙宏斌想不到，这一次被老乡坑得这么惨，甚至可能要赔上前半生的努力！

本来贾跃亭是做互联网的，孙宏斌是做房地产的，两人在业务上没太多交集。孙宏斌感兴趣的是房地产。据说两人见面之初，孙宏斌也是奔着乐视地产而来。2016 年，乐视由于资金链紧张，贾跃亭表态要卖掉位于北京核心商圈的世茂工三项目。孙宏斌闻讯而来，两人建立了关系。

但孙宏斌臣服于贾跃亭“生态化反”的梦想和情怀，以为乐视的困难

是暂时的，只要伸出援手，帮助贾跃亭度过难关，将来就可以收获金山银山，比做房产来钱更快。所以，孙宏斌投入巨资，做了乐视网的接盘侠。

坑挖下了，总得有人来填，不是自己，就是别人。当然，最好是别人。孙宏斌就做了贾跃亭的填坑人。

接下来的事情，已被媒体长篇累牍地报道了。半年来，关于两人的新闻天天刷屏朋友圈。

乐视的窟隆之大，已经超越了孙宏斌的想象，也超出了其掌控范围。即使押上孙宏斌全部身家，都可能填不满这个沟壑。目前甚至影响到了孙宏斌的生活。孙宏斌是中国人，在中国做生意，但拿了美国护照。由于乐视那点儿破事，现在孙宏斌和贾跃亭一起，被 IRS（美国国内税务局）和 FBI（美国联邦调查局）联手调查。后面结果如何，都难以预料。

由于乐视网，两人关系急剧恶化，从老乡朋友变成了敌人。在旁观者眼里，接盘乐视网，已经成为孙宏斌一生中最失败的一项决策。如何帮助乐视网掉转船头，驶出困境，孙宏斌是一点招都没有了。即使孙宏斌要跳出乐视这个大坑，脱身出来，都是那样身不由己。

让孙宏斌无计可施，对贾跃亭怨恨进一步加深的是，目前，乐视处境还在进一步恶化。由于 2010 年乐视网上市造假最近被查，乐视网的问题还在无限放大，甚至面临被退市风险。

股票价值是目前乐视网为数不多的优质资产了，由于 IPO 造假，这个泡沫正在加速破裂，致使乐视网根本不敢复盘。随着执法机关介入，乐视网连最后一块遮羞布，都可能被人拿走。这意味着乐视网困局将无解。

在孙宏斌的经营哲学里，要趁年轻，胆子大一点，步子快一点，干些大事。但现在一招不慎，也可以说是交友不慎，面临着满盘皆输的可能。

如果人生可以重来，相信孙宏斌宁愿不曾认识贾跃亭；即使认识，喝喝茶，聊聊情怀可以，但插手乐视网，他是 100 个不愿意的。

（2017 年 11 月 1 日）

做空特斯拉的行动，早就在静悄悄地进行。全球最大的空头基金尼克斯联合基金（Kynikos Associates）的联合创始人 Jim Chanos，早在 2016 年 5 月就公开表达了做空特斯拉的立场

做空特斯拉力量集结，马斯克或成美版贾跃亭

2017 年 12 月 7 日，全球新能源汽车第一股特斯拉股价继续下跌，收盘价为 311.24 美元每股，下跌 0.64%，每股跌了 2.02 美元，当日最高价为每股 318.63 美元。从连续数日在资本市场的表现来看，特斯拉股价已经开启连续阴跌模式。

做空力量集结，基本盘获利退出正当时

在 Model 3 量产蓝图刺激下，一年来特斯拉股价一路向上，从年初的每股 180 多美元，涨到现在的 300 多美元，其中 9 月份最高峰高达了每股 385 美元，市值高达 600 多亿美元。

从资本层面上，特斯拉泡沫初现，获利盘急需退出，形成做空的积极动力。最近，连续有权威机构和资深分析师发出了做空特斯拉的强烈信号。摩根凯瑞资本管理（Morgan Creek Capital Management）创始人兼首席信息官 Mark Yusko，做空基金公司 Rocker Partners 的前基金经理 David Rocker，瑞银的前分析师 Anton Wahlman 都一致看空特斯拉。

11 月 17 日，通用汽车前副总裁鲍勃·卢茨在接受美国 CNBC 采访时

语出惊人："特斯拉是一个不会长久的'失败企业'，即将面临倒闭，无法坚持到2019年。"这话一石激起千层浪，把特斯拉推向舆论的风口浪尖。附和老爷子判断，做空特斯拉的声音不断出现。摩根大通12月1日建议投资者做空特斯拉，其分析师赖安·布林克曼（Ryan Brinkman）认为特斯拉面临其他汽车制造商的竞争将加剧，并给予特斯拉股票"减持"（Underweight）评级及185美元的目标股价，称其有40%的下跌空间。

其实做空特斯拉的行动，早就在静悄悄地进行。全球最大的空头基金尼克斯联合基金（Kynikos Associates）的联合创始人Jim Chanos，早在2016年5月就公开表达了做空特斯拉的立场；2017年11月，他在路透社全球投资2018展望峰会上再次看衰特斯拉，并期望特斯拉创始人Elon Musk在2020年卸任特斯拉CEO，专注SpaceX。Jim Chanos说："这样说吧，如果不能做空一家有着超高的杠杆率、财务审计存疑、高管不断离职的周期性行业创业公司，那还能做空什么样的公司？"

做空力量的言行对特斯拉股价已经产生了巨大影响。2017年9月，特斯拉股价达到最高点，癫狂期达385美元/股。目前股价距离高位时已累计下跌了1/5，市值蒸发了一百多亿美元。做空力量以目前股价抛售股票，引发小散恐慌性抛售，再以更低股价买入股票偿还借来的股票，通过股价下跌赚取差价。金融分析师公司S3 Partners称，做空者已从特斯拉股价下跌中获利8.9亿美元。

当然，从现在的311美元，跌到所谓185美元的目标价，不会一路向下，而是跌宕起伏，但是下跌是特斯拉股价发展的不可逆的大趋势，这个过程或许持续时间很长——如果没有意外的坏消息深度刺激的话。

问题在特斯拉自身，马斯克或成美版贾跃亭

特斯拉创始人兼CEO埃隆·马斯克（Elon Musk）与乐视创始人贾跃亭个性类似，喜欢折腾，善于讲故事，擅长给投资者画饼。马斯克不断创

办公司，从1995年至2000年，与人合伙，先后创办了在线内容出版软件“Zip2”、电子支付“X. com”、国际贸易支付工具“PayPal”三家公司。2002年6月，又投资1亿美元创办了美国太空探索技术公司。2004年，马斯克向特斯拉汽车公司投资630万美元，出任公司董事长。2006年，马斯克投资1000万美元与人合伙创办了光伏发电企业—太阳城公司。

特斯拉股价2017年以来一路狂奔，一是在于新能源汽车站上了风口，二是在于马斯克的忽悠能力特别强大。从股票最实惠的支撑力量，即销售业绩上看，特斯拉股价是没有理由“会当凌绝顶，一览众山小”的。据特斯拉第三季财报显示，特斯拉净亏损6.71亿美元，大大超出此前华尔街预测的5.31亿美元。

2017年初到现在，特斯拉股价上涨，是源于马斯克给投资市场画的第一个大饼，即物美价廉的特斯拉Model 3增产上市。相对于特斯拉以前产品，售价为35000美元的Model 3价格亲民，如果生产顺利，就可以解决特斯拉一直以来的规模化困扰问题。这是支撑特斯拉股价一年来一路上涨的核心动力。成也Model 3，败也Model 3。现在已经证明，马斯克关于Model 3量产的承诺早已到期，但量产局面并没有打开。

为遏止下跌股价，马斯克又给投资者画了第二个饼，即2017年11月，特斯拉发布了电动卡车Semi。据马斯克称，这辆卡车在充满电后行驶距离可达500英里（约805公里），而且配备快充技术，借助特斯拉太阳能超级充电网络，“能够借助超级充电站到达世界上的任何地方”。

这是继Model 3量产之后的另一个疯狂计划。如果马斯克梦想成真，确实可以拉动特斯拉股价再上一个新台阶。电动卡车Semi比起Model 3量产来，更是一个遥不可及的梦。即使特斯拉目前的新能源汽车，也是问题频出，不仅量产梦迟迟得不到解决，存在的一系列质量故障成为做空特斯拉力量的强大依据——打铁还需自身硬，外部力量能否做空特斯拉，取决于特斯拉的基础是否夯实。

外表看起来颜值超高的特斯拉，在上市后被消费者不断检验出问题。美国《消费者报告》和 J. D. Power 一直批评特斯拉的质量问题，如门把手和车身板件间隙故障等。伯恩斯坦分析师 A. M. SacconaghiJr. 试驾了全新的 Model 3 轿车，称这款车的舒适性和整体设计并不令人满意。消费者抱怨特斯拉汽车有噪音、软件存在漏洞、板件粘合不够等问题的声音不绝于耳。据路透社透露，特斯拉对待质量并不严谨，甚至在加利福利亚菲蒙市工厂的装配线所生产的电动车还需要进行一道质检修理程序，新车下线后存在压痕、划痕等小问题和座椅故障等大问题。但这些并没引起特斯拉足够重视，特斯拉对此甚至矢口否认。据特斯拉雇员透露，有时候特斯拉车库停放的故障车超过 2000 辆。

特斯拉的问题已经引发高层忧虑，他们以激烈的辞职方式，希望引起马斯克重视。2017 年以来，特斯拉已经有 16 位高管洗手不干了，包括业务发展副总裁 Connell、从苹果离职加入特斯拉担任 Autopilot 软件副总裁的 Chris Lattner、负责特斯拉 Autopilot 整个项目的 Sterling Anderson、首席财务官、人力资源副总裁、硬件工程总监都相继离职。

这与乐视当初的情况十分类似。马斯克是否成为美版贾跃亭，确实让人忍不住遐思迩想。

（2017 年 12 月 9 日）

造成酷派今天这个局面，原因是多种多样的。然而，作为酷派从盛到衰的三个主要掌舵人，无论怎样说，都是脱不了干系的

郭德英、贾跃亭、刘江峰：是谁毁了酷派？

目前国产手机品牌牛气冲天，让国人扬眉吐气的，以华为、OPPO、vivo、小米为代表，垄断了国内市场份额80%以上，在全球市场攻城拔寨，声誉鹊起。其中华为、OPPO、vivo跻身全球五强之列，与三星、苹果同台竞技，差距不断缩小。

这种欣欣向荣的局面，3G时代即渐露端倪，而“中华酷联”正是这种局面的开创者。但大浪淘沙，“中华酷联”目前只有华为依然彪悍，其他都在走下坡路，其中酷派落差最大。酷派曾将三星作为学习榜样和竞争对手，甚至在中国市场上有过短暂超越，坐上了头把交椅。但现在的酷派却是零落黄泥，最近传出要出卖深圳总部土地、开发房产续命的消息。作为手机企业，酷派现状确实是在“苟延残喘”，辉煌已成昨日黄花。

到底是谁毁了手机企业酷派，将其带进今天这步田地？

创始人郭德英：酷派的精气神？

1993年，大学教师郭德英辞职创办宇龙计算机通信科技（深圳）有限公司，主要产研销BB机，开始了酷派发展之路。其后，酷派转型做智能手机，是第一家专注智能手机的国产品牌，是双卡双待专利的发明者和拥

有者。那时候的酷派走的是差异化高端路线，质量过硬，价格很高，深受用户青睐，是三大运营商通吃的优秀终端供应商，风光一时无两。郭德英在手机行业成为大咖级人物，酷派也成为国产智能手机的优秀代表。

但过度依赖运营商是一把双刃剑，一方面助力酷派迅速扩大市场，跻身于行业一流；另一方面也给酷派带来两大致命伤：一是让酷派躺在运营商渠道上睡大觉，忽视了其他社会渠道的开发；二是让酷派渐渐丧失自我，忽略差异化，走向产品同质化发展道路，造成品牌从高端下沉到低端，破坏其高端品牌形象。

后来运营商合约机取消，酷派无所适从，销量骤降。为维持企业运转，酷派不得不广开渠道，积极引进合作伙伴，郭德英慌不择路地选择了两家企业：一是周鸿祎的360，一是贾跃亭的乐视。引进360成立合资公司在前，引进乐视作为大股东在后。这让个性强硬的周鸿祎颇为不满，最后酷派不得不退出360手机，将股权全部让给周鸿祎。

选择与360合作，让酷派元气大伤。而引进乐视，直接把酷派送上了断头台。2016年8月5日，郭德英辞去董事长职务。或许，有郭德英在，酷派的精气神就在，就不至于落到今天这个田地。

贾跃亭：接盘侠 or 掘墓人？

贾跃亭有理想，有情怀，在中国企业界名气很大，以致力于打造乐视生态圈著称。而控股酷派，是其打造生态链梦想的重要一环。由于乐视手机不景气，贾跃亭把目光瞄向酷派。乐视手机与郭德英一拍即合。2015年，贾跃亭先后出资二十多亿，成为酷派第一大股东。贾跃亭接手酷派，致使酷派分崩离析——今天具有酷派基因的，共有三家手机企业：酷派、360手机、ivvo；以前运作酷派的强大团队，也各奔东西。

真正让酷派陷进绝境的，是乐视的债务危机。在贾跃亭主宰酷派后，由于拖欠供应链款项，引发供应链危机，造成轩然大波，给酷派致命一击。其后，酷派运营环境不断恶化，下滑难以遏制。2016年，酷派集团实现收入79.94亿港元，同比减少45.5%，亏损42.1亿港元，公司总负债63.7亿港元。2017年7月27日以来，酷派在一个月内连遭平安银行深圳分行、宁波银行深圳分行、上海浦发银行深圳分行三家银行集体“催债”，涉及资金共计2.4亿元。

作为接盘侠，贾跃亭犯下的一个重大错误就是在成为大股东后，并没采取有力措施稳定团队，而是选择刘江峰空降酷派。原来酷派功臣李斌、罗忠生、曹井升等，相继含泪离开战斗了多年的酷派。

刘江峰：文艺青年的经验主义失误

手机圈文艺青年刘江峰原供职于华为，是荣耀手机的总裁，为荣耀手机发展立下汗马功劳。刘江峰被贾跃亭诚意聘请过来掌管后郭德英时代的酷派。

刘江峰来酷派后坚持一朝天子一朝臣的用人策略，排挤酷派旧臣，导致大批掌控酷派生态的老人离职，造成巨大内耗，让国内业务一步步陷入瘫痪。

在经营上，刘江峰照搬在荣耀经验，将酷派定位为“手机界的文艺青年”。这种定位彻底改变了酷派曾经高大上的基因，将其差异化品牌路线一举抹杀，并将酷派摆放在直接与小米、荣耀的定位交集上，以强者为敌——后果可想而知，在与小米、荣耀的直面冲突中，酷派丢盔弃甲，溃不成军。

经验主义是刘江峰操盘酷派犯下的最大失误。这种定位让经营荣耀手机起家的刘江峰轻车熟路，操作起来得心应手，但确实不适合酷派这家企业。所以，酷派没落，刘江峰负有不可推卸的责任。

酷派操盘失败，让刘江峰心灰意冷。刘江峰已经宣布离职，由蒋超接任。

结语

或许，将酷派作死的原因归结到某个人身上，确实不公平。酷派走到今天，其原因是多种多样的。然而，作为酷派从盛到衰的三个主要掌舵人，无论怎样说，都是脱不了干系，并负有主要责任的。

（2017 年 9 月 30 日）

无论是乐视老板贾跃亭，还是酷派总裁刘江峰，都要把整合酷派原来的人力资源作为一门重要课题来研究。但从目前酷派高管离职潮来看，他们都缺乏容人胸襟

酷派旧臣老将惨遭乐视清洗

企业从来都是一朝天子一朝臣，只要大股东一换，旧臣老将被清洗将是迟早的事儿。

最近，笔者从有关渠道获悉，酷派旧臣老将基本上被清洗一空：原酷派总裁李斌、副总裁曹井升、副总裁许奕波等，都已经从酷派离职，加盟了另一家手机品牌 ivvi，中文名“依偎”——一家脱胎于酷派的新手机品牌。

鉴于大股东变身，酷派旧臣老将被清洗，那是意料中的事儿，但没想来得这么快、这么彻底。从 2015 年 6 月，乐视入主酷派，成为第一大股东，创始人郭德英退居二线起，酷派旧臣老将就面临着这种局面。在乐视入主酷派后的一年左右时间里，为实现所谓平稳过渡，乐视表面上尊重了酷派原来的队伍和架构。

但从 2016 年 8 月开始，乐视对酷派伤筋动骨的人事安排就逐渐浮出水面：郭德英成为有名无实的荣誉董事长，贾跃亭成为实权在握的董事局主席，原来的酷派总裁李斌虽然还在总裁岗位上，但实权被大大削弱，从负责全面到只是主抓产品研发和供应链，并且贾跃亭从华为挖过来的刘江峰担任酷派总裁，与李斌并肩而立，掌握着酷派的实际大权。

这种安排，表面看起来是一团和气，实则显示东家易主之后的酷派已

经是暗流汹涌。酷派旧臣老将被削权和掣肘，处处被动，人心涣散。半年后，酷派旧臣老将都另谋出路，有的加盟 ivvi，另起炉灶。

ivvi 脱胎于酷派，成立于 2014 年 11 月，其形象代言人为新生代影星赵丽颖。或许，成立 ivvi 之初，郭德英就已经预料到旧臣老将有朝一日被清洗，得为他们安排一条后路。由于是酷派原帮人马打造的 ivvi，不排除将来成为酷派的一个劲敌，因为 ivvi 继承了太多来自酷派的 DNA，对酷派那是真正的“知己知彼”。

目前 ivvi 高管基本上是酷派原班人马。除了原酷派总裁李斌、副总裁曹井升、副总裁许奕波、万国强从酷派直接过去外，在乐视收购酷派前后，从酷派离职的其他高管高铜良、王德新等，都已经合流到一起，加盟了 ivvi，他们各司其职，干起了在酷派时最拿手的老本行。

乐视被酷派收购以后的一年多来，酷派业绩并没有明显好转，反而陷入前所未有的亏损泥淖。从这种业绩表现可以看出，在酷派高管与乐视派过去的刘江峰之间，表面上看起来风平浪静，实际上碰撞剧烈可想而知。原酷派旧臣老将选择离开酷派，加盟 ivvi，也是这种剧烈碰撞下无可奈何的选择。

业内观察人士认为，对急于提升手机业绩的乐视而言，收购酷派，核心价值不止在于获得酷派的品牌、渠道、研发、生产能力，同时也包括这些年酷派沉淀下来的宝贵的人力资源，否则，就无法实现乐视和酷派在文化上的融合，发挥不出强强联手的力量。

所以，无论是乐视老板贾跃亭也好，还是酷派现在的总裁刘江峰也罢，都要把整合酷派原来的人力资源作为一门重要课题来研究。但从目前酷派高管离职潮来看，无论是贾跃亭也好，刘江峰也罢，或许都缺乏容人胸襟。或许贾跃亭和刘江峰有自己关于重塑酷派的新规划，酷派旧臣老将在，让他们感觉芒刺在背——这才是酷派旧臣老将离职的深层次原因。

（2017 年 1 月 10 日）

联想集团 2014—2015 年财年第一季度财报显示，在国内智能手机市场中联想手机份额全国第一。可今天联想手机在国内排名差不多垫底了。杨元庆把责任往运营商身上推，为什么不自我反省一下呢

杨元庆怪营运商害了联想手机

前面不是地雷阵，就是万丈深渊。联想手机正处在这样一个生死节点上。

心有不甘的联想，正在放手一搏。

2016 年 6 月初，联想跑到美国，召开规模宏大的 Tech World 2016 大会，并发布了两款摩托罗拉智能手机。据说国内有 100 多个媒体记者雄赳赳气昂昂地飞越太平洋，去给联想助阵。

把科技大会放在美国，而不是中国，这样舍近求远，联想肯定是经过反复沙盘推演，深思熟虑后才敲定下来的。这里要传达什么信息？

不排除这种地点选择有受华为启发成分。现在华为把很多新品发布首发式搬到国外去了，做得很是“高大上”，为华为手机在海外市场拓展立下奇功。美国是科技强国，联想把科技大会放在美国，还真有“睥睨天下，舍我其谁”的英雄气概。但笔者猜想，联想去美国开科技大会，并非想炫耀科技实力有多强，因为联想还不具备这种能力，实际上联想是为了推摩托罗拉手机。美国是摩托罗拉的故乡，在美国，摩托罗拉拥趸众多，更容易唤起消费者的情怀，卷土重来要相对容易——而中国消费者早就把

摩托罗拉手机彻底抛弃。

联想集团董事局主席杨元庆在大会上用一句话表达了目的：联想要“在哪里跌倒就从哪里爬起来”，要“重振联想手机雄风”。

“重振”一词在这里有丰富涵义：曾经辉煌过，现在没落了，将来要重铸辉煌。

联想手机的过去、现在还是比较实事求是。但将来有待时间来验证，很大程度上不是靠做就能成的，还得看运气。在2011年、2012年，得益于“山中无猛虎，猴子称霸王”，联想手机一度坐上了国内智能手机市场占有率第一的宝座；但如今相继被华为、小米、OPPO、vivo赶超，手机成为2015年联想集团巨额亏损的主要业务单元。

2016年已经过去一半，联想手机这种萎靡不振的局面并没得到根本性改观。据统计，第一季度联想手机在国内市场出货量不超过300万台，之前五个月国内手机仅售出1000多万台，而国内手机出货量达到4.5亿台。

运营商害惨了联想手机？

联想给消费者更强烈的标签是电脑和笔记本，手机并非强项。联想曾经一度对手机业务并不看好，以一元的价格把偌大一个业务板块贱价卖掉。但移动互联网时代的到来，让联想清醒地意识到，如果手机做不起来，联想前途堪忧。所以，杨元庆称，联想做手机的决心和信心从来没有动摇过。

手机业务不起来就意味着联想未来黯淡无光。手机业务对于联想的重要性，联想内部都是心知肚明的，但就是使不上劲，效果也差强人意。杨元庆称，两年前联想走运营商道路，联想产品有竞争力，虽然低端产品较多，但运营商有补贴，利润尚可；现在运营商减少补贴，其市场占有率从半壁江山掉到30%以下。这是联想手机下滑的主要原因。从2016年一季度开始，联想壮士断腕，不再做运营商低端产品了。

杨元庆这话乍听起来有点儿道理，但细究起来，问题就多了。销售是自己在做的，而不是运营商给你做的，运营商只不过是一个销售渠道而已。运营商渠道确实给联想手机发展带来巨大促进作用。在做运营商渠道之前，联想手机的社会渠道做得也一般。有一次结束采访后与联想一高管聊天，笔者建议联想要像酷派那样，加强运营商渠道的拓展。后来联想确实从酷派那儿挖来运营商渠道高管，也一度做得风生水起，联想手机不能现在做不好了就怪罪运营商，这样说，不知运营商听了有何感想。况且做运营商渠道的，远非联想一家，其他品牌如华为、中兴、酷派等，都在做运营商渠道，他们一边耕耘运营商渠道，一边拓展其他渠道，如线下零售、线上电商。这也反应出联想做市场的态度较为被动。

把责任推给运营商，是在掩耳盗铃，事实上是联想自己把自己害了。如果稍微留心一下，我们不难看到，在运营商营业厅，在苏宁国美迪信通的线下实体销售平台，在京东商城、天猫等线上销售平台，都有联想手机在出售。换句话来说，华为手机有的销售渠道，联想手机一样也没落下。那么，到底是什么原因导致联想手机遭遇滑铁卢了呢？

原因多种多样。但归根到底，说穿了，还是联想手机的产品质量，以及手机给消费者留下的用户体验技不如人，在竞争中落了下风，导致新客户不愿买，客户流失十分严重。现在消费者越来越挑剔，由于使用频率最高、时刻不离手，消费者对手机的产品质量和用户体验比任何东西更为在意。当消费者第一次使用联想手机，如果感觉不如其他产品的话，那么以后就基本上不会再买了。

摩托罗拉不是联想手机救世主

联想选择在美国召开科技大会，发布摩托罗拉手机，是一件值得玩味的事情。

这些年联想做手机是屡败屡战，花过很多钱，想过很多招，但效果很不理想。为了改善专利不足，拓展海外渠道，联想不惜花费巨资，从谷歌手里把业已日薄西山，没有多少品牌价值的摩托罗拉手机业务并购过来。这桩当年被杨元庆认为十分划算的买卖，到现在也没看到对联想手机业务带来多少实质性促进作用。时间越往后拖，越被证实这桩买卖得不偿失，摩托罗拉手机品牌正在成为"鸡肋"！

现在摩托罗拉在中国市场基本处于无人问津的状况，即使发布新机，对改变这种状况恐怕亦是无事无补。因为现在中国消费者心目中，用摩托罗拉手机已经不是一件可引以为荣的事了。即使现在摩托罗拉归联想所有，姓"中"而不姓"美"了，摩托罗拉这个品牌并不会像华为那样让中国消费者产生荣耀感和自豪感，甚至连累到联想手机和联想品牌。这就让摩托罗拉处于一种十分尴尬的境地。

所以，联想选择在美国发布摩托罗拉手机可谓一种理智选择。因为美国毕竟是摩托罗拉故乡，在那里摩托罗拉拥有更广泛深远的影响力，摩托罗拉还能找到一批怀旧老客户。消费者除了购买苹果 iPhone、三星手机外，还有一小部分会把目光投射到摩托罗拉身上，他们不会因为摩托罗拉手机卖给了中国企业联想而放弃自己的购买行为。

但在笔者看来，把摩托罗拉发布地选在美国而不是中国，是联想集团一种极端不自信的表现，因为摩托罗拉早就姓中了，而且中国才是世界最大的智能手机市场；而联想在中国又是家喻户晓，妇孺皆知的大品牌，有联想帮衬，摩托罗拉都不能卷土重来，那联想手机重振雄风的希望又在哪里？

在联想收购摩托罗拉手机之初，笔者曾在文章中指出过，摩托罗拉已经是一个品牌负资产，对联想发展有害无益。现在看来，事情发展正在向着笔者当初的预言方向快步小跑——尽管联想还不甘心，抱有一丝幻想。

在联想那儿，摩托罗拉有三个作用：一是曾经的通信专利，二是曾经的品牌价值，三是遍布海外的销售渠道。通信专利可以弥补联想手机在知识产权上的短板；曾经的品牌价值已经荡然无存；而从目前来看，摩托罗拉的海外渠道并没有为联想手机销售带来好处。

所以，联想借发布摩托罗拉手机宣称要让联想手机重振雄风，这是一种痴人说梦，不切实际的打算。联想要重振雄风，不能靠摩托罗拉，而是要靠联想自己的品牌。据说摩托罗拉手机品牌给联想使用也不是无期限的，也就是说只有联想品牌才是联想自己的。在科技大会上推摩托罗拉手机新品，而不是联想手机，在一定程度上折射联想集团对联想手机在国际市场上打开局面并没有多少信心。什么时候联想在国际市场上把打着联想品牌的手机放在显要位置来推广了，联想信心就开始水涨船高了。或许，这取决于联想产品的质量能否大步地赶超上来。

纠正航向想说爱你不容易

在中国谈企业经营，大家都喜欢把华为和联想放在一起进行比较。因为他们都是改革开放后成长起来的中国企业，都是世界五百强，联想创始人柳传志和华为创始人任正非都是中国企业界教父级一样的传奇式人物。

但笔者认为，华为和联想有本质性区别。前者是以技术为导向的企业，科研创新是华为迅速发展的强大驱动力。而联想是以营销为导向的企业，杨元庆以及其手下的一大拨干将都是以营销见长。在笔者看来，营销都是花架子，没有多少技术含量，容易被模仿。而科研创新能力才是不可复制，不可替代的。或许把柳传志和任正非放在一起，两者可以勉强比一下。但杨元庆与任正非，完全不在一个档次上，两人的内功相差太远。杨元庆甚至比起任正非的弟子余承东来，相差的距离也不是最后一公里。在杨元庆带领下，联想已经从卓越归于平淡。在余承东带领下，华为手机实现了从小到大，由弱变强的蜕变。

与华为相比，在科研创新上，联想欠缺的东西实在太多了，这种差距也不是三年五载就可迎头赶上的。抨击联想没底蕴，或许杨元庆和联想员工不服。但放在与华为比较的语境下考察，联想不服还真不行。

或许做单纯的买卖，联想可能更精通，因为联想是一家贸易型公司，把华为产品交给联想来卖，华为产品的市场占有率或许更高。杨元庆是靠销售起家的，柳传志相中他，就是因为他是“销售奇才”。但现在杨元庆当家了，东西为何卖不好了呢？不是联想的销售能力不行，而是联想的产品不行。换句话来说，就是联想的产品竞争力过于平庸了。在山寨横行，华为、小米、OPPO、vivo这些后起之秀还没诞生或起来之前，联想手机还算过得去。但现在这些产品的质量和用户体验都在联想之上，这才是联想这两年来节节败退的根本原因。

产品是企业之本，如果产品做不好，企业要做大做强，那是在“耍流氓”。

现在的华为手机敢于叫板苹果。为什么？根本性原因在于科研创新。这些年，华为推出的手机，虽然每款都不是革命性的，但在微创新上，都有独到之处，都能给消费者不一样的惊喜。其他产品做得到的，华为都能做到；其他产品做不到的，华为也能做到，也就是说华为手机已经逐步实现了产品差异化。这就是华为手机越卖越贵，越卖越好的根源所在。

在研发上，华为每年都不惜投入重金，申请的发明专利，在世界大企业排名中数一数二。但联想研发投入少，成果更少。什么时候联想把技术创新放在重要位置来考量了，联想的方向就对了。

但联想要改变自己的惯性作法并不容易，得动大手术才行。所以，外人的建议对联想来说，没有多大作用。况且研发投入是需要花钱的，要耐得住寂寞。2002年华为都差点耐不住了，但幸运的是，华为挺住了，所以，越走越顺。现在要联想重走这条路，真的很难。销售型公司的一个明显特点是浮躁，缺乏技术研发的氛围和定力。在联想的考核体系中，往往也是做销售的，容易得到提拔。在华为，则是反过来。这种作法也让华为销售人才底蕴厚重，做起销售来，精通技术，是名副其实的方案解决专家，也更容易得到客户信赖。

（2016年7月6日）

联想集团作为全球PC端冠军的印象在中国人心目中已经存在很多年了。如果联想把这个丢了，那对杨元庆来说，就是不可承受之重，就真正坐实了杨元庆不能胜任联想掌门人位子的质疑

联想收购富士通为粉饰杨元庆业绩

曾经光彩熠熠的联想，光环正在渐渐褪去。发生这种根本性转变，在于联想创始人柳传志的退和现任联想集团总裁兼首席执行官杨元庆的上。

联想最辉煌的时候堪称中国企业样板，其三大业务板块不是世界冠军，就是中国冠军。其中PC和笔记本是世界冠军，手机是中国冠军。在老本行的PC和笔记本，联想目前虽然还是世界冠军，但优势已经大不如前。被追赶者超越已迫在眉睫。

在最近统计数字中，2016年第三季度PC端惠普已经迎头赶上，距联想只有0.1个百分点——这个差距在误差范围内。在手机领域，联想一败涂地——联想手机品牌曾与华为、中兴、酷派并驾齐驱，被称为“中华酷联”，组成国产手机第一阵营，甚至联想手机市场占有率全国第一，但现在前十都不是。

基于此，坊间对杨元庆执掌联想集团能力的质疑声浪不绝。

鉴于惠普咄咄逼人的进攻，联想不得不使出惯用招数：那就是买买买。最近传出联想集团已经确认收购日本第二大个人电脑制造商富士通PC业务的消息。

日本市场在世界PC市场版图中，排名第四。这笔生意，对于巩固联

想在日本市场的地位和份额，作用是立竿见影的。但要说这笔收购，对联想巩固在全球范围内的优势，却不见得有多大作用。因为富士通在PC领域做得本来就不强悍，与日本其他消费电子品牌不一样，富士通PC业务只能算是一个地区性品牌，只在本土市场有所斩获。当然，联想集团在日本的扩张，也是通过与NEC成立合资公司来实现。或许杨元庆盘算，通过收购富士通，可以帮助联想实现在日本个人电脑市场占有率超过40%，为其保住全球PC市场份额第一宝座加码。

为扩大或保住自己优势，买买买已经成为联想集团屡屡尝试的一种手段。当年为争取笔记本全球第一，联想上演"蛇吞象"，硬是花天价把IBM笔记本业务"买"为己有了。2014年为保住在中国市场手机份额第一，联想硬是把负资产摩托罗拉智能手机业务从谷歌那里接手过来了。现在眼见要被惠普超越，联想不得不再度出手，把富士通收至麾下，以延缓被超越的步伐。

但收购富士通就能保住联想PC端全球第一宝座吗？估计杨元庆自己都不能打这个包票。虽然PC端业务不景气，但2016年惠普卷土重来力度之大，出乎大家意料。如果联想不收购富士通，惠普完成对联想的超越，那是分分钟的事。正是在这个节骨眼上，联想集团才下定决心收购富士通的。换句话说，实际上联想收购富士通，就是为了保住杨元庆的面子——如果联想被惠普超越，那将掀起新一轮质疑杨元庆能力的热潮。

联想集团作为全球PC端冠军的印象在中国人心目中已经存在很多年了。如果联想把这个丢了，那对杨元庆来说，是不可承受之重，那就坐实了杨元庆不能胜任联想掌门人位子的质疑。

收购是需要真金白银的。目前尚不清楚联想要付出多大代价，但这笔费用肯定不小。这对于2016年联想集团财务无疑是雪上加霜。收购摩托罗拉就让联想集团陷入亏损泥淖难以自拔；收购富士通或许更加重这一状态。所以，联想收购富士通，恐怕是一桩赢了面子输了里子的买卖。

（2016年11月8日）

如今无可奈何花落去，陈晓已从家电圈销声匿迹，偶有提及，也仅是过往灰飞烟灭的记忆片段。被家电圈遗忘，对陈晓来说，是一种痛苦的选择

陈晓缘何落荒逃离家电江湖

在家电江湖里，原永乐电器创始人、原国美电器董事局主席陈晓堪称“一代枭雄”，其辈份之高、威望之重、成就之显，就连曾经多年蝉连中国大陆地区首富的国美电器创始人黄光裕都对他礼让三分，待为上宾。

当然，陈晓的名声是跨界的，不仅仅局限于家电圈，即使在全国范围内，亦是声名显赫。这得益于他与黄光裕之间的“战争”——由于与黄光裕之间爆发的“陈黄之争”，陈晓迅速扬名立万，成为与黄光裕齐头并进，家喻户晓的人物，在长达半年时间里，两人你来我往的一招一式都是各大媒体的头条素材。

如今无可奈何花落去，陈晓已从家电圈彻底销声匿迹，偶有提及，也仅是过往灰飞烟灭的记忆片段。被家电圈遗忘，对陈晓来说，是一种痛苦的选择。做出这种选择，是迫不得已的——其实，与黄光裕之争，陈晓的初衷是挑战霸主黄光裕，希望在家电圈更加轰轰烈烈。

在“陈黄之争”中，陈晓最终以辞职逃离家电圈而黯然收场。由于家电圈子太小，经陈晓这么一折腾，恐怕没有老板不对他敬而远之，甚至圈内一度流行“做人不能太陈晓，用人不能用陈晓”之说——在国美电器是呆不下去了，而永乐电器早在多年前卖给了国美电器，另起炉灶也不现实。

兴于家电，败于家电

在全国家电连锁领域卖场，曾经有“四大名角”之称，即国美电器的黄光裕、苏宁电器的张近东、永乐电器的陈晓、大中电器的张大中。

由此看来，陈晓在家电圈的江湖地位之高，鲜有人企及，堪称大人物。虽然比起国美电器的黄光裕、苏宁电器的张近东来，陈晓要稍逊风骚，但也算是打个喷嚏，家电圈都要感冒的角儿。

陈晓是典型的上海人，1959 年生，浑身上下透着上海人的精明、干练和商业气息。早在 1985 年陈晓就开始做起了家用电器的销售，比黄光裕和张近东入行更早，1992 年陈晓开始担任某国营家电公司常务副总经理。1996 年陈晓在上海创建永乐家电，任董事长。2005 年陈晓带领永乐在香港成功上市。

永乐电器在上海的强势，让积极布局全国的黄光裕眼热心跳，垂涎三尺。2006 年 7 月，国美电器以 52.68 亿元的代价在香港成功并购永乐电器。失去了永乐电器的陈晓并没有被永乐电器新东家黄光裕扫地出门，而是被待为上宾，受到格外礼遇和重用。在合并案正式落下帷幕的第 12 天，陈晓被黄光裕请到国美电器，委以总裁重任，成为仅次于黄光裕的二号人物。黄光裕希望与陈晓搭档，继续雄霸天下。这种结局，对陈晓来说，是意想不到的双赢，既套了现，又保住了位子。

在与黄光裕搭档的日子里，陈晓是要风得风，要雨得雨。国美电器也进入有史以来的最佳时期。如果没有后来的意外变故，陈黄两人一直这么下去，中国家电连锁的历史无疑需要重写，也不至于被苏宁张近东抢了家电零售第一把交椅的宝座。

中国的事儿往往计划不如变化快。2008 年，由于黄光裕牵扯内幕股票交易等罪名被捕入狱，为日后国美电器发展与陈黄的合作埋下变数。在黄光裕入狱后，2009 年陈晓顺理成章地成为国美电器董事局主席，替代黄光裕成为国美电器实权在握的头号人物。

当然，陈晓是个明白人。他虽然贵为国美电器头号实权人物，但这个董事局主席前面隐身着“代理”二字，其背后始终站着黄光裕。换句话来说，陈晓觉得自己是生活在黄光裕的阴影之中，这让陈晓感觉芒刺在背。

在确认黄光裕面临漫长刑期之后，陈晓动起了心思，想趁着黄兴裕服刑之际，将国美电器牢牢控制在自己手里。如果能够得偿所愿，那国美电器就成了当年完全掌控在自己手里的那家永乐家电了。经过精心准备，陈晓争取了贝恩资本以及黄光裕当年部分旧部的支持，发动了夺取国美电器控制权的“陈黄之争”。

这场战争持续很久，双方消耗很大。政变发动者陈晓低估了黄光裕的根基和能量。国美电器是黄光裕创立并带大的，是国美电器第一大股东，在国美电器普通员工和广大中小股民心中，黄光裕与国美电器差不多是划等号的。所以，尽管身陷囹圄，广大中小股民还是选择站在黄光裕一边，最终陈晓功亏一匮。争执结果是双方精疲力尽，国美电器被苏宁电器趁机超越。

较量中，随着时间推移，大股东黄光裕逐渐占据上风；职业经理人陈晓逐渐只有招架之功，没有还手之力。2011 年 3 月，国美电器发布公告，陈晓被迫辞去国美电器董事局主席职务。这次辞职，不仅宣告陈晓在国美电器职务的终结，从目前来看，似乎也为陈晓在家电圈划上了一个并不完美的句号。

贪欲支配 恶向胆边生

围绕国美电器控制权而展开的“陈黄之争”，在 2010 年 8 月到 2011 年 3 月轰轰烈烈地上演。

虽然现在已经尘埃落定，但资本市场那种波涛汹涌、扣人心弦的争斗，给中国企业上了生动一课。

或许当初，在发动这场“政变”之前的沙盘推演中，陈晓觉得胜券在握。如果没有必胜把握，他也不会揭竿而起，革老板的命。陈晓准备工作做得很到位，从内部来看，他以股权激励的方式，把在国美电器掌权的黄光裕的大部分旧部收买了；从外部来看，他得到了贝恩资本等的支持；加上黄光裕在狱中，行动不便。所以，陈晓以为万事俱备，只欠东风了。

那场争夺，从一开始，陈晓貌似占了上风。但没想到身在狱中的黄光裕仍能运筹帷幄，双方旗鼓相当，众多中小股民坚定地站在创始人黄光裕这边，这成为陈晓兵败关键。随着时间推移，黄光裕逐渐掌控了国美电器局面，陈晓去留就是时间问题。

路是人走的，事是人做的。尽管不能回头再来，但有时候做些假设，倒可以起到“前车之覆，后车之鉴”的作用。

陈晓加盟国美电器之初，黄光裕把陈晓当宝一样对待，疼爱有加。在黄光裕身边的人，没有谁被他如此厚爱和珍惜过。黄光裕把陈晓请过来，并没将其当作一个“打工皇帝”，在国美电器，除了股权，陈晓拥有的一切，均参照黄光裕的标准。开的豪车、用的办公室，都是一模一样的，甚至黄光裕担心陈晓初来乍到，不习惯北方饮食，经常把陈晓叫到家里，给其开小灶。

可以说，黄光裕对陈晓是有知遇之恩的。如果撇开商场如战场那一套，按照中国礼仪，陈晓对黄光裕应当知恩图报，特别是在黄光裕锒铛入狱，国美电器面临空前难关的时候，陈晓应该挺身而出，为黄光裕稳定国美电器大局，帮助国美电器共度难关，而不是趁人之危，落井下石。

如果陈晓没有背叛，那他肯定是国美电器的有功之臣。黄光裕与陈晓之间，也是患难见真情的生死之交，而不是现在这种生死冤家。

当然，这只是我辈一种书生意气的猜测。毕竟陈晓是商人，而不是书生，他想的，与我辈想的，完全不是一回事儿。说白点，当年的“陈黄之争”，实质就是陈晓希望趁黄光裕坐牢之际取而代之。这种贪念就像阿房宫的那把火，把陈晓在家电圈的形象烧毁了。

职业经理人的不诚信标签

2011年3月，从国美电器辞职后，陈晓并没有看开放下，而是开始了颇有争议的报复行动，发泄心中怨气。

2011年4月底，陈晓在接受媒体采访时称："那些股票很快我就会卖掉，因为国美电器的股价在我看来不可能再涨了，而很多机构已经选择了撤出，从机构云集的热门股票到现在成为散户的集中营，这样的股票在投资价值上是没有前途的。"

对国美电器的经营模式，陈晓也开始了攻击："现在国美电器采取的是卖场经营模式，也就是卖场成为了一个不承担任何风险的收费场所，而供应商要进入国美电器就必须要承担巨额的费用，最终这些供应商为了业绩将不断增加的成本转嫁到了消费者身上，这导致国美电器在商品价格上实际上已经成为了各种渠道中最高的，同时对于供应商来说其费用也是最高的，这样的渠道必然会被淘汰。"

甚至直接爆料称国美电器内部存在巨大的财务漏洞。

作为刚刚从国美电器董事局主席位置上退下来的陈晓，这些表态，在媒体上引发了轩然大波，也引起了国美电器强烈不满，愤而将陈晓告上法庭。2012年12月19日，北京市二中院"二中民初字12518号"民事判决国美胜诉。陈晓不服提出上诉。2014年11月19日北京市二中院再次判决国美胜诉，对国美要求陈晓返还1000万元对价的诉讼请求予以支持。

陈晓所作所为，在职场引发热烈讨论。媒体和网友普遍认为，作为职业经理人，陈晓应该要具备一般职业人的操守，要信守契约精神，坚持职业经理人应坚守的底线。

当然，离开国美电器后，陈晓已不在家电江湖上了，而是转做投资人，其首个投资项目是"名巢靓家"的家居卖场；其后又将投资目光转向二手汽车市场，成为一家二手车超市的二股东。现在陈晓的兴趣主要放在生物科技和互联网技术上。

人无信，行不远。但无论做什么，先做人后做事，诚信是一个人立足于世的最起码的要求。

（2016 年 9 月 20 日）

事实证明，“人治”让作为雷士照明创始人的吴长江在创业初期，将雷士照明迅速打造成行业的知名品牌发挥了重要作用。但随着企业规模增大，特别是在引入风险投资并上市后，吴长江的“人治”情怀，受到资本市场诟病

“人治”误了吴长江

早前轰动一时的雷士照明控制权之争，以前雷士创始人吴长江获刑入狱告终。

2016 年 12 月 22 日，雷士照明（中国）有限公司原法定代表人、董事长吴长江因挪用资金罪、职务侵占罪一审被判处有期徒刑 14 年，并处没收财产 50 万元，责令其退赔 370 万元给受害单位重庆雷士照明有限公司。

这一判决，意味着持续近三年的雷士内斗风波尘埃落定。

对雷士内斗进行复盘，在唏嘘吴长江作为创始人“两进三出”的坎坷命运之时，更能明显感知到其个人在公司管理上“人治”色彩极为强烈。或许正是这种缺乏契约精神的“人治”，让吴长江在资本市场走上了不归路。

孟德斯鸠在《论法的精神》中指出，“一切有权力的人都容易滥用权力，这是万古不变的一条经验。”此语虽有片面性，却道出了人治思维的弱点，其重要特征在于不按规律、规则、程序办事。

回顾吴长江的雷士治理之路，不难发现，其骨子里始终是民营企业家“自己的王国自己做主”的思路。起于草莽的吴长江，曾直言“我相信伟

大的人性治理，而不是虚伪的契约精神"；熟悉吴长江的人评价他"讲义气，顾兄弟"；在公共场合，吴长江也曾多次称自己为"雷士老大"。

在推进雷士前进的过程中，与经销商斗智斗勇，吴长江建立起一套自己的变通经验，也让他迷信规则之外的东西。

不可否认，在企业发展初期，"人治"是不可避免的治理手段。事实证明，"人治"让作为雷士照明创始人的吴长江在创业初期，将雷士照明迅速打造成行业的知名品牌发挥了重要作用。但随着企业规模扩大，特别是在引入风险投资并上市后，吴长江的"人治"情怀，受到资本市场诟病。

被吴长江奉为圭臬的"人性治理"理念，在这次判决中被讽刺了。广东惠州市中级人民法院的判决书指出，经法院查明的关键事实包括：将流动资金存款转为保证金是吴长江的个人决定，没有经过雷士照明控股有限公司授权以及雷士照明（中国）有限公司董事会决议通过；4 家贷款公司为其本人实际控制；贷款发放后，均由吴长江个人支配使用。

而王冬雷也曾细数过吴长江的"几宗罪"，如吴长江通过其控制的二级子公司，设计绕开上市公司的财务监管，伙同其弟吴长勇侵占或挪用上市公司资金；吴长江不经过董事会便将集团总部从惠州迁至重庆，获得当地政府2000 万元优惠资金和土地，又没有纳入上市公司；吴长江曾与山东雷士、重庆恩维西和中山圣地爱司签署过协议，授权这三家关联公司使用雷士照明品牌（商标）20 年，但董事会的多数成员之前对此不知情。

从资本角度看，吴长江上述做法显然与现代企业治理规范背道而驰。吴长江固守的"人治"与"经验主义"，和资本标榜的"现代治理"，成为两种气质迥异的哲学，由摩擦引发争斗，最终将雷士撕裂。

按照现代企业制度，资本有最终决定权。在与资本对接前，"吴长江说了算"是规则；在与资本对接后，"大股东说了算"才是规则。

吴晓波在其《大败局》中曾写道，中国许多企业家的体内潜伏和滋生着一种共同的“失败基因”，“许多企业家则缺乏对游戏规则的遵守和对竞争对手的尊重”。吴长江奉行“伟大的人性治理”背后，正彰显了其对资本市场游戏规则的藐视。

在中国现有环境下，“法治”与“规则”当道，企业治理必须走向制度化、规范化，江湖式管理该体系。

吴长江已成历史，但他注定不会是最后一位，在热闹的资本市场，创投博弈只会裂变式增加。如何完善公司治理的规范化，由“人治”晋升为“法治”，应当成为中国企业家必修的一门功课。

（2016 年 12 月 23 日）

康佳集团要化蛹成蝶，确实要从"一把手工程"入手。面向社会进行公开竞聘，这种不拘一格选拔人才的方式，为康佳找到了一把解决目前困境的金钥匙，也被康佳集团自我评价为"迈出自身巨变的一大步"，对于一个以论资排辈为晋升机制的老牌国企来说，要做到这一点，实在难能可贵

70 后周彬竞聘上岗 康佳谋变难化蛹成蝶

早在 1984 年即进军彩电制造业的康佳集团，曾经做到了领头羊，无可争议地跻身于国产品牌第一阵营，与创维、海信、TCL 和长虹并称国产家电"五朵金花"。但从 2010 年开始，康佳开始走下坡路，到 2015 年达到亏损巅峰，窟隆接近 13 亿元，至今都没回过缓过来，被挤出彩电品牌第一阵营。

2015 年是康佳集团最困难的一年。其大股东华侨城集团抢了康佳集团的土地用作房产开发，加之经营不善，引来中小股东的不满，导致康佳集团出现中小股东变局，控制董事会，罢免高管，陷入巨大动荡中。这场纷争几乎让康佳集团真气耗尽。

平衡各方诉求，止息纷争，重新调整领导班子，帮助康佳集团走出困境，成为其迫在眉睫的话题。基于此，2016 年 12 月，康佳集团发布公告，面向社会公开选拔包括总裁 1 人、副总裁 3 人、董事局秘书 1 人、财务总监 1 人在内的 6 名企业高管，希望以大换血来获得各方认可，维持康佳集团高管团队的稳定。

最近公开竞聘水落石出，康佳集团公布了新的人事决定：1979 年出生的康佳老人周彬过关斩将，从近50 名竞争者中脱颖而出，出任康佳集团总裁职务。

康佳集团董事局主席刘凤喜表示：通过竞聘，康佳集团建立起了一支想干、能干的队伍。

刘凤喜的表态让外界意识到，康佳集团的各种利益纠葛方暂时马放南山，刀枪入库，让康佳集团重返良性发展轨道成为各方最大公约数，康佳集团走出困境几乎指日可待了。

对于老牌康佳，作为一名产经观察者，笔者希望其早日峰回路转，重回正轨。但从康佳集团这次声势浩大的选拔来看，其结果能否给康佳集团带来一片光明，尚是一个未知数。

仍然还是“康佳老人”当道?

从康佳集团内部曾经的混乱、纷争、业绩下滑来看，康佳集团各种问题的出现最终体现在频繁的高管人事变动上。所以，解决康佳集团各种问题的突破口，也可以归结到人事上来。

无论是大股东华侨城集团，还是康佳集团内部，甚至是中小股东，对这个问题都心知肚明。面向社会进行公开透明的高管竞聘选拔活动，其目的，也是希望借此来平衡各方利益，解决各方矛盾冲突，走出停滞不前的发展困境，让康佳集团重返正常轨道。

既然康佳集团各种利益相关方无法解决这种棘手的人事问题，将其放在社会监督的大背景下，通过公开透明、公平竞聘的方式，让大家都能接受，倒不失是一个好办法，至少可以让难以协调的各方无话可说，接受结果。

在深圳那块热土，康佳集团算不上一流企业，而且已经今不如昔了，但康佳集团毕竟还算是大企业、大品牌，其公开竞聘高管的消息一出，也是一石激起千层浪，让各路英豪跃跃欲试，纷纷投上简历，希望一试身手。据康佳集团公布的资料，这次公开竞聘吸引了来自全国各大知名企业、上市企业以及康佳集团内部共150余人报名，其中竞聘总裁岗位的就达47人。

但很多参与竞聘的人感觉这次公开竞聘并不公平。结果亦如竞聘前的猜测，最受瞩目的康佳集团总裁岗位最终花落康佳老人周彬之手，几乎没有悬念。对这种结果，业界颇有微词，尤其是应聘者，在他们看来，似乎一切早就内定好了。

周彬是不折不扣的康佳老人。2001年大学毕业后即加盟康佳集团，曾在康佳多媒体事业部、集团品牌管理中心、营运管理中心等多个部门工作过，既对康佳集团熟悉，又积累了丰富人脉，这些是他战胜外部竞聘者的法宝。对周彬的胜出，业界都认为是其"在一定程度上凭借自己在康佳内部颇为完整的履历"。在出任总裁之前，周彬从2015年开始便出任康佳集团董事局主席助理，协助总裁开展日常经营管理工作。

康佳集团另一个一把手——董事局主席刘凤喜，也是一位康佳老人。刘凤喜与周彬共事多年，在公开竞聘之前，两人就一起搭起了班子，共同治理康佳集团，配合默契。业内有人质疑这种公开竞聘只是走个形式，借助公开竞聘，以便让周彬上位更名正言顺，不至于让其他人，尤其是曾经闹事的中小股东说三道四。

蝶变还是新瓶装旧酒?

公开财务数据显示，2015年康佳集团亏损接近13亿元，2016年勉强扭亏为盈，赚了1亿多元。

康佳集团的厄运是从2010年开始的，当年只赚了不到一个亿。从那以后，康佳集团的市场地位不断下滑，从领头羊地位到被挤出第一阵营，成为中国家电业"最动荡"的公司之一。

这种不景气状况让中小股东对大股东华侨城极为不满，2015 年小股东揭竿而起，主导了康佳管理层的变革，但由于缺乏行业管理经验和驾驭这艘巨型家电航母的能力，康佳集团陷入人事动荡和管理混乱，以致陷入亏损泥潭。

扭转康佳集团困局的关键，在于找到这艘航母的合适驾驭者。众所周知，在现代企业经营发展中，合适者是决定性因素，特别是当企业处于内忧外患中的时候，更考验舵手的能力，“一把手”几乎决定了企业的生死存亡。

康佳集团要化蛹成蝶，确实要从“一把手工程”入手。面向社会进行公开竞聘，这种不拘一格选拔人才的方式，为康佳找到了一把解决目前困境的金钥匙，也被康佳集团自我评价为“迈出自身巨变的一大步”，对于一个以论资排辈为晋升机制的老牌国企来说，要做到这一点，实在难能可贵。

虽然形式是好的，但内容呢？

从康佳集团公开竞聘的结果来看，这次竞聘，或许给康佳集团带来的前景并不令人乐观，这次公开选聘依然是新瓶装旧酒，尽管高管团队里也充实了一些年轻人，但并没有引进更多外部力量，“山还是那座山，梁还是那道梁”，康佳集团依然是康佳人的集团，没有出现太多改变，康佳文化仍然对康佳集团起着决定性作用，没有发生根本性改变。

当然，这次公开竞聘，是康佳集团各方相互妥协的结果，有利于康佳集团稳定，为拓展市场赢得时间。如果说刘凤喜和周彬上台，就能让康佳集团重振旗鼓，脱胎换骨，估计也不现实，毕竟彩电业已经进入成熟期，发展空间不大，而且还要面对乐视、小米的搅局。

（2017 年 4 月 12 日）

第四辑

激战3C

如上市，华为市值多少？将造就多少富豪？

旗舰之争力压iPhoneX：华为这次动用了“核”武器

腾讯系以人民的名义狙击阿里新零售封锁品牌

腾讯抗击苹果，微信助国产击杀“爱疯机”

iPhone的冬天来了 苹果跌落神坛

高通专利授权模式的背后力量

苹果借高通专利搏奕冲击国产手机

苹果暗渡陈仓，高通再次提告

三星手机的命运不掌握在自己手里

三星“吃相难看”，苹果加速去三星化

华为超车良机：Note7连环炸致手机版图重新划分

Note 7在飞机上自燃，三星召回努力泡汤

Note 7翻新上市，启动自毁程序

沦为旗舰配角，三星Note 8四面楚歌

非手机，非Mate l0！三星最怕华为什么？

LG手机在华惨淡经营 或成下一个跌倒品牌

联想手机凭啥进世界前三？

……

包括阿里、腾讯在内，世界上没有哪个企业上市，能像华为那样创造那么多富豪。因为华为股权分散，那些重要的、资深的员工，在华为都持有股权，而创始人任正非持有的股权，甚至不足2%。所以，华为如果上市，将有成千上万人跻身于亿万富豪行列

如上市，华为市值多少？将造就多少富豪？

从2008年金融危机到现在，虽然全球经济不景气，但中国股市却依然火爆，股价和市值屡创新高。

最近，在A股市场，贵州茅台势如破竹，股价突破700元大关，市值高达9000多亿元，冲刺万亿市值大关；以流通市值计，贵州茅台在中国股市上仅次于工商银行、中国石油和农业银行，排名第四。

在港股市场，腾讯股价冲破400港元，市值达到3900多亿港元。在美股市场，百度股价约240美元，市值直指千亿美元。阿里巴巴股价奔袭200美元，市值剑指5000亿美元。

优秀中国企业在股市上的卓越表现，让国人热血沸腾，奇思异想接踵而来。在中国人心目中，茅台、百度、腾讯、阿里都是优秀企业的代表，但最优秀的，恐怕多数人认为还是华为。所以，他们一直在想，如果华为上市，股价最高可达多少，市值可达多少，将产生多少腰缠万贯的富豪？

尽管华为创始人任正非一再表示，不会走IPO道路，但并不妨碍我们研究华为上市可能带来的生化反应。

华为最适合的不是美国、不是香港，而是中国 A 股

在全球都具有深远影响的华为，无论在哪儿上市，都是全球企业界的大事。以前做企业，都是靠买卖产品和服务；现在做企业，要上规模，都要坚持两手抓，两手都要硬，一手抓产品和服务，一手抓资本运作，二者相得益彰。

体量达到华为这种规模，年产值在 5000 亿元人民币以上，跻身于世界 500 强名单，但没有上市的，估计就只有华为这一个异类了。华为的竞争对手，无论是做手机业务的苹果、三星，还是做通信设备的爱立信、诺基亚，无论是做企业业务的思科、IBM，还是做芯片业务的高通、英特尔，都是资本市场上的英雄，股价表现强劲。

对任何一家企业而言，上市都是其发展道路上的里程碑事件，对品牌重塑、市场拓展、管理提升、研发促进等，都是一次“质的突破”——目前华为运营的各个环节，都已经严格按照上市企业的要求在有条不紊地进行，只要有想法，那是分分钟的事。

如果华为上市，选择在哪儿好呢？

其实，作为中国企业国际化运作最成功的跨国企业，华为在哪儿上市投资者都会买账。如果选择在美国或者香港上市，有利于整合全球资本为华为背书，成为一个从各方面来讲都是全球化典范的中国企业。

但在美国和香港上市，表现卓越的企业并不多见，市值有可能被严重低估。对标天猫的京东，在美国股市，其市值就只有阿里的 1/6 左右。因不满美国和香港股市表现，花天价返回大陆股市的企业越来越多，最近 360 就作价 504 亿元借壳江南嘉捷，计划从美股回归 A 股。

此外，在美国和香港股市，中国企业更容易被国际资本大鳄盯上，被做空以牟利。

而选择在中国 A 股上市，可以实现华为价值最大化。因为国民对华为

拥有更强烈的自豪感，股民都希望能够轻松自由地买到华为股票，而不是需要中间环节，更不是可望而不可及的美股。现在中国人民有的是闲钱，最优秀的中国企业就应该让中国股民享受资本狂欢，一起分享华为成长带来的红利。

市值可达多高，将产生多少富豪？

如果华为上市，股价和市值到底可达多高？

股价可能没法预估，因为制约性因素太多，而市值是有参考对象的。华为与苹果和三星极为类似，这三家企业将来的竞争将更趋激烈。目前苹果市值全球第一，市值高达8000多亿美元；三星市值最近也突破了两万亿元人民币。如果华为上市，其市值应该介于苹果和三星之间，即两万亿元人民币到五万亿元人民币之间。

虽然目前华为体量距离三星有一定距离，但这并不等于在资本市场上的表现，华为就比三星差。目前中国企业腾讯和阿里的营收远在三星之下，但市值都在三星之上。

华为以前的主要业务是云管端，但现在有四个方面，即通讯设备、消费者终端、企业业务和半导体业务。按照各大业务对标企业，都可以找到参考目标。通信设备业务，爱立信目前市值为202.45亿美元，但爱立信已经落后华为太远；消费者业务上，三星目前市值为两万多亿元人民币；企业业务上，目前IBM市值为1379.43亿美元；半导体业务上，高通目前市值为983.56亿美元。当然，华为市值不是四者相加，但可以映衬出华为市值的区间范围。

腾讯和阿里，是在香港股市和美国股市表现最牛的中国企业，目前市值都在4000多亿美元，在向着5000亿美元大关发力冲刺。如果上市，华为的表现肯定不比腾讯、阿里差——当然，并不是一上市华为就有如此表现，而是有一个持续上涨过程——支撑华为股价和市值上涨的是华为的规模、高成长业绩和巨额利润。

2016年华为营收总额超过了5000亿元人民币，大致相当于1.5个联想、5个格力电器、5个中兴、5个阿里巴巴、6个比亚迪、6.5个小米；约等于万达和万科之和；超过腾讯、百度、阿里总和。所以，如果华为上市，市值应该在阿里、腾讯之上。

从前段时间的胡润富豪排行榜上可以看到，阿里系在榜单上众星闪烁，财富之巨，数量之多，让人叹为观止。2004年腾讯上市，原始股造就了5位亿万富翁，7位千万富翁，100多位的百万富翁。到现在总市值4000多亿元人民币，意味着当年1元原始股，现在变成约50万元。2005年百度上市，原始股创造了8位亿万富翁，50位千万富翁，240位百万富翁。

如果华为上市，可以造就多少富豪？

可以肯定地说，包括阿里，腾讯在内，世界上没有哪家企业上市，能像华为那样创造那么多富豪。因为华为股权分散，那些重要的、资深的员工，在华为都持有股权，而创始人任正非持有的股权，甚至不足2%。所以，华为如果上市，将有成千上万人跻身于亿万富豪行列！

当然，这些目前只是乌托邦。华为创始人任正非对华为有明确指示，那就是不上市。只要任正非仍在掌控华为，华为上市就是一件不可能完成的任务。

（2017年11月26日）

智能和智慧，一字之差，但有天壤之别。华为 Mate 10、Mate 10 Pro 的问世，既宣告了手机行业新纪元的到来，也宣告了手机智造正式进入中国时代

旗舰之争力压 iPhoneX：华为这次动用了“核”武器

最近一篇刊登在福布斯上的全球最佳手机评选中，华为 Mate 10 Pro 力克劲敌苹果 iPhone X 和三星 Galaxy Note 8，一举夺魁。这是中国手机首次登上世界第一的宝座，意义重大，亦势必影响深远。风乍起，平地一声惊雷，吹皱一池春水。AI +5G 时代将至，霸主的宝座能否易主?

开启智慧手机的新时代

智慧手机是一个全新的名词，华为 Mate 10 和 Mate 10 Pro 当之无愧。这个新名词的出现，标志着手机发展跨入一个里程碑式的新阶段。让人扬眉吐气、精神振奋的是，这次轮到中国品牌来引领变革潮流了。

从功能机到智能机，从智能机到智慧机，虽然只是一字之差，却有本质上的区别，是手机演进过程中的脱胎换骨的进化。

手机发明者是摩托罗拉，智能机问世的头功则归于苹果。前两次都是美国企业在唱主角。智慧机的横空出世，则是中国企业独立潮头——2017 年 10 月 20 日，华为发布了全球第一款智慧手机 Mate 10 和 Mate 10 Pro，拉开了手机从智能时代向智慧时代升级换代的序幕。

2007 年，伟大的乔布斯赤膊上阵，激情洋溢地向地球人介绍了苹果第

一代 iPhone 手机。iPhone 的问世引领着手机从功能时代跨进智能时代。凭着一款 iPhone，苹果这个当年手机行业的"门外汉"，居然"会当凌绝顶，一览众山小"，当仁不让地成为手机行业的"王者"，雄霸了手机江湖已经整整十年。2017 年，苹果推出了十周年纪念版的 iPhone X——十年正是手机出现颠覆性创新的周期；但在 iPhone X 身上，这种让人眼前一亮的创新并没如期出现，与华为、三星的同期旗舰机相比，iPhone X 已经泯然众人矣。这正是 iPhone X 销售远不如苹果以前新机火爆的根源。

没有了乔布斯，地球照常在转；苹果拿不出颠覆性创新，手机行业照样阔步向前。这次完成这一使命的，是一直把苹果作为超越对象的中国手机品牌华为。在此消彼长、新旧交替中，苹果 iPhone 开启的智能手机时代正在走向谢幕，而华为的目标却已经瞄准了未来的智慧手机以及 5G 下的万物互联时代，Mate 10 和 Mate 10 Pro 为我们推开了一道窥探未来的门缝，而我们看到的是智慧手机新时代迎面而来。

新旧更替是用产品来说话的。决定产品话语权的，则是其性能；性能上没有质变，谈不上新旧更替。行业发展到今天，一部小小的手机已经成为高精尖科技的集大成者，应用性微创新层出不穷，但微创新掀不起大风浪，堪称革命性的创新姗姗来迟——这种大创新既不是全面屏技术，也不是指纹解锁、面部识别、虹膜识别技术；而是在给手机发展带来质的飞跃的运算能力，即手机芯片上。

Mate 10"必杀技"：独立神经网络单元

为什么要突出强调手机芯片的运算能力？

随着万物互联时代的到来，信息更加包罗万象，缤纷复杂。作为我们处理信息的助理，手机如何识别、归纳、总结、梳理这些信息，快、准、狠地抓出有效信息，迅速找到解决问题的思路和办法，将成为一项基本技能和起码要求。做到这一点，手机就要聪明，具备人一样的"智慧"，可以深度学习，独立思考。由此可见，运算能力是智慧之源，未来手机的核心竞争力将聚焦在芯片上。

其实，芯片的较量早已开始。作为世界三大主流手机品牌，华为、苹果、三星的高端旗舰机分别采用了不同的芯片。苹果 iPhone X 采用的是由苹果自己设计、台积电代工的 A11 芯片。三星 Galaxy Note 8 采用的是高通骁龙 835 芯片。华为 Mate 10、Mate 10 Pro 搭载的是华为自己设计研发的华为海思麒麟 970 芯片。

目前市场上三款主流的尖端旗舰机是苹果的 iPhone X、三星的 Galaxy Note 8、华为的 Mate 10/Mate 10 Pro，其竞争虽然是综合的，体现在方方面面，但最核心、最有差异的竞争，从某种程度上其实就是三种芯片 A11、骁龙 835（未来甚至是 845）与麒麟 970 之争。

苹果 A11 Bionic 拥有一个 6 核心 64 位 CPU，其中包括两个高频核心和 4 个低频核心，共 43 亿个晶体管，集成度更高，在多线程任务下的表现比 A10 Fusion 快了 70%。至于三星 Galaxy Note 8，采用的高通骁龙 835 芯片，已经是一款十分普及的芯片，安卓阵营多个品牌的多款旗舰机都采用骁龙 835，同质化竞争严重。无论是苹果 A11 芯片，还是骁龙 835 芯片，都沿袭原来传统的计算方式，即通过使用 CPU + GPU + DSP 来实现，有相当大的局限性，再突破的空间有限。

华为 Mate 10 和 Mate 10 Pro 搭载了独门暗器即麒麟 970 处理器和 EMUI 8.0 系统，运行更畅。麒麟 970 芯片上集成了 55 亿个晶体管，比苹果 A11 多出 1/4，在芯片上首次集成 NPU（神经网络单元），是全球首款人工智能芯片。每个 NPU 自成体系，能够独立单兵作战，又能“团结就是力量”，具有无限想象的发挥空间，将来前程无限。麒麟 970 芯片让华为 Mate 10 具有智慧，不再是被动接受指令的工具，可以深度学习，独立思考，找到解决问题的办法，从而打破人与手机的割裂状态，做到知你、懂你，给出你想要的答案。

当然，对于非专业用户，独立神经网络单元是一个比较陌生的概念，其作用对手机来说到底意味着什么，找到一个类似的比喻，或许一切就豁然开朗了。

独立神经网络单元之于手机就相当于浮点运算单元（FPU）之于电脑。三十年前的286、386，在电脑发展过程中，是典型的“慢动作”，极慢无比，开个机都有可能要等上一顿饭的功夫，一些稍微复杂的运算处理，有可能难以胜任。但从486起，英特尔把FPU集成到CPU内部，帮助电脑在运算能力上实质了质的飞跃，使电脑从“拖拉机”进化到“汽车阶段”。华为把独立神经网络单元集成到手机芯片上就相当于当初英特尔把FPU集成到电脑芯片上，开启了手机运算方式的新纪元。

神经网络具有旺盛的生命力和丰富的表现力，可以在从微处理器到CPU、GPU、甚至DSP的处理器上运行，大大提升效率。神经网络是“机器学习”中的“教”，以区别分辨不同“事物”的技术。“神经网络”由很多“神经元”组成，这些“神经元”接收输入信号，通过网络再向外传播信号。即使以前没有的信息，经过神经网络进行训练，大量“样本”和预期结果被注入到神经网络中，经过各种各样的阈值反复微调，不断产生接近预期，并自动输出预期结果。

麒麟970与A11和骁龙835的最大不同就是专门设置了NPU硬件芯片，在处理静态神经网络模型上具有得天独厚的优势。当App在使用图像、声音、语音识别的时候，不再需要网络连接或者云服务，就能实现本地处理，从而极大地提升和加强App的使用体验。当我们来到某个陌生的城市，只要通过相机App就能找出当地地标；App也能做好我们的保健医生，智慧地识别食物并给出相应卡路里数值、提醒食物过敏等。

工作原理和方式截然不同，正是苹果A11、骁龙835、麒麟970的本质区别，这也决定了其工作表现和未来发展空间。业内专家认为，麒麟970集成的独立神经网络元将在未来五年内对芯片设计产生深远影响，并为用户使用场景带来跨越式体验。

智能和智慧，一字之差，但有天壤之别。可以肯定，华为 Mate 10、Mate 10 Pro 的问世，既宣告了手机行业新纪元的到来，也宣告了手机智造正式进入中国时代；华为此前将苹果视为挑战的最大劲敌但也是学习的榜样，而麒麟970 正是 Mate 10、Mate 10 Pro 引领创新潮流，击杀 iPhone X 的“神秘武器”。

（2017 年 11 月 26 日）

作为中国当代商业史上的两架马车，马云和马化腾两人聚首，谈笑风生，推杯换盏，觥筹交错的画面不断见诸媒体。所以，腾讯系这种反阿里，也并非字面上传递的信息这么“简单粗暴”，其实质就是反对阿里系的品牌封锁，提倡一种台面上的竞争，让平台、厂商、消费者实现多方共赢

腾讯系以人民的名义狙击阿里新零售封锁品牌

新零售战场一经开启就进入白热化状态，正在迅速演变成以阿里和腾讯为龙头的两大阵营的贴身搏杀，从线上电商到线下实体店，新零售竞技以秋风扫落叶之势，席卷中国商业领域。

一切才刚刚开始。2018 年，两大巨头阵营的战争，将更加胶着，围绕数据流量入口之争、流量变现之争、商超支付入口之争、垄断与反垄断之争、正当不正当的手段都将粉墨登场，就像第三次世界大战一样惊天地泣鬼神，惨烈空前。

这场新零售之战，是商业世界秩序的质变，来势汹汹。估计难有商业实体不被卷入其中，做到独善其身；包括购买体，即消费者都无法置身事外。

两大针锋相对阵营形成

掀起新零售大战的始作蛹者是阿里巴巴。在商业战略大师马云策划布局下，以新零售为旗帜，阿里系线上线下快速整合，形成了一个强大的多

兵种作战的兵团，开始攻城略地，破坏原有的商业生态，重建新的商业秩序。在2017年双11前后达到高潮，众多品牌被迫“二选一”。

事情的起因是京东商城以服饰品类作为新的增长点，进行积极拓展，取得了卓有成效的增长，触动了阿里神经，激化了双方由来已久的在多个领域的激烈交锋。事实上，京东反应并不敏锐，早在数年前，阿里就在联合苏宁，开始进攻京东商城的核心品类：3C和家电。

阿里的这种致命的攻和到位的守，以及未来的战略野心，马云借《攻守道》做了淋漓尽致的演绎：阿里要像太极高手一样，攻守兼备，把世上所有高手一一打败。在马云的假想敌里，有两个最主要的劲敌即腾讯的马化腾和京东商城的刘强东。

事实上，马云想一统江湖，早就在悄然布局。据笔者初步统计，从2004年开始，在社交领域不及腾讯、在搜索领域不及百度的阿里，就通过买买买来弥补短板。十多年来被阿里染指的企业包罗万象，早就超出了互联网范畴。包括搜索引擎领域的雅虎中国、搜狗、神马；O2O领域的口碑、美团（2015年11月退出）、快的打车、高德地图、TicketNew、大麦网、盒马鲜生、石基信息、易图通、丁丁网等；电子商务领域的中国万网、流量统计网站cnzz、宝尊电商、Auctiva、深圳一达通、苏宁云商、阿斯兰、淘淘搜、Yueke、Paytm（印度在线支付平台）、Jet. com（美国在线零售商）、Zulily（美国母婴电商）、魅力惠（亚洲时尚奢侈限时折扣网站）、Lazada（新加坡电子商务公司）；社交与移动互联网、安全领域的新浪微博、陌陌、UC浏览器、酷盘、snapchat、翰海源（国内安全公司）、墨迹天气（天气预报软件）、友盟（移动开发者服务平台）、PHPWind；文娱、健康、体育领域的虾米网、天天动听、优酷土豆、华数传媒、第一财经、南华早报、光线传媒、华谊兄弟、阿里影业、虎嗅、36氪、中信21世纪、礼和医药、恒大足球；金融、保险领域的恒生电子、天弘基金、众安在线财产保险；物流领域的菜鸟物流、百世物流、星辰急便、日日顺物流、新加坡邮政、圆通速递、现代电商；硬件领域的魅族科技、micromax（印度第二大手持设备制造商）、小米等。

最近，在线上电商交易量放缓的背景下，阿里巴巴以"新零售"为概念大举投资线下实体，参股银泰商业（收购后退市）、苏宁云商、三江购物、新华都、联华超市、高鑫零售等。一支海陆空全面作战的商业航母舰队扬帆起航，将战火硝烟到处点燃。

2017 年双 11 前后的"二选一"，只是阿里的牛刀小试。但这已经让京东商城受伤不轻。刘强东在 2017 年 Q3 的财报业绩电话会议上表示，京东在服装品类面临十分艰难的"二选一"竞争。从二季度开始，已有一百多家中国本土服装品牌被迫退出了京东平台。"服饰是京东在二季度里增长最快的品类，但三季度和四季度其 GMV 增长几乎是停滞的"，京东商城的 GMV 和佣金率受到"严重冲击"。

京东商城是腾讯在电子商务领域对抗阿里系的主力军。热火朝天的天猫与京东之战，折射的其实就是阿里和腾讯之争。在阿里新零售的冲击下，腾讯被迫应战。当然，腾讯也不是吃素的，凭借其多年积累的 QQ 用户群 + 微信在社交流量入口上占据着巨大优势，这是一座储藏着金山银山的宝地，但如何开放共享，以何种商业模式变现，顺便对抗阿里系的狂野扩张，成为马化腾所要面对的重要课题。

12 月 18 日，腾讯、京东、唯品会共同宣布达成最终协议，腾讯和京东将向唯品会投资 8.63 亿美元，交易结束后，腾讯和京东在唯品会上将分别持股 7% 和 5.5%（京东此前持有唯品会 2.5% 的股份），一个强大的反阿里联盟横空出世。

不是怼阿里，而是反对品牌封锁

哪里有压迫哪里就有反抗。

其实，反阿里联盟早就在酝酿之中。前不久在乌镇大会的"东兴局"，在业内就有一个别称，叫“反阿里联盟”。腾讯系的大佬们空前团结，饭局伊始，以京东集团创始人兼 CEO 刘强东为代表，就对阿里系的强权进行了血泪“控诉”。

刘强东的控诉，让腾讯系大佬感同身受，大家热血沸腾，凝聚了高度共识。2017 年下半年以来，由于阿里在新零售领域打法激进，支付宝和口碑发展迅速，给微信支付和小程序带来压力，腾讯和京东的危机感不断加深。腾讯和京东受到的冲击最直接。对腾讯来说，如果不抓商业，就对流量变现没有定价权；如果不做新零售，商超支付入口、数据和流量入口都要受到阿里羽翼不断丰满的新零售业务冲击。

共同做大做强的愿望，共同的竞争压力（即面对共同的敌人），迫使腾讯、京东、唯品会迅速靠拢，结成以腾讯为首的统一战线。唯品会以甩卖品牌服饰和化妆品的尾货起家，在服装、化妆品、鞋包等品类上有先天优势。与唯品会联盟很好地解决了京东服饰供应链的核心问题，增强对商家的议价能力，减轻京东独自承受阿里“二选一”的压力。

三者合作并非只有单纯的现金和股权交易，而是全面深入的合作。腾讯和京东给唯品会雪中送炭，带来急需的流量注入，腾讯将在其微信钱包界面给唯品会增开入口，京东将在其手机 APP 主界面和微信购物一级入口主界面接入唯品会。

三强联手，对改变由阿里主导的新零售业态有积极意义。据内部消息，2017 年天猫的重点任务就是打击京东，从 3C、天猫超市到服饰领域都有相关规划，其中一项重要任务就是扼杀京东在服饰领域的增长苗头。在天猫攻击下，京东在服饰领域确实非常被动，如果以京东单平台对决天猫单平台，京东胜算较小；如果由京东提供零售基础设施、腾讯解决去中心化流量问题、唯品会提供客群的互补，多平台对单平台打群架，胜负局势就可能发生逆转。

当然，腾讯系的主力并非只有京东商城和唯品会，还有永辉超市、拼多多、蘑菇街、美团点评、摩拜等其他作战部队。腾讯系正在打响一场反阿里的"人民战争"。目前战事风起云涌，有望成为2018年中国商战的主旋律。

当然，作为中国当代商业史上的两架马车，马云和马化腾并非不共戴天的仇人，两人聚首，谈笑风生，推杯换盏，觥筹交错的画面不断见诸媒体。所以，腾讯系这种反阿里，也并非字面上传递的信息这么"简单粗暴"，其实质就是反对阿里系的品牌封锁，提倡一种台面上的竞争，让平台、厂商、消费者实现多方共赢。

借用野生动保护组织的一句广告词——没有买卖，就没有杀戮。反阿里联盟是"没有封锁，就没有反对"。如果凭借强大的实力和平台优势，对品牌进行封锁，是一种典型的损人利己的商业操作。这种作法，在自己赚得盆溢钵满的前提下，对其他品牌厂商及其商业生态、对消费者，都是一种伤害。

从2008年全球陷入金融危机到现在，经济形势并不乐观，许多经济体的元气仍在积极恢复中，需要多方面的出路。笔者认为，以腾讯、京东、唯品会为轴心的反阿里同盟，在目前经济形势下，是一种"得道多助"的勇敢之举，值得肯定，值得提倡。

（2017年12月21日）

这两年随着中国智能手机品牌的集体崛起，苹果在手机行业抢占的利润额呈现每况愈下态势。如果对微信打赏功能抽水成功，对阻止利润率逐年下滑，将立竿见影。然而腾讯会束手就擒，屈服于苹果的“淫威”吗

腾讯抗击苹果，微信助国产击杀“爱疯机”

最近，苹果和腾讯一反常态，撕破脸皮，闹得一地鸡毛。

根源是苹果眼红微信公众号的打赏功能，要求微信遵照苹果游戏规则办事，要抽取其中30%的提成，否则，就要强行关闭微信公众号的打赏功能。腾讯自然不乐意，于是双方较劲，扳起了手腕。

不得不说，苹果这一招既不地道，又有点儿狠。到目前为止，向微信收取昂贵买路费，苹果应该是微信众多合作伙伴中唯一的一家。苹果这一招，把微信打懵了——如果腾讯屈服苹果，那么就开了一个对微信发展十分不利的先例，其他有实力的厂家或许群起效仿。

所以，苹果此举引发腾讯强烈反对，就全在情理之中。到目前为止，没看到双方有妥协迹象，而且苹果把摊牌时间定在7月12日。

腾讯会屈服吗？

地球人都知道，苹果和腾讯之争，都是为了利益。

苹果想凭借iPhone的强大用户群，让腾讯屈服，让出利来。如果阴谋得逞，苹果在中国区获利将急剧增加——中国iPhone用户仅次于美国市

场，这些人现在都离不开微信，而网络直播风生水起后，用户对微信公众号的打赏不遗余力。如果苹果开征微信打赏功能抽成成功，那对提升在中国市场的利润额，可是大功一件。

对于利润的攫取，苹果从来不会谦让。据最新统计，苹果目前占有全球手机行业利润总额的80%以上；全球其他手机厂家，包括三星、华为、OPPO、vivo等成百上千家企业共同瓜分剩下的不到20%。在最牛逼的时候，苹果利润总额甚至超过手机行业的100%。

这两年随着中国智能手机品牌的集体崛起，苹果在手机行业抢占的利润额呈现每况愈下态势。如果对微信打赏功能抽水成功，对阻止利润率逐年下滑，将立竿见影。

然而腾讯会束手就擒，屈服于苹果的"淫威"吗?

在中国市场上，腾讯是社交圈绝对的大哥大。无论是在传统互联网时代，还是在移动联网时代，腾讯的用户都要远比苹果多；无论是以前的QQ，还是现在的微信，都执掌着社交圈牛耳，而且没有任何潜在对手。如果以单纯比拼用户数量作为衡量双方实力的标志，苹果从来就没有抢到过战略制高点。

安卓或借机击杀苹果

如果一定要在苹果与微信之间，有一个非此即彼的答案，中国手机用户到底会选择什么?

在中国以外的全球其他市场，苹果或许有恃无恐。但在中国市场，苹果则高估了自己的影响力。

作为中国最具本土化的移动互联网应用（没有之一)，微信堪称智能手机标配，是智能手机适应中国消费者习惯的标志。到目前为止，尚没有其他移动应用软件替代——如果苹果要放弃微信，那就必须找到替代品。换句话来说，苹果iPhone用户没有微信，在中国市场上那是行不通的。

如果中国市场没有苹果 iPhone 呢?

目前中国智能手机品牌已经全面崛起，以华为、OPPO、vivo 为代表，已经全部跻身于世界五百强，在中国市场上这种优势更加凸显。

在中国市场手机品牌十强中，外资品牌只有苹果勉强进入前五，但没有进入前三。由此看来，对中国消费者来说，iPhone 并非一款牛逼到不可替代的产品。如果双方摊牌，iPhone 卸载或不再安装微信，那对 iPhone 在中国市场将是致命打击，会导致份额急剧下降。这是腾讯不愿意屈服的重要原因——在微信合作版图里，iPhone 已经成为一个软柿子。

当然，如果 iPhone 不再使用微信，那就是自毁长城。2017 年第一季度，中国市场主要智能手机所占份额分别为华为 20%，OPPO 18.2%，vivo14.1%，小米 9%，而苹果只有 9.2%。虽然 iPhone 所占份额在逐年降低，但还是秀色可餐。

如果苹果挤兑微信，将给其他竞争对手一个绝好的反击机会。届时在中国市场上，苹果 iPhone 或将步诺基亚、三星后尘，被中国市场边缘化。当然，我们也有充分理由相信，苹果掌门人库克没有那么傻，不会为区区 30% 的打赏费将中国市场葬送。

（2017 年 6 月 14 日）

苹果品牌够强大，苹果粉丝够忠实，苹果新品够有吸引力，iPhone 8 和 iPhone 8 plus 上市本身就是最大的广告，还有谁不知道呢？所以，对于 iPhone 8 和 iPhone 8 plus 来说，想买的，即使不做广告也会买；不想买的，即使被广告轮翻轰炸也不想买了

iPhone 的冬天来了 苹果跌落神坛

一阵尖锐的痛感划过苹果 CEO 库克的心。让这位乔布斯的继承者出乎意料的是，最近上市的新机 iPhone 8 和 iPhone 8 plus，居然与三星旗舰机 Note 8 同病相怜，市场销售情况远在心理预期线以下，遭遇了相关系列产品上市以来的最大尴尬。

线上线下销售尴尬，iPhone 的冬天来了

2007 年苹果推出革命性的智能手机 iPhone，以大无畏的创新闯进手机行业，并迅速成长为新的手机霸主。以后每款新 iPhone 推出，都在全球范围内掀起抢购狂潮。凭着一款手机，苹果打遍天下，赚得盆溢钵满，成为全球市值最高的科技企业。最近 iPhone 8、iPhone 8 plus 的推出，正好迎来苹果 iPhone 上市十周年。

但 iPhone 8 和 iPhone 8 plus 上市，并没有给苹果带来意料中的无限荣光，而是南辕北辙了。现在 iPhone 8 和 iPhone 8 plus 上市已经两周多了，市场销售情况相比于以前 iPhone 系列产品上市的盛况空前，这次无论是线

上还是线下，都显得有点清冷，折射出 iPhone 8 和 iPhone 8 plus 今不如昔的现状。这提醒库克：iPhone 的冬天要来了！

从苹果官网的预售情况看，iPhone 8 和 iPhone 8 plus 要明显弱于以往的 iPhone 产品，据彭博社消息，iPhone 8 的预定量比 iPhone 7 和 iPhone6 的预定量都要少。罗森布拉特证券公司张军在分析报告中称，iPhone 8 预订量惨淡。中国电子商务平台京东商城上的数据，也印证了这个判断。据京东商城数据，在接受预订后的三天时间里，用户共订购了 150 万台 iPhone 8；而 iPhone 7 同期订单数则为 350 万台，是 iPhone 8 的两倍还多个零头。与电子商务配套的物流渠道更是让人头疼，全国各地的顺丰快递哥都在为拒收的 iPhone 8 发愁。

线下渠道或许更直观反映了 iPhone 8 和 iPhone 8 plus 遇冷的状况。以往 iPhone 新品上市，在全球苹果直营店前都出现了排着长长的队伍，抢购 iPhone 的盛况，在 iPhone4 和 iPhone6 上市时达到高峰，果粉们甚至彻夜守候。但这次 iPhone 8 和 iPhone 8 plus 上市，已经作别了这种盛况。据媒体报道，在中国一线城市北上广深杭的苹果直营店都没有出现排队盛况，甚至店内工作人员要比购买者多，保安也忙着拆除原本用来维持秩序的铁栅栏。在香港、台湾等地，也出现了 iPhone 8 和 iPhone 8 plus 遇冷的情况。据台湾《中国时报》报道，台湾地区 iPhone 新机购买气氛不如预期，iPhone 不再是吸金保证。甚至澳大利亚和欧洲的苹果店面都门庭冷落，购买 iPhone 新机的人气上也今不如昔。

曾经的 iPhone 新品上市是黄牛党最爱，是其赚钱的保证。只要抢购到，转手就可以一台赚个千儿八百的。而 iPhone 8 和 iPhone 8 plus 却成为黄牛党手上的毒药丸子。据黄牛党接受媒体采访时交代，iPhone 8 和 iPhone 8 plus 发行当天就跌破了发行价，其中 iPhone 8 要亏一百元，iPhone 8 plus 要亏两百元。在顺丰等物流渠道堆积的被拒收的相当一部分 iPhone 8 和 iPhone 8 plus 就是黄牛党预订的 iPhone 8 和 iPhone 8 plus：它们现在成为了黄牛党手上的烫手山芋。

销售遇冷殃及苹果在资本市场的表现，致其市值大量蒸发。自苹果新机 iPhone8 和 iPhone 8 plus 上市以来，两周内股价阴跌不止，到上个交易日已蒸发了五百多亿美元，相当于一个福特，一点五个格力。在新品发布前一天，苹果市值为 8349 亿美元，截至 9 月 22 日下午 1 点 30 分，已跌至 7791 亿美元，跌掉 558 亿美元。

新品创新乏力致苹果跌落神坛

iPhone 8 和 iPhone 8 plus 的销售遇冷，让苹果不得不低下头颅，积极想办法应对。其中之一，就是推出海量广告宣传，以激发用户购买欲望。这次 iPhone 8 和 iPhone 8 plus 的广告风格都变了，一改往昔优雅，变得十分接地气，赤裸裸地列举了 iPhone 8 和 iPhone 8 plus 的八个优点：坚固的玻璃面板、人像光效模式、无线充电、A11 处理器、最受欢迎的相机、防水功能、视网膜原彩显示屏和 AR。

这种直白式广告无疑是想从其他竞争对手目标客户群中争抢新用户，作法具体能够产生多大效果，目前尚不得而知。但依笔者判断，其实，苹果品牌够强大，苹果粉丝够忠实，苹果新品够有吸引力，iPhone 8 和 iPhone 8 plus 上市本身就是最大的广告，还有谁不知道呢？所以，对于 iPhone 8 和 iPhone 8 plus 来说，想买的，即使不做广告也会买；不想买的，即使被广告轮翻轰炸也不想买了。

iPhone 之所以吸引人，在于其革命性创新，这是 iPhone 诞生的初衷，也是其立身之本。凭借革命性创新，iPhone 上市开创了手机史上的新时代，即智能手机时代。但从 iPhone 8 和 iPhone 8 plus 来看，苹果已经渐渐背离了初衷。因为用户都发现，其实 iPhone 7 与 iPhone 8 并没有多大区别，更多的只是在外观的细节末枝上有所改变。换句话来说，作为吸引用户的创新基因，在苹果新一代产品身上已经销声匿迹了。这才是 iPhone 8 和 iPhone 8 plus 不受消费者待见的根本原因。

在用户心中，由于创新乏力，iPhone 新机已经很难物超所值了，但其售价却是越来越高。2007 年 iPhone 上市，开创了一个时代，但十年时间了，十年后的 iPhone 与十年前的 iPhone 都谈不上质的突破。从 iPhone 8 和 iPhone 8 plus 遇冷看，用户已经出现了普遍的审美疲劳。

但反观 iPhone 的竞争者，已经迎头赶上，推出的旗舰产品与 iPhone 并没有多大差别，甚至在某些方面已经实现赶超，走在了 iPhone 前面。其中最为典型的，就是以华为、OPPO、vivo、小米为代表的中国国产品牌阵营的集体崛起。他们已从当初的以苹果为榜样，到步步紧追，自立门户，试图超越，其努力和成绩得到了世界用户，特别是中国用户的高度认可。在 2017 年 6 月、7 月，华为手机销量甚至超过了苹果，市场占有率仅次于三星。OPPO、vivo 亦成功跻身全球手机五强。从各方数据反映来看，摔了一跤的小米开始重新站起来，迎来激情奔跑的第二春。

iPhone 8 和 iPhone 8 plus 的遇冷，在中高端手机市场给了中国品牌弯道超车的难得机遇。这段时间，OPPO、vivo、小米纷纷推出新机，公然挑战苹果。华为新机 MATE10 的上市亦在紧锣密鼓的酝酿之中，从华为手机 CEO 余承东的表态来看，在性能上，MATE10 是一款足以全面碾压苹果新机的扛鼎力作。与往年蹭苹果新机热度不同，今年国产阵营所推新机蓄谋已久，狠下决心要把 iPhone 8 和 iPhone 8 plus 拉落马下。

三星 NOTE 8 和苹果 iPhone 8 和 iPhone 8 plus 遇冷，点燃了国产阵营奋发图强的野心。虽然华为、OPPO、vivo、小米到底能否突围成功尚有待市场检验，但有一组数据反映出手机市场的此消彼长：在各大厂家攫取的全球手机行业利润占比上，苹果一直一家独大，但变化趋势对苹果却十分不利：2016 年第三季度苹果拿走智能手机行业利润的 103.6%，2016 年第四季度苹果拿走 92%；2017 年第一季度苹果拿走 83.4%，第二季度苹果拿走已不足 80%。这似乎预示苹果的辉煌已经见顶，正走在一条加速下滑的道路上。

（2017 年 9 月 26 日）

属于产品形态的芯片提供模式，一手交钱，一手交货，在生意上都很好理解。但专利授权许可模式，却饱受业界质疑，被认为是高通躺在专利库上"坐享其成，不劳而获"。由于iPhone销量巨大，由于觉得自己每年缴纳的专利费用太多，为追求利润最大化，苹果开始跳出来反对这种商业模式

高通专利授权模式的背后力量

从2017年1月苹果突然开始发难，高通与苹果的专利之争，就一直在刷屏。

苹果挑起事端原因简单：希望以后生产iPhone不用再向高通支付专利授权费用，以此来缓解利润占比下降的压力——在手机行业中，苹果一家攫取利润占比曾经高达90%以上，但从2017年以来，开始持续下降，现在约为八成左右。

导致苹果利润率占比下降的根本原因在于iPhone创新乏力，给华为、OPPO、vivo等中国手机企业崛起的机会，iPhone自己的溢价空间也被压缩。为突破利润天花板，寻找利润新增长点，苹果不得不采用其他手段来扩张利润来源，其中较为著名的两手，一是向腾讯微信打赏抽取三成提成；二是向高通发起诉讼，要求停止缴纳专利授权费用。

苹果一方面起诉高通，一方面直接要求iPhone代工企业停止向高通缴纳专利授权费用。高通执行副总裁兼总法律顾问唐纳德·罗森博格在接受法治周末记者采访时称，iPhone代工厂一直在支付高通专利费，但2017年

突然决定不付了，然而代工厂自己都承认，与高通的授权协议仍在有效期内；与此同时，这家代工企业为其他品牌代工的手机产品仍然在支付高通专利费用——代工厂也承认合同的有效性，但在苹果指示下拒绝支付。

这种自相矛盾的作法本身就说明即使是苹果iPhone代工厂都认可高通的专利授权许可模式，现在停止缴纳这笔费用，是苹果授意行为，代工企业自己并不认同——在生产iPhone上，代工厂处于弱势，要听苹果摆布。

自2007年面世以来，iPhone就成为一个巨大的吸金磁场，为苹果带来滚滚红利。迄今为止，iPhone的销量已超过12亿部，共计实现利润3210.2亿美元，约2.157万亿元人民币。凭借iPhone，苹果一举成为全球最赚钱的科技公司，成为全球市值最高的企业——目前苹果市值已经接近8000亿美元，从而使包括三星在内的其他手机企业沦为配角。

苹果的成功，是靠创新驱动。如果不是由于iPhone问世给手机行业带来的颠覆性创新变化，苹果也难有今天。但iPhone问世转眼十周年了，现在的iPhone与当年的第一代iPhone相比，并没有让人眼前一亮的革命性创新技术，这导致消费者审美疲劳的出现。为维持高额利润，苹果不得不通过对微信打赏抽取提成，停止缴纳高通专利授权费用等损害其他合作伙伴利益的方式来实现自己的目的。

高通专利授权费用该不该交?

高通是一家高科技企业，主要面向无线通讯和无线数字技术领域，为产业链合作伙伴提供芯片及系统解决方案和专利授权许可服务，以创新研发著称。在通讯行业，许多系统性、基础性的研发工作，基本上由高通来完成。换句话来说，高通完成了通讯大厦的地基和钢结构工程。

高通的主要业务一直比较固定：一是芯片研发，主要向手机、平板电脑、路由器和系统制造厂家提供芯片解决方案；二是专利授权许可，尤其是向手机制造企业收取专利授权许可费用。

属于产品形态的芯片提供模式，一手交钱，一手交货，在生意上都很好理解。但专利授权许可模式，却饱受业界质疑，被认为高通是躺在专利库上"坐享其成，不劳而获"。由于iPhone销量巨大，苹果觉得自己每年缴纳的专利费用太多，为追求利润最大化，苹果开始跳出来反对这种商业模式。

表面上看，确实如此：全球一年要产销十亿部以上的智能手机，而这些手机每款都要向高通支付专利费用。或许手机企业都在盘算：如果不用缴纳这笔费用，一年该可以多赚多少钱啊！苹果则是这种想法的倡导者和实施者。

但这只是硬币的一面。设想一下，如果没有高通所做的大量的基础性、系统性的研发创新，今天的手机能有这么便捷、这么多功能吗？如此看来，坐享其成的，并不是高通，而是通讯行业链上的企业。

当然，包括苹果、三星在内的其他手机企业也在不断地进行自主创新。但这些创新都是站在巨人的肩膀上进行的。高通已经把基础性工作做好了，其他企业的创新研发只是在地基和钢结构上添砖加瓦。如果没有高通技术专利支撑，每个手机企业都要做基础性研发创新，既不现实，也不可能。手机企业使用高通专利生产手机赚钱了，向高通支付专利费用，不是分内之事吗？

高通专利到底对手机制造企业到底有多重要？唐纳德·罗森博格告诉记者，苹果有两款代表性产品就能很好地说明问题。一个是苹果的iPad，一个是苹果的iPhone。从功能上看，两者主要差异是在通信功能上，一个有通信功能，一个没有通信功能。有没有通信功能，拉开了两个产品在价格上的巨大差别。没有通信功能的iPad，均价约300美元；有通信功能的iPhone，均价约为600美元。换句话来说，通信功能让苹果产品价格翻番。这就是高通专利对手机企业的作用和意义。苹果要不要向高通缴纳专利授权费用，答案已经摆在那里。

高通市场副总裁 Pete Lancia 在接受记者采访时表示：高通通过广泛授权形式与业界其他公司一起分享创新技术和成果，推动行业快速发展，实现共同繁荣。如果苹果不遵循游戏规则，最终伤害的只能是知识产权系统。

高通专利背后：一路辛苦，一路歌

从智能手机诞生到现在，全球已经产销了 86 亿部，每部手机如果没有高通的专利技术，则谈不上“智能”。高通成千上万的专利支撑着越来越快的手机数据传输速度，支撑着手机越来越丰富多样的功能体系。

高通联合创始人艾文·马克·雅各布告诉笔者，在搭建 CDMA 系统之初，其商业可能性饱受质疑。为说服客户相信高通设想能够实现，高通曾经什么都做，包括手机、系统设备等。1999 年，为更专注于芯片和软件开发，高通将手机和设备业务出售，并成功推出了使用数据传输替代以前语音传输的 CMDA。4G 时代通行的 CDMA2000、WCDMA、TD－SCDMA 三种制式都是由 CDMA 演化而来；通信技术向 5G 演进，也不是重起炉灶，而是继续向前进化。在不断发展过程中，逐渐演化出高通两种业务模式，即芯片和专利授权。

基础性、系统化的专利技术组成高通专利库，成为其专利授权许可的根本。如果没有高通专利技术，目前智能手机广泛应用的数据传输、拍摄、辅助全球定位等功能都将无法实现。或许我们看到的只是高通巨量专利数据以及这些专利为高通带来的巨大红利，而选择性地忽略了高通每项技术专利的来之不易。

目前世界上还没有哪家企业像高通这样在创新研发上不惜血本地投入，高通把税前年营业收入的 20% 投入到科学研发之中。迄今为止，高通已在研发上共计投入了 470 亿美元。这种投入，也让产业生态链上的其他企业获益颇丰，免去了研发创新之苦。

即使是高通，其实，每项技术的问世都不容易。高通工程技术高级副总裁马德嘉在接受笔者采访时称，技术研发背后不可控的因素和风险太多，非常人所能想象和理解。即使技术被攻克，并不代表效益马上就来。在高通成千上万技术中，并非件件都能马上派上用场，创造价值。这也意味着，在高通研发出来的技术中，有很多都费力不讨好，但又必须得做，必须得投入，因为"没有人能肯定该技术将来会不会派上用场"。

马德嘉称，一些企业也很重视研发创新，但不够开放，他们把专利技术成果作为企业核心竞争力保密保护起来，只归自己所有，为自己所用。但高通选择了更为开放的专利授权模式来实现与业界合作伙伴共同分享，借此推动行业发展，实现共同繁荣。

这种商业模式注定是一条不同寻常的路。但开弓没有回头箭，无论是已退休的联合创始人雅各布先生，还是目前高通现任高层，在接受采访时都不约而同地表示，高通将坚定不移地走下去。

笔者了解到，目前高通专利授权模式已经被广泛认可和接受。雅各布先生称，创业之初，高通期待将来有 25 至 30 家企业能跟高通合作。事实上现在跟高通开展专利授权许可的企业已经高达几百余家，涵盖了目前活跃于通信领域和互联网领域的几乎所有大企业。中国企业亦是获益众多，中兴、华为、OPPO、vivo、小米等都是高通的业务合作伙伴，在与高通的合作中实现了快速成长。

（2017 年 8 月 22 日）

苹果卖 iPhone 手机多少钱一部，主导权是在苹果手里，是由苹果说了算，购买 iPhone 的消费者是没有定价权的，苹果也没有给消费者讨价还价的余地。高通不愿将定价权交给苹果，也是基于这个道理和事实：即知识产权的所有者拥有对其定价权，这个收费标准，高通不只针对苹果一家，而是全球其他企业都是一个标准

苹果借高通专利搏弈冲击国产手机

围绕“知识产权定价”，苹果与高通的专利战火越烧越旺，呈现出胶着状态，难分难解，把世界媒体、围观群众和产业链其他企业都卷了进去，俨然一次知识产权的“世界大战”。

2017 年 9 月 29 日，战事再度升级，高通向北京知识产权法院就 iPhone 的电源管理、Force Touch 等三项非标准必要专利起诉苹果，要求禁止 iPhone 在中国的生产和销售，让多个舆论场炸锅沸腾。

从亲密携手到对簿公堂，只为“知识产权定价”

2017 年 9 月 29 日，高通放的大招，像精确制导导弹一样“快、准、狠”，有点釜底抽薪的味道。祭出这杀手锏，说明两大科技巨头已经彻底撕破脸皮。

中国是 iPhone 的最大生产基地，中国市场是 iPhone 仅次于美国的第二大销售市场。据有关数据，2016 年苹果有 22.5% 的销售额来自中国。

高通出狠招，是被苹果所逼。苹果除在美国要求高通赔偿 10 亿美元，在北京索赔 10 亿元人民币外，甚至在没有判决前就单方面违背原来协议，从 2017 年第二季度起，停止向高通支付专利费用。

苹果和高通是美国的两家科技企业，双方有过密切合作。2007 年苹果推出 iPhone，进军智能手机市场，开始使用高通专利，向高通缴纳专利授权费用。从 iPhone4 开始，双方的合作进入蜜月期，苹果使用高通基带芯片，提升 iPhone 的性能和竞争力，赚得盆溢钵满，占据全球手机行业九成以上利润，苹果股价因此不断攀升，峰值达到 8000 多亿美元。

这种前提下，苹果心甘情愿，兴高采烈地与高通分一杯羹，按期向高通支付专利授权费用。

两者交恶的始作蛹者是苹果。2017 年 1 月，苹果在美国加州南区联邦地方法院发起专利诉讼，起诉高通"垄断无线芯片市场"，提出 10 亿美元索赔。随即又把战火引到中国，2017 年 1 月 25 日向北京知识产权法院提起诉讼，称高通滥用行业垄断地位，索赔 10 亿元人民币。

受到苹果突袭的高通，不得不奋起还击。2017 年 4 月，高通向美国加州南区联邦地方法院递交答辩状，并对苹果提起反诉。高通称"如果没有高通的技术，iPhone 不可能成功"。现在，两大科技巨头的专利战越演越烈，成为影响行业的大事件，被卷入者越来越多。

凭心而论，高通的话一针见血，直戳苹果软肋。双方争论实质是"知识产权的定价权之争"。

原来的专利定价权是由所有者高通决定，苹果每生产一部 iPhone，就要向高通缴纳一定数量美元的专利费用（据外媒报道每部手机苹果需要交给高通 10 美元）；现在苹果要把定价权抢过来，每生产一部 iPhone，只愿给高通支付 4 美元专利费用。这种砍价手段真够狠的。

知识产权的价格到底是由拥有者来定，还是由购买者来定？

产经观察家洪仕斌认为，知识产权与 iPhone 的配件和 iPhone 手机一样，都是商品，都要用货币进行购买。苹果向三星购买的 iPhone 屏幕、电池等配件，都要缴纳费用；向高通购买专利，理所当然也要缴纳费用。这一点，苹果也是认可的。苹果也有部分专利，也是要求使用者缴纳专利费用。这种作法也是世界通行模式。摩托罗拉、爱立信、诺基亚的专利使用者也都是要交钱的。所以，苹果不交钱是说不过去的。但到底交多少钱合适，这个定价权在谁手里？或许苹果和高通可以协商，做到一个愿打一个愿挨。在无法协调的情况下，到底由谁来主导呢？洪仕斌打了一个比方，苹果卖 iPhone 手机多少钱一部，主导权是在苹果手里，是由苹果说了算，购买 iPhone 的消费者是没有定价权的，苹果也没有给消费者讨价还价的余地。高通不愿将定价权交给苹果，也是基于这个道理和事实，即知识产权的所有者拥有对其定价权，这个收费标准，高通不只针对苹果一家，而是全球其他企业都是一个标准。

为力阻利润下滑，苹果发难

在苹果与高通合作那么长时间内，一直相安无事，2017 年初苹果为何突然向高通发难呢？

这是源于苹果 iPhone 的销售和赢利能力不断下滑所致。

iPhone 是苹果利润的主要来源，占据其利润的三分之二以上。早期的 iPhone 赢利能力十分强悍。据有关数据，2016 年第三季度，iPhone 拿走了全球智能手机整体利润的 103.6%，达到巅峰状态；第四季度 iPhone 拿走了 92%。但其后开始走下坡路，到 2017 年第一季度，iPhone 拿走的行业利润掉到了 83.4%，第二季度已经不足 80%。现在发布的 iPhone 8/8P 竟然罕见遇冷，导致苹果市值在新机上市两周内蒸发了数百亿美元。为寻找新的增长点，提升利润率，苹果不得不从产品之外的渠道想办法。其中闹得沸沸扬扬的有两条路径：一是向微信公众号文章打赏抽取三成提点，二是停止和减少向高通缴纳专利授权费用。

向微信公众号文章抽取提成的作法引发了轩然大波，遭到腾讯反对和网友口诛笔伐。苹果就把寻找新的增长点和提升利润的突破口放在了停止或减少向高通缴纳专利授权费用上。据悉，目前苹果每年要向高通缴纳20亿美元专利授权费用，这大致相当于苹果卖掉大量手机所赚取的利润，而苹果2016年卖掉的手机在两亿部以上。如果这个费用能省下来，或者大幅度省下来，对于改善苹果下滑的赢利现状可谓事半功倍，立竿见影。

可是高通的专利不是天上掉下来的，而是钱堆出来的。高通研发能力很强，是因为其在科研投入很大，高通每年都把营业收入的20%投放在科研上，才聚沙成塔，积腋成裘，有了今天积累了13万多件专利技术的累累成果。成立三十多年来，高通花在科研上的费用已经高达470亿美元，打造了通讯行业众多标准的基础专利。高通的商业模式之一，就是向行业其他企业开放专利，通过共享这些专利获取授权费用，来继续推进更新先进技术的后续研发，保障技术革新，实现可持续发展。

起诉高通，意在打压国产手机

2016年12月，韩国公平交易委员会对高通发动了反垄断调查，判定其涉嫌在专利授权和基带芯片上形成垄断，要处以8.54亿美元的高额罚金。尽管高通并没认罚，但认为苹果是幕后推手，在积极推动监管部门对其专利授权操作进行调查和处罚。

坊间认为，是苹果和三星合谋，操纵了韩国对高通的高额罚款。三星是全球最大的智能手机企业，年产值高达三亿多部。如果能够取缔或减少高通专利授权费用，那将同样成为最大的受益者。

如果苹果对高通专利战胜利了，国产手机阵营能够从中获益吗？答案或许是否定的，事实有可能正好相反。

届时，不仅国产手机阵营成不了受益者，还会成为受害者。

苹果是一套封闭的系统，而国内的智能手机厂商都在安卓阵营。安卓手机背后，最大的技术支持力量就是高通。这几年得益于国产手机努力，中国厂商不仅在国内所向披靡，市场占有率大幅领先苹果；在国外，中国厂商、安卓阵营也在不断挤压苹果的市场份额。而打击高通，削弱高通的研发能力，可以从根本上、技术上削弱安卓阵营的创新能力，对于处在安卓阵营的中国手机厂商来讲，无异于釜底抽薪。高通的业务模式是：我自己不做手机，但我提供手机的重要配件——芯片，以及通过专利许可模式，把许多重要的技术许可供手机厂商使用。这大大降低了手机产业进入的技术门槛，促进了竞争，特别是强化了对苹果的竞争。而这一点，正是苹果不愿意看到的，想办法要打击的。

洪仕斌认为，现在苹果暂停缴纳专利费，对于其它缴费的中国手机厂商来说，已构成不公平的竞争优势。这要引起高度注意的——国家发改委早在2015年2月就公布了关于高通在中国的专利收费模式的决定，而苹果拒不执行和接受这一条件。目前国产手机正处于转型的关键时刻，注重科研创新，是国产手机做大做强的必由之路，需要痛下决心，重视创新。如果苹果不缴或少缴专利费用，比钱更严重的后果就是让国产手机阵营看不到科研创新的价值和希望——既然剽窃抄袭成本那么低，自己研发的科研成果得不到合理的对价和回报，那还注重科研做什么呢？

这种意识与目前国家正在倡导的鼓励创新、注重研发的主基调背道而驰，长此以往，将使我国企业忽视专利的真正价值，难以顺利完成转型的宏图伟业。只有认真缴纳专利授权费用，才能真正意识到科研的价值，励精图治，强化自己的科研创新能力。

（2017年10月24日）

放弃使用高通基带芯片，那就意味着苹果的主打产品 iPhone 和 iPad 的性能将从卓越走向平庸，成为被推到的多诺米骨牌，产生一系列连锁反应：产品竞争力下降，价格下降，拥有的份额下降，攫取的利润下降，最后导致股价下跌，市值蒸发

苹果暗渡陈仓，高通再次提告

呈现胶着状态的苹果高通专利纠纷，双方继续放出大招，把剧情推向新的高潮。

最近，苹果释出风声，称 2018 年的 iPhone 和 iPad 可能不再采用高通的基带芯片。高通不甘示弱，2017 年 11 月 1 日向美国加州法院再次起诉苹果，称苹果向英特尔透露了高通的软件代码。

对于高通的这次最新诉讼，苹果暂时还没有回应。

高通有铁证如山?

苹果和高通之争，都争着先下手为强，至少是见招拆招。对于高通的这次新提告，苹果保持沉默，似乎是有难言之隐：有点儿理亏了，把柄被别人抓在手里了。

从 2011 年的 iPhone 4s 起，苹果开始使用高通的基带芯片，双方进行了亲密无间的合作。高通芯片使苹果如虎添翼 ，iPhone 6 达到前所未有的最高峰，攫取的手机行业利润占到全球的 103%。

但苹果坚持了自己一贯的合作方式，即不把鸡蛋放在一个篮子里。从2016年的iPhone 7和iPhone 7 Plus开始，苹果就在部分机型上使用英特尔的基带芯片。这也是苹果在手机行业利润下滑的开始，其后一路向下，到iPhoneX发布前，苹果攫取的手机行业利润已经跌到了七成以下。最新一代的iPhone8和iPhone 8 Plus，苹果同样使用了高通和英特尔的基带芯片。结果iPhone8/iPhone8Plus销售遇冷。

从iPhone遭遇看来，消费者是心明眼亮的，分辨优劣的能力很强，眼里也容不下沙子。但苹果似乎并没有意识到问题所在——或许意识到了，但为自己利益最大化，苹果不得不千方百计逼迫高通向自己妥协。

从媒体不断曝出的高通向法院提供的诉状内容来看，高通似乎铁证在手，苹果难辞其咎的。

高通称与苹果在合作协议中明确规定，与高通合作的苹果工程师不能与和英特尔合作的苹果工程师进行技术交流。然而2017年7月苹果通过邮件要求高通提供某芯片产品的“高度机密”信息，然后苹果复制了一份给英特尔工程师，包括核心的源代码。

高通认为，苹果作法违反了与高通签订的有关允许移动芯片与手机其余部分进行交互的软件合同。

苹果明修栈道，暗渡陈仓？

业内都清楚，在基带芯片技术上，高通是领头羊，在世界上居于领先地位，特别是在即将到来的5G通信技术领域，高通优势明显，领先对手较大的距离。

如果放弃使用高通基带芯片，那就意味着苹果的主打产品iPhone和iPad的性能将从卓越走向平庸，成为被推到的多诺米骨牌，产生一系列连锁反应：产品竞争力下降，价格下降，拥有的份额下降，攫取的利润下降，最后导致股价下跌，市值蒸发，损失惨重。

当然，这只是一种假设，理论上如此。出现这种情况，苹果是最不愿意看到的。从目前双方的交锋来看，苹果敢释放这消息，是一招“一石二鸟”的高招，而不是昏招。

一是放出 2018 年 iPhone 和 iPad 不再使用高通基带芯片的消息，可以打击高通，特别是股市，迫使高通做出有利于苹果的让步。消息传出，10 月 31 日，高通股票收盘时价格下跌至 51.01 美元，下跌了 6.68%。因苹果专利纠纷对高通营收和利润造成严重影响，高通第四季营收下降 5% 至 59 亿美元，利润下降 89% 至 1.68 亿美元。

二是如果苹果真的打算放弃使用高通芯片，那苹果已经早做了准备，让自己的“冒险作法”不至于影响到 iPhone 和 iPad 的性能。

谁都清楚，包括果粉，在基带芯片上，英特尔和联发科要落后高通一段距离。但高通基带芯片技术的很多重要内容，也体现在源代码上。如果苹果真如高通所说把源代码交换给了英特尔，那就有可能帮英特尔在芯片技术上攻克关键难关，接近或达到苹果要求。

高通据此状告苹果，就全在情理之中。

从目前透露的消息来看，苹果称 2018 年的 iPhone 和 iPad 将不再用高通基带芯片可能是个伪命题，因为高通称苹果 2018 年的机型已经通过验证，采用的就是高通芯片。难道苹果要意气用事，从头再来？从时间和效益上，都不允许苹果重打锣鼓另开张。

由此看来，苹果早就在明修栈道，暗渡陈仓，放不放弃使用高通基带芯片，苹果都在周密部署，做着两手准备。

如果苹果把高通源代码等关键信息真拿给了英特尔，那就意味着苹果用英特尔替换高通是蓄谋已久，有备而来。

与高通专利纠纷，归根到底是利益纠纷。如果不用高通基带芯片，给苹果市场造成的利益损失超过这场专利纠纷的代价，那苹果就得不偿失了。这是苹果不愿意看到的局面。或基于此，苹果才不得已违背商业声誉，将源代码复制给英特尔工程师，以求得产品性能不因此受到影响。

另据有关消息，苹果将加快自制基带芯片步伐，最快 2019 年就绪。如此这样，苹果就更说不清了。在这么多年的合作中，包括基带芯片的源代码技术，高通对苹果毫无保留的。谁敢肯定，苹果推出的基带芯片里面没有高通的基因？

（2017 年 12 月 11 日）

三星手机内部芯片竟然没有一个是自己的研发成果，都是别人的，甚至有来自三星"死对头"的。换句话来说，三星的命运不是掌握在自己手里，而是掌握在别人手里

三星手机的命运不掌握在自己手里

具有世界第一野心的华为，在战略上对三星是相当藐视的，华为从来没把三星作为竞争对手，这很奇怪——毕竟从份额上看，三星目前仍是世界第一。在华为看来，三星在技术创新上乏善可陈，只有苹果才是华为的赶超目标。

三星两大最成功之处都不是自主产权的

尽管没人道破和深究，但事实实实在在地摆在那儿，让人细思极恐：三星手机最成功的两个地方，竟然没有一个是自主产权成果，而是别人的，甚至其中来自"仇家"的。换句话来说，三星的命运不掌握在自己手里。

地球人都明白，三星手机能有今日之地位，不是三星自己有多牛逼，而是一方面受惠于谷歌的安卓操作系统，另一方面是得益于高通的骁龙芯片。如果没有这两记杀手锏，三星手机恐怕连今天的诺基亚和摩托罗拉都不如。所以，安卓操作系统和高通骁龙芯片是三星手机崛起的股肱大臣，缺一不可。

2007 年 1 月 9 日，苹果发布第一代 iPhone；6 月 29 日，iPhone 正式上市发售。凭借出色性能和丰富应用生态，iPhone 攻城掠地，迅速崛起，大有一统江湖之势。2007 年 11 月 5 日，谷歌发布了安卓操作系统，与苹果 IOS 展开竞争。

对三星来说，值得庆幸的是，安卓系统是免费开放源代码的。谷歌与苹果不同，自己不生产硬件，这让三星捡了一个大便宜。虽然三星不是第一个推出安卓操作系统手机的，但也算是最早加盟安卓阵营的手机品牌，仅次于摩托罗拉和 HTC。这个点掐得十分精准，使三星手机得以迅速崛起，甚至干翻了老对手诺基亚，成为世界第一。操作系统对手机的重要性，大家都了然如胸。三星也不想让命运的咽喉被别人捏在手里，最初在做安卓手机同时，三星自己也折腾了一个叫做吧嗒的操作系统，可这个吧嗒把三星弄得灰头土脸，因为根本就没有用户为三星吧嗒买单，所幸三星见好就收，一看没有用户买单，马上就打消了自己做操作系统的念头，将吧嗒掐灭在摇篮中了——三星终于弄明白了自己不是做操作系统的那块料。

高通是三星手机强大的另一个大功臣。撇开高通专利不说——这是一道手机品牌都无法绕过去的坎。高通芯片，特别是高通骁龙芯片，是三星手机做大做强的另一个关键。高通对三星格外关照，常给三星吃小灶——每年高通推出的最新、最强的芯片都是第一个选择跟三星合作，过了一段时间后，才与其他品牌合作。这种作法让三星在市场上占尽天时，赚得盆溢钵满，特别是在高端市场上。

然而三星对这份“同志情谊”没有且行且珍惜，而是以怨报德，为了蝇头小利，在苹果撺掇下一起合伙坑害高通，做起了苹果与高通专利纠纷的帮凶，把高通变成了自己的仇家。

其实，企业和人一样，都是有品格的，诚信经营是第一位的。三星作法让高通如鲠在喉，高通扶持其他合作伙伴取代三星的想法油然而生。随着国产手机做大做强，"中国品牌优先"的战略渐渐被提上高通日程。

坊间传说，高通2018年的旗舰芯片一改优先与三星合作惯例，第一个选择了中国品牌小米进行合作。如果这传言成真，对小米来说是福音。或许在高通帮助下，小米就能打通在高端市场崛起的任督二脉，向三星最后的阵地发起冲锋。

三星手机在其他市场的命运将与在中国市场类似

中国是世界上最大的单一智能手机市场，美国第二，印度第三，欧盟第四。但在这些主要市场，三星顾此失彼，不断丢城失寨。

在中国市场上，三星已经零落黄泥，从鼎盛时的20%直线掉落到目前的2%，这意味着100个想买手机的用户中只有可怜的两个人愿买三星手机。这种尴尬的境况，让三星与一个三流品牌没什么两样——在中国市场，三星已经与一流品牌相差了孙悟空一个筋斗云的距离。

成也萧何，败也萧何。三星靠安卓操作系统和高通芯片成功——除华为外，其他国产手机品牌也是一样。随着中国制造水平的飞跃，三星手机与国产手机处于严重同质化竞争状况。但在性价比上，国产品牌确实做得比三星强，更受欢迎。

在本土市场的节节胜利，极大地鼓舞了国产品牌积极向海外拓展的信心。这也是三星的噩梦。三星之所以仍然把持着全球市场份额第一的宝座，其中一个最重要的原因，就是在地球上的很多国家和地区，中国品牌还没有登陆。现在这种情况正在终结，国产品牌的海外扩张步伐来得比任何时候更加猛烈。

事实胜于雄辩。现在只要有中国品牌的地方，三星手机所占份额就要被蚕食鲸吞。据美国权威市场研究机构IDC数据，在非洲市场，高居市场份额第一的，不再是三星手机，而是一家名不见经传的中国品牌传音控股，传音控股占有率高达38%；在印度市场，小米手机已经迎头赶上，

2017 年第三季度与三星所占份额旗鼓相当，以 23.5% 的占有率并列第一；在欧洲市场的多个国家，华为所占份额已经突破了 20%，来势凶猛。2017 年 10 月，华为推出了秒杀三星旗舰机的 Mate10 和 Mate10 Pro，这款手机在市场上供不应求的现状，对三星在高端市场的命运造成巨大冲击和压力。让三星吃不了兜着走的是，在三星最重要的市场——美国，曾经是华为手机的禁地。但华为已经高调宣布，在 2018 年要用 Mate10 和 Mate10 Pro 作为敲门砖，进军美国市场。鉴于产品性能上的优势 ，华为进军美国市场，成功是可以预见的。如果有朝一日，在美国市场，三星再败给了华为，那就意味着三星在全球市场都大势已去，颓势难挡了。

2016 年，三星旗舰机 Note7 发生连环爆炸，成为三星手机由盛转衰的节点。2018 年应该是三星衰运持续下滑的关键一年，如果高通旗舰芯片扶持小米发展的战略既定，那给三星手机发展带来的影响，甚至要远超 Note7 连环爆。

把自己的成功寄托在别人身上，总有一天是要遭遇滑铁卢的。华为就比较明智，既有了自己的麒麟芯片，反响很成功，又听说其还在做自己的操作系统。三星手机的成功靠别人，把命运掌握在别人手里，这可能是其跌落冠军宝座的根本原因。

（2017 年 11 月 7 日）

让自己最直接的竞争对手来做最核心的部件，等于将商业机密全盘掌握在敌人手里，这无疑是商业大忌。这让苹果感觉如芒刺在背。依照苹果的强势个性，是不会让这种状况长期延续下去的

三星“吃相难看”，苹果加速去三星化

2017 年 9 月 13 日，苹果在美国乔布斯剧院举行了新品发布会，iPhone8、iPhone8、Plus，iPhone X 惊艳亮相。同一天，三星旗舰机 Note 8 国行版在北京发布。

时间上的惊人巧合，喻示了苹果和三星既竞争又合作的“剪不断，理还乱”的相爱相杀的纠结关系。

三星是苹果的核心供应商。苹果 iPhone 的关键芯片和屏幕，都是由三星供应的。芯片是手机的发动机，在智能手机时代，芯片是凸显用户体验的最核心部件；屏幕是一部手机外部最关键的部件。

自问世以来，苹果 iPhone 常盛不衰、风靡全球，这其中三星提供的芯片和屏幕功不可没。靠着做供应商，三星跟着 iPhone 热卖，赚得盆溢钵满。

三星和苹果在手机领域，又是最大的竞争对手，尤其是在中高端市场。三星是全球最大的手机厂商，多年来市场份额一直雄踞全球第一；苹果居第二。在利润方面，两者则对调了一下，苹果攫取了全球手机行业近八成的利润，三星瓜分了一成多利润。虽然苹果和三星都面临华为、OPPO、vivo、小米等国产品牌搅局，但从目前来看，苹果和三星手机在高

端上的竞争仍然呈现你死我活的状态，且要持续相当长一段时间。

三星扼住了苹果的咽喉？

手机品牌之所以成为大牌，往往是因为有旗舰机型的存在。打造不出性能突出的旗舰机，再辉煌的品牌都要零落成泥。诺基亚、摩托罗拉、索尼爱立信、黑莓、HTC 的陨落，都是与后期推不出受消费者待见的旗舰机有关。而现在苹果、三星、华为、OPPO、vivo 的崛起，都是由于成功推出了自己的旗舰手机。

苹果就是靠一款手机打天下。2007 年苹果推出 iPhone，莽莽撞撞地杀进手机行业，并且快速崛起，成为新贵，在中高端手机领域打遍天下无敌手。iPhone 的成功在于其颠覆性的创新。iPhone 基本上是一年发布一款。迄今为止，iPhone 都是全球最牛的手机，没有哪个品牌的哪款机型能够在全球产生那么广泛深远的影响。尽管其后数代 iPhone 产品都难称得上革命性创新，但每款 iPhone 新品推出，都让发烧友疯狂，彻夜排队购买的现象在全球各地上演。

为对付 iPhone，三星推出了高端机型 Galaxy S 系列和 Galaxy note 系列。这两款机型分别是三星上半年和下半年的旗舰机型，其销量虽然不错，但在 iPhone 面前，仍然十分逊色。但正是因为有 iPhone 这个强敌的存在，激励三星屡败屡战，不断尝试创新。

尽管在短兵相接的战场，三星手机不是苹果 iPhone 对手，但三星却是苹果手机芯片和屏幕供应商。

很多款苹果 iPhone 的芯片都是由三星代工的。几乎全部的 iPhone 屏幕，都是由三星提供的。如果没有三星在这两个关键部件上提供品质保障，苹果 iPhone 的质量和体验，肯定要大打折扣。所以，业内认为，在苹果靠着 iPhone 热卖赚钱的时候，三星则是躲在其背后，与苹果一起闷声发财。

这种局面对苹果来说，是一种要命威胁。三星可以根据自己的情况，要些小手腕，例如漫天要价；根据自己产品情况拖延配件交货，抢占市场先机，延宕苹果攻势等。

貌似三星已经在利用这种优势来抑制苹果了。苹果 iPhone 7Plus 使用的是 LED 显示屏，业内估计苹果向三星缴纳 45 美元到 55 美元费用。而苹果 iPhone 8 使用的是 OLED 显示屏。这种屏工艺更复杂，目前能够规模化生产的只有三星一家。iPhone8 的显示屏，苹果向三星缴纳的费用翻了一番以上，高达 120 美元到 130 美元。

无论是谁，面对这种被称为“吃相难看”的漫天溢价，心里都会燃烧着一把无名怒火，更何况是苹果。是可忍，孰不可忍？

苹果铁心推动“去三星化”

在 iPhone 诞生相当长的一段时间里，其芯片都是以三星为主，例如，A6 芯片，就是由苹果自行设计，三星代工。

让自己最直接最可怕的竞争对手来做最核心的部件，等于将商业机密全盘掌握在敌人手里，无疑是商业大忌。这种情况，让苹果感觉如芒刺在背。依照苹果的强势个性，是不会让这种状况长期延续下去的。

随着 iPhone 在市场上站稳脚跟，去“三星化”成为苹果经营中的必然选项。在其后的芯片代工上，苹果逐渐引入东芝、西方数字公司等。而从 iPhone 7 采用的 A10 芯片开始，到今年发布的 iPhone8，苹果已经摒弃了三星代工芯片，改由台积电独家代工——iPhone6 用芯片 A9 的时候，台积电还仅占 30% 至 40% 的份额。

到 iPhone 5，其芯片还是由三星代工的。在以后的 iPhone 芯片争夺大战中，三星是否还有机会，目前尚不好说。如果失去苹果这个客户，对三星半导体业务来说，确实是一个巨大打击。

芯片领域去三星化成功后，苹果开始把去三星化的注意力转移到手机屏幕上来。据外媒消息称，苹果为打破由三星独家垄断其屏幕的现状，正在积极扶持LG向小屏幕OLED发展，苹果向LG投资了27亿美元，用于扩充OLED屏幕生产线。这种大手笔投入，足见苹果摆脱三星“屏控”的决心有多大。

当然，LG生产小型OLED显示屏的过程并不顺利，目前良品率无法达到要求。如果克服了这个问题，估计下一代iPhone就会用上LG显示屏了。但据业内预估，苹果iPhone要用上LG的OLED屏，起码要等到2019年。这意味着从2019年起，三星垄断苹果iPhone屏幕的局面将被打破，苹果对三星屏的依赖将大幅减轻。

iPhone的热卖给三星带来了丰厚利润。据三星7月27日发布的2017年度第二季度业绩报告显示：实现营业收入为61万亿韩元，同比增长19.7%；营业利润达到创纪录的14.07万亿韩元，同比增长72.9%；净利润11.05万亿韩元，同比增长88.9%，单季净利润首次超过苹果公司。这其中，面板业务的利润增幅最大。显示面板部门销售额为7.71万亿韩元，同比增长20.1%；营业利润高达1.71万亿韩元，同比大幅增长1121.4%。这其中，苹果iPhone贡献最大。

三星和LG在显示屏的生产制造上各有分工。LG供给大型OLED屏，是全球老大，占据90%以上的市场份额；三星供给小型OLED屏，是全球老大，占据95%以上的市场份额。两家彼此井水不犯河水。现在这种格局正在打破。由于苹果的扶持，LG发展小型OLED显示屏已成定局。加上OLED小型化市场空间无限，到2020年市面上出售的智能手机将有40%以上用OLED显示屏，LG的OLED显示屏小型化攻关已刻不容缓。

可以感受到，苹果在屏幕上去三星化的决心应该与在芯片上去三星化的决心一样坚强，最后目标是完全摆脱三星控制。如果有朝一日，三星连苹果在屏上的合作都彻底失去，那毫无疑问对三星是一个重大打击。当然，三星不会坐以待毙，接下来，如何接招，着实考验三星的智慧。

（2017年9月22日）

Note 7 是三星 2016 年主推的最重要的一款旗舰机型。其重要性对三星来说，不言而喻。现在这款手机发生了连环爆炸事故，让三星深受重创，其影响恐怕要延续三到五年，有可能成为全球手机版图重新划分的一次分水岭

华为超车良机：Note7 连环炸致手机版图重新划分

眼看他起高楼，眼看他宴宾客，眼看他楼塌了。

由于旗舰机型 Note 7 在全球各地发生多起连环爆炸，世界手机版图中的领头羊三星踩上“楼塌了”的节奏。

市场上，竞友之间的此消彼长是常态。与三星“楼塌了”的悲剧形成鲜明对照，则是憋足劲，想一心超越三星的中国企业华为在“起高楼，宴宾客”。

Note 7 是三星 2016 年主推的最重要的一款旗舰机型。其重要性对三星来说，不言而喻。现在这款手机发生了连环爆炸事故，让三星深受重创，其影响恐怕要延续三到五年，有可能成为全球手机版图重新划分的一次分水岭。

前段时间，苹果推出了 iPhone7。这款了无创新的手机，却在全球热卖。为啥？笔者认为，最大的原因得益于三星 Note 7 的爆炸与召回导致市场空档的出现，让 iPhone7 捡了个漏；而并非 iPhone7 本身性能有多卓越。

当然，从三星 Note 7 连环炸中获得巨大好处，甚至是最大好处的，或许并非苹果，而是华为——如果华为能够牢牢抓住这次机会的话。

华为与三星之间的战事，早在两三年前就在全球范围内点燃。在国内市场，华为率先两年完成了超越目标，但在中国以外的市场，鉴于三星多年的积累，三星仍是瘦死的骆驼比马大。如果没有 Note 7 这次连环炸出现，华为在全球市场追赶三星，恐怕还得一段时间。而这次 Note 7 连环炸给华为在全球市场对三星实现超车提供了千载难缝的机遇，华为超越三星的期限将大大缩短。

人作孽，犹可恕；自作孽，不可活。对三星在中国召回 Note 7 的问题上，三星昏得可以。

首先是当三星宣布在全球市场召回 Note 7 时，却不包括中国市场，称中国市场 Note 7 电池供应商非彼电池供应商，不会发生爆炸，引发中国消费者强烈反感。在国家质检总局约谈后，三星召回了，但态度明显是应付和敷衍的，只象征性地召回 1858 部，以抚慰国家质检总局和消费者愤慨，仍然对中国与其他国家区别对待，这种召回适得其反。

如今三星 Note7 国行版在中国大陆地区连续发生爆炸了，三星却推卸责任地称，是外部力量所致；言外之意，三星这几起爆炸是人为的，而不是自己产品所致。根据三星这种结论，于是出现了所谓竞争对手在恶搞三星的“阴谋论”，而且有意无意把矛头引向华为。

没想到华为居然当真了。利用官方微博发布声明，表明自己态度是“不作恶，不落井下石，坚持最基本的商业道德底线”。

依我看，清者自清，华为根本没必要较真。为什么？

首先三星 Note 7 连环爆炸案有多起是全球性的，华为没有这种全球性操纵三星 Note 7 爆炸的能力，如果不信，三星尽可以在全球范围内报案，让全球警察来还其清白。

其次，在中国市场，目前华为排名第一，三星落后了，三星早就不是华为的竞争对手了，实在没必要对三星落井下石，操纵三星 Note 7 爆炸，有多大意思，有多大意义呢？

一个人看风景，错过了太阳，不醒悟，就会错过月亮；错过了月亮，不醒悟，就会连星星都要错过了。Note 7 连环炸是三星自己内部问题，如果三星不能把目光从竞友身上收回，进行深刻反省，重塑形象，那么三星不仅仅是被华为超越那么简单，有可能连太阳，月亮，星星都会错过。

（2016 年 9 月 22 日）

当时乘客虽然都已登机，飞机却并没起飞，在Note 7发生爆炸自燃时，乘客被及时疏散，没有造成任何伤亡。三星是不幸的，也是幸运的。如果爆炸稍晚一点，发生在飞机飞行途中，想要疏散乘客都无计可施，从而引发巨大安全隐患，甚至可能被误认为“恐怖袭击”

Note 7在飞机上自燃，三星召回努力泡汤

最怕什么，来什么；最担心什么，发生什么。

发生在三星2016年主推的旗舰机Note 7身上没完没了的爆炸自燃事件，让三星躲无可躲，藏无可藏，焦头烂额，疲于应付。

但对三星来说，一直心存侥幸的是，这么多起爆炸自燃案件没有发生在世界上最脆弱的场合——航空飞机上。

这种侥幸在2016年10月5日被终结。

10月5日，在美国一架从肯塔基州跑易斯维尔飞往马里州巴尔的摩的编号为994的飞机上，当乘客登机就座，等待起飞，意想不到的险情来了。

据美国临界科技报道，布赖恩·格林装在兜里的Note 7突然冒出“浓厚的、灰绿的、狂爆的烟”。惊慌失措的布赖恩别无选择地掏出手机，将其扔在飞机地板上，结果飞机地毯被烧穿，客层地板底层被烧焦。目前这部手机在路易斯维尔消防部门手中。美国联邦航空局、美国消费产品安全委员会均已着手调查这件恐怖的Note7爆炸自燃案。

这件事情使三星雪上加霜。本来随着召回和危机公关的努力，Note 7

爆炸自燃带来的冲击正在不断减弱，已经降至三星爆炸门事件发生以来的最低谷，股票出现了止跌回升，但这次 Note 7 在飞机上爆炸自燃案，再把三星推向风口浪尖。

乘客是幸运的。当时乘客虽然都已登机，飞机却并没起飞，在 Note 7 发生爆炸自然时，乘客被及时疏散，没有造成任何伤亡。三星是不幸的，也是幸运的。如果爆炸稍晚一点，发生在飞机飞行途中，想要疏散乘客都无计可施。这种情况产生的后果，比现在要严重千百倍。

与中国消费者的 Note 7 手机发生爆炸自燃在较为私密的场所，给三星提供了较好推卸责任的机会不一样，这次爆炸是发生在最脆弱、最敏感的公共场所——飞机上，在众目睽睽之下，人证物证确凿，三星责无旁贷，只有认真面对。

当时这部 Note 7 处于关机状态，电池量只有 80%，并非处于爆炸自燃容易发生的充电状态。在此之前，Note 7 发生爆炸，被认为最可能的就是在充电或者电池满格的时候。

这次 Note 7 爆炸至少还佐证了两件事：一是三星原先声称在中国使用的 Note 7 用的是中国新能源科技有限公司 ATL 电池因此是不存在安全问题的，这是三星之所以在中国原来不召回，后来只是象征性召回 1858 部手机的理由。Note7 在美国飞机上爆炸自燃，让三星这种“想当然”不成立。二是三星在 Note 7 发生连环爆炸后，一直努力在召回换新，新手机是改用 ATL 电池后的新 Note 7。在飞机上发生爆炸自燃的，并非尚待召回的旧手机，而是布赖恩在收到三星发送的短信召回通知后，2016 年于 9 月 21 日从美国运营商那儿更换到的一部同款的三星 Note 7 新手机。现在看来，重新上市的 Note 7 仍不靠谱，也就是说三星还没有找到 Note 7 发生爆炸自燃的根源，没有从根本上解决 Note 7 爆炸自燃的问题。这可能使得三星针对 Note 7 的所有召回换新努力都化为乌有。

风起云涌的禁令让 Note 7 无处容身

到目前为止，全球那么多品牌中只有三星手机被各大航空公司当作危险品禁运。在2016年10月5日之前，或许三星和部分使用者认为禁止在飞机上使用Note 7是小题大做。但在事情发生后，我们不得不佩服各国政府的相关部门做出的禁飞Note 7是明智之举。

连续不断发生的爆炸自燃案，是世界各地航空公司禁飞Note 7的根源。9月1日，Note 7韩国用户手机首次发生爆炸。9月2日三星发布召回声明，建议用户停止使用Note 7手机，掀开Note 7召回序幕——如果Note 7首例爆炸不是发生在韩国，恐怕三星反应没有这么快，而发生在中国用户身上的Note 7爆炸甚至被三星质疑为人为故意。

9月8日，美国联邦航空局发表声明称，“强烈建议”乘客在登机后不要启动Note7手机或为其充电，也不要把它放在托运行李里面。9月9日，日本国土交通省发布类似警告，要求国内各航空公司不要让乘客在飞机上使用Note7手机。9月10日，韩国交通部发表声明，要求Note7手机用户在乘坐飞机时全程关机，且手机不能放在托运行李内。到9月11日，仅仅数天时间，全球已有超过10个国家和地区将三星Note7列入危险品，禁止在飞机上使用、充电。随后新加坡航空、澳大利亚、阿联酋、巴基斯坦、加拿等多家航空公司纷纷发布类似警示。

这种关于Note 7的禁飞令，在9月12日终于被中国航空公司效仿。当天海南航空首开先河，宣布禁止集团员工携带Note7登机、托运，也不接受旅客在飞机上使用和托运Note7。其旗下的天津航空、金鹿公务、祥鹏航空、首都航空、西部航空、福州航空、乌鲁木齐航空、北部湾航空、扬子江航空、桂林航空、长安航空等航空公司，也被要求统一执行。9月13日，北京首都航空有限公司在官方微博宣布，为确保安全，不接受旅客在飞机上使用三星Note 7、充电或行李托运。9月14日，春秋航空加入“封杀”三星 Note7 手机行列。9 月 14 日，中国民航总局正式对三星 Note 7 下发“禁令”。

目前全球主要航空公司已相继禁止乘客在机舱内使用 Note 7。而现在这种对三星 Note 7 的“禁用”快速从航空领域向其他公共场所蔓延。9 月 14 日，美国部分城市交通管理部门严禁乘客机乘坐公共汽车和地铁时使用三星 Note 7。或许与航空公司对 Note 7 禁飞效果一样，在其他公共场所禁用 Note 7 也会迅速被其他国家和地区纷纷效仿，如此以来，三星 Note 7 将没有容身之处。

在三星召旧换新之后，韩国交通部允许携带新的 Note 7 上机，认为新机解决了自身安全问题，消除了隐患。但在美国飞机上换新后的 Note 7 再度发生爆炸自燃让三星召回换新努力变得前功尽弃。

或许，关于三星 Note 7 手机的全球禁令之解除将因此遥遥无期。

（2016 年 10 月 12 日）

随着时间的推移，以及Note 7的销声匿迹，Note 7爆炸自燃事件渐渐趋于平息，三星元气也在逐步恢复中。但出乎所有人意料的是，三星居然还没折腾完，现在又要将Note 7再度拿出来翻新出售，撕开自己和消费者刚结好的痂，将带血的伤口再次裸露在公众面前

Note 7翻新上市，启动自毁程序

最近一则重磅消息，与三星2016年旗舰机型GALAXY Note 7的第一声爆炸一样，响彻通信圈，刷爆朋友圈：三星计划将因电池存在风险而被撤下市场的Note 7手机翻新出售，或回收利用此机型某些零部件，以此来挽回部分损失。三星认为，除电池以外，Note 7并不存在其他问题。

回收利用其中的某些手机零部件本无可厚非，但把存在爆炸自燃隐患的Note 7翻新出售，却突破了消费者的承受底线。

Note7之痛

Galaxy Note系列是三星的旗舰机型，每年发布一款，这是三星一年最重要的事情，也是世界通信圈的大事。Note系列为三星在全球范围内拓展市场，赚取真金白银立下了汗马功劳。从某种程度上讲，三星在高端市场，所倚仗的就是这款旗舰机型。

但2016年，三星却栽在了这款旗舰机Note 7上。Note 7上市后不久，就发生了爆炸，并且不是一个孤立的爆炸，而是在世界各地，接连不断地

发生自爆自燃现象，被世界各地相继禁售、禁飞、禁运，到现在这种"三禁"都还没有解除。最后三星不得不挥泪斩马谡，全部实行召回处理。

据悉，从上市到停产召回，三星一共在市场上投放了306万部Note 7手机，三星为此元气大伤，直接导致数百亿美元损失。最让三星无法承受的是，这事给三星品牌和形象造成巨大的伤害和打击，至今没有恢复，业界都把这事儿定义为三星从盛转衰的转折点。

随着时间的推移，以及Note 7的销声匿迹，Note 7爆炸自燃事件渐渐趋于平息，三星元气也在逐步恢复中。但出乎所有人意料的是，三星居然还没折腾完，现在又要将Note 7再度拿出来翻新出售，撕开自己和消费者刚结好的痂，将带血的伤口再次裸露在公众面前。

据三星自己统计，Note 7将在未来三个季度中给其带来55亿美元的利润损失，三星或许可以凭借出售翻新机Note 7挽回不少损失。但如果再度发生爆炸自燃现象，那该如何向消费者交代？

翻新机出售的市场选择：暂无中国

当然，三星出售翻新Note 7，应该只是试探性的，并不会立马在全球范围内铺开。据悉，目前确定试水的市场是印度和越南等新兴市场，暂时没有中国市场。

三星这种决策，不知道印度和越南等国的消费者作何感想。但出售Note 7翻新机，没有中国市场，这个决策是英明的。因为，目前中国市场不缺旗舰机型，并且三星份额在不断下滑，更重要的是，目前中国消费者由于韩国部署萨德问题，对韩国企业及其出售的产品相当敏感，显然在中国市场出售翻新的Note 7会受到消费者自觉抵制和抨击，能否打开局面、产生销售，仍是一个未知数。

作为新兴市场，印度和越南没有受到韩国部署萨德影响，消费者对Note 7翻新出售接受程度要高。由于Note 7仍然存在相当大的竞争力和吸引力，加上三星采取的降价销售，以及在宣传策略上可能采取诸如已经换上安全电池等说法，或许确实可以打开一定局面，赢得市场。

但这也存在巨大隐患：从三星自己公布的对Note 7爆炸自燃调查来看，三星并没有彻底找到解决Note 7爆炸自燃的办法，将隐患消除。如果Note 7爆炸自燃问题彻底解决了，重新包装上市，估计没人有意见。但问题的关键就是，三星并不能保证翻新出售的Note 7再不会发生爆炸自燃的情况。一旦发生，那么，三星在印度、越南这些新兴国家的信任度，也将降至冰点，日后想翻盘就难了。

从这次Note 7翻新机的销售市场试水的选择来看，没有中国，倒是三星难得一见的英明选择，至少没有火上浇油，彻底惹怒中国消费者。

凸显三星运营的没落思维

如果三星是一个对消费者负责任的大企业，那么，既然召回了，就不会再打翻新出售的如意算盘——当然将其拆解，然后回收部分零部件再利用，倒是一种无可厚非的处理思路，但这对想挽回巨额损失的三星来说，显然不是最好的办法。Note 7要翻新再杀回市场，不得不说是一步险棋。

笔者认为，三星这种作法凸显了其运营思维正在走向没落——只知逐利，不顾消费者利益，在销售业绩和利润下滑的背景下惊慌失措，无法权衡轻重主次。

三星曾是中国企业的老师，但中国企业也有值得三星参照和借鉴的例子。当年海尔张瑞敏让工人们抡起大锤将问题冰箱一举砸毁，虽然造成了损失，但对企业经营意义重大：一是在企业内部让质量意识深入人心；二是此举彰显了海尔对质量的追求和态度，为其赢得了全国乃至世界性声誉。

现在三星对待问题产品却是反其道而行之，不仅没将残次品销毁，反而将其翻新上市，只为自己着想，没有为消费者的生命和财产安全的着想。

不是说没有激怒中国消费者，三星就可以在其他国家的市场上为所欲为。每个消费者都是上帝，每个消费者的利益和生命都值得尊重。这条原则，是所有希望消费者掏腰包买单的企业都要遵守的底线。

印度有10多亿人口，既是一个发展最快的新兴市场，也是一个潜力无穷的市场。对三星这样的跨国企业来说，重要性不言而喻，特别是三星在中国这样一个巨大市场上渐渐走下坡路的时候，印度市场愈发重要。

如果三星 Note 7 翻新机再度出现爆炸自燃，那就有可能演变成新兴市场国家对三星的集体讨伐和抛弃。这种可怕的后果，三星要有所顾忌。

如果问题没有彻底解决，三星出售 Note 7 翻新机，就是一种可怕的赌博，赌注则是三星的品牌形象和信誉。三星在出售 Note 7 翻新机、挽回损失的同时，也为自己的前途和未来埋下了一颗随时可能引爆的炸弹。

（2017年7月3日）

不排除三星有借“Note 8 发布”来转移媒体和社会关注焦点，以冲淡李在镕被判刑给三星品牌带来的冲击。但更不能否认 Note 8 承担的历史使命，更在于三星欲借 Note 8 来清扫 Note 7 在全球范围内发生的系列爆炸自燃事件将三星产品拉下质量神坛的阴霾，以及疗治“Note 7 爆炸门”给三星品牌带来的巨大伤害

沦为旗舰配角，三星 Note 8 四面楚歌

为抢占下半年高端市场，2017 年 8 月 23 日，三星旗舰机 Note 8 在美国市场粉墨登场。据可靠消息，Note 8 国行版将于 2017 年 9 月 29 日在中国大陆首发。笔者认为，从上市时间安排来看，Note 8 还是一如既往地“支持”了三星的地域歧视性销售政策，对中国大陆市场的重视及其用户的尊重程度仍然不够。

与三星发布 Note 8 旗舰机的喜讯形成鲜明对照的，则是 8 月 25 日三星集团实际控制人、未来掌门人、三星电子副会长李在镕由于犯行贿、贪污、伪证罪、海外转移资产罪等多项犯罪被韩国法院一审判决获刑五年。

这一悲一喜两件事如影随形，不约而同地发生，不排除三星有借“Note 8 发布”来转移媒体和社会关注焦点，以冲淡李在镕被判刑给三星品牌带来的冲击。当然，我们更不能否认 Note 8 承担的历史使命，更在于三星欲借 Note 8 来清扫 Note 7 在全球范围内发生的系列爆炸自燃事件将三星产品拉下质量神坛的阴霾，以及疗治“Note 7 爆炸门”给三星品牌带来的巨大伤害。

Note 系列产品以后能否重振旗鼓，Note 8 的表现确实至关重要，因为 Note 8 是 Note 7 的第一个继任者。然而 Note 8 能堪当重任吗？

既无产品革新又有丑闻影响

从 Note 8 性能来看，这款旗舰机虽然有亮点，但并非星光熠熠，称不上是一款有创举的产品。从曝光的产品外观和性能来看，Note 8 只是把 S8 + 的硬件塞进了 Note 7 的机身内，再加上一支手写笔。Note 8 用的是骁龙 835 芯片，6.3 寸全视曲面屏，前置 800 万像素单镜头，后置 1200 万像素双摄像头，支持虹膜识别，支持机身 IP68 防尘防水，支持无线充电，配备 S Pen 手写笔。这些功能，很难称得上有什么革命性变化，其他品牌的旗舰机都或多或少地具备。

卓越性能是产品俘获用户心灵的敲门砖。从 Note 8 的表现来看，足以明白为什么这些年三星手机在中国市场上的滑落如此迅捷——三星手机已经很难做到"人无我有，人有我优"了。哪怕是三星旗舰机型，也只不过是与其他品牌的旗舰机一样，是时下新应用功能的集大成者，将 Note 8 与已经发布或者即将发布的国产旗舰放在一起，用户已经看不出有多少质量和性能的差异化，这正是三星手机遭遇断崖式下滑的最关键因素。

除掉产品性能上的因素，环顾在中国的经营环境，Note 8 已经身陷十面埋伏之中，身边已经唱响了四面楚歌。

从大的层面上来看，三星品牌已经陨落神坛。近年来一连串丑闻让三星蒙羞，特别是老会长李健熙招嫖，现掌门人李在镕入狱，都让三星多年来累积起来的口碑和形象倍受打击，创伤深重。要从根本上将品牌创伤重新治好，恐怕是非一日之功了。

发生在 2016 年的 Note 7 系列爆炸自燃事件，成为三星产品深陷危机的转折点。从那以后，在中国市场上三星手机逐渐"门前冷落鞍马稀"。Note 8 是三星继 Note 7 之后的第一款 Note 系列旗舰机型。在经历了 Note 7

系列爆炸自燃之后，用户对其质疑依然广泛存在。Note 8 能否走出 Note 7 爆炸自燃带来的阴霾，依然有待观察，至少从目前来看，在中国市场上要消除其影响可能并不现实——因为在 Note 7 发生爆炸自燃之后，三星不是积极抚慰消费者的情绪、不是直面用户甚至受害者的质疑、不是积极解决问题，而是歧视性区别对待中国消费者，百般推诿责任，这让中国用户心寒齿冷，也让三星形象大打折扣。这也是三星在中国不受待见的一个重要因素。目前，三星在中国大陆的市场份额已经下滑到 3% 左右，约在十名开外，仅为三星手机在中国市场巅峰时的零头。

受中国本土手机崛起的冲击

当然，在中国大陆市场求生，Note 8 还要面对中国本土“群狼”的崛起，共同争抢蛋糕的局面。

与 Note 8 几乎同时上市的，还有苹果的旗舰机 iPhone 8。这两款旗舰机，在消费者眼里，不是旗鼓相当，而是优劣有别。无论是从品牌上看，还是从产品性能上比较，Note 8 与 iPhone 8 恐怕都不在一个重量级别上——尤其是在用户心理上。已有数据表明，三星客户，特别是高端客户的流失，主要方向是苹果和华为的高端机，Note 8 要阻止和改变这种趋势，确实是一件并不容易的事情。如此说来，既生亮，何生瑜，仅仅一个 iPhone 8 就够让 Note 8 头大。

在中国市场上，Note 8 还要面对国产群雄的围剿。放在 2G 和 3G 时代，国产群雄要围剿三星高端手机，那是痴人说梦。但现在世界已经改变了模样，今天国产高端手机已经被消费者普遍接受，Note 8 已经不再是高端市场上屈指可数的选择。对于 Note 8 来说，目前是前有围堵，后有追兵。OPPO R11、vivo X9，都是 Note 8 的有力竞争者。当然，随后而来的，还有华为的 Mate 10。在中国市场上，三星 Note 8 要竞争过华为 Mate 10，难度确实不是一点点。以华为、OPPO、vivo、小米为代表的国产手机阵营，已经占据了中国市场上80%以上的份额，剩下的才是三星和苹果等外资品牌的地盘。三星在中国市场上销量最大的其实还是中低端手机，如此说来，轮到Note 8，还有多少用户呢？

从三星上半年的旗舰机型S8的销售情况，就可以侧面折射出Note 8在中国市场上的销售前途。S8在全球销量还算过得去，也是三星继续占据手机全球份额的有功之臣，但在中国市场上，S8却是销售惨淡，与三星的期待相去甚远。

Note 8在中国市场上不被看好，还有一个不得不说的原因，那就是中韩两国的政治现状。由于韩国政府执意部署萨德反导系统，这让中国消费者十分反感“韩流”，并且迁怒到韩国品牌上来。这种爱国行为已经习惯性地演变为消费者对“韩国货”的一种自觉抵制，用户除了不到乐天超市买东西，不到韩国旅游，抵制包括三星、LG、现代等韩国产品，从而导致这些品牌在中国大陆的销量出现断崖式下跌。

由此看来，三星Note 8要想从困局中突围出去，在中国市场上取得较好的销售成绩，难度恐怕很大。笔者预测，在2017年下半年群雄逐鹿的中国高端市场，Note 8难以成为一号主角，充其量只能算是一个配角而已。

（2017年8月30日）

暂时看不到其他手机品牌使用华为海思麒麟芯片的消息。但可以肯定，华为将来将与三星一样，为其他手机品牌供应芯片，一起抢占半导体市场。这才是三星噩梦的真正开始，足以让其寒意从脚底陡然升起

非手机，非Mate 10！三星最怕华为什么？

与全球其他市场的热销局面截然不同，三星的Note 8和苹果的iPhone 8在中国市场都遭遇了罕见寒流。

在中国市场，三星不仅其他机型卖不动，甚至连旗舰机Note 8都“扑街”了。苹果和三星留下的空白，总是需要填补的？高端市场的消费者究竟在等待什么？

Mate 10要填补Note 8和iPhone 8遇冷空白？

与三星的Note 8和苹果的iPhone 8处在同一个竞争档次的，或许只有华为Mate 10了。目前来看，三星的Note 8和苹果的iPhone 8在中国市场上留下了太多空白。华为Mate 10能否填补这些空白，答案很快就会揭晓——2017年10月20日，华为Mate 10上市发布将如期举行。2017年以来，不断看到各种版本的手机品牌忠诚度用户调查，无一例外地显示，苹果和三星的高端客户正在加剧流失，他们都在奔华为而去。

在中国市场上，华为对三星和苹果的攻势，正在不断得到巩固和强化。在全球市场上，这种表现也越来越明显。可以预见，未来华为从三星

和苹果那儿大面积地抢夺地盘，实现超越，那是大概率事件。

华为手机销量表现正在证明，不断超越对手，是一件快乐的事儿，也是其使命。爱立信曾是华为追赶的目标，现在爱立信只能望其项背了；思科曾是华为追赶的目标，现在思科也被华为远远甩在身后。华为一路赶超，不断把世界巨头踩在脚下，现在到了华为向三星、苹果亮剑的时候了。

在手机市场，三星已经感到华为的刺刀刺心，血在不断地从伤口渗涌出来，染红的面积越来越大。Note 8 的遇冷，整体市场份额不断下滑，就是一个醒目的警告。Mate 10 上市近在咫尺，这款被全球高端市场看好的手机，到底给三星 Note 8 和苹果 iPhone 8 造成的冲击是强震级别的，还是海啸级别的，相信马上就有答案了。

Note 8 和 iPhone 8 的遇冷，让我们有理由相信：中国消费者确实是在等待华为 2017 年最强机 Mate10 横空出世，闪亮登场。

不是手机，不是 Mate 10，三星最怕华为什么？

目前三星和华为正在开打专利战，在中国和美国两个主要战场上同时开打。专利战只是两大世界巨头多样化战争手段的一种形式之一，反映出其碰撞之激烈，堪称贴身肉搏。

华为已经给三星制造了太多麻烦。但无论是专利，还是手机，都可能不是三星最怕的。

三星到底最怕华为的什么业务？

三星最怕华为的是其芯片业务。

目前三星是全球最大的芯片供应商之一，其中 DRAM 占据了全球一半以上的市场份额，是三星帝国利润的主要支撑。

由于 Note 7 爆炸造成的后遗症，曾经是三星利润大头的移动通信业务在三星利润版图中的份量和贡献急剧萎缩。但从三星财报来看，其总体利润不降反增，惊艳全球。

2017 年第一季度，三星综合营收 50.55 万亿韩元，同比增长 0.77 万亿韩元，综合营业利润 9.99 万亿韩元（约 87.5 亿美元），同比增长 3.22 万亿韩元。其中半导体业务的利润为 6.31 万亿韩元，同比增长 139.92%，贡献了三星集团总利润的六成以上。

所以，芯片业务成为三星神圣不可侵犯的阵地。如果芯片业务也被侵蚀了，那就意味着三星的江山从根基上开始动摇了。这才是三星的心腹之患。

华为就想重拳痛击三星的软肋。就在三星旗舰机型不得不用高通芯片的时候，华为 P 系列、Mate 系列就用上了自己研发的海思麒麟芯片。现在已经得到了市场证实：华为手机芯片性能卓越，帮助华为手机实现了差异化竞争。这也是华为手机不断抢占三星高端机市场的重大杀器。

尽管目前华为芯片以自用为主，暂时看不到其他手机品牌使用华为海思麒麟芯片的消息。但可以肯定，华为将来将与三星一样，为其他手机品牌供应芯片，一起抢占半导体市场。这才是三星噩梦的真正开始，足以让其寒意从脚底陡然升起。

经过华为系列手机验证，华为海思麒麟芯片性能经得起市场考验。基于此，笔者呼吁并期待华为早日向其他手机厂商开放芯片供应，为国产手机的集体崛起增添更强大的中国元素，让中国制造从“芯”占领世界。

（2017 年 10 月 17 日）

如今的LG手机已经“风流总被雨打风吹去”。在全球市场，LG手机已被挤出前五；全球五强分别为三星、苹果、华为、OPPO、vivo。2017年随着小米手机强势反弹，LG手机更无容身之处

LG手机在华惨淡经营，或成下一个跌倒品牌

LG手机现“楼塌了”迹象?

伟大的手机发明者摩托罗拉，说倒就倒了；曾占据全球市场半壁江山的诺基亚，说倒就倒了；拍照和娱乐之王——索尼爱立信，说倒就倒了；曾经的安卓王者HTC，说倒就倒了；主打邮件推送的安全手机黑莓，说倒就倒了。曾经喧嚣一时的“中华酷联”，现在只剩下华为在长国人志气。

中国市场是全球最大的智能手机市场，竞争也最激烈。所以，中国市场成为手机大牌“楼塌了”的晴雨表，甚至是发韧之地。

最近的中国产业界，新闻焦点大多集中在乐视、酷派及贾跃亭身上——其实，现在乐视和酷派是一家，2016年6月，乐视再次出资购入酷派股份，持股比例达到28.9%，成为单一控股股东。贾跃亭的进，郭德英的退，成为酷派由盛而衰的转折点。笔者可以不客气地说，酷派是被乐视拖死的。

这些热闹，掩盖了另一家企业的颓势，让人忽略了另一手机品牌大厦将倾——这家品牌就是韩国LG手机。当然，LG被忽略的另一重要原因，

就在于在中国市场上，LG不像摩托罗拉、诺基亚那样曾经红极一时，LG手机或许从来没有轰轰烈烈过，即使有，那也是昙花一现，是很遥远的记忆了。

无论是在全球市场，还是在中国市场，LG手机“楼塌了”已经明摆在那里。在全球市场，LG手机辉煌的时候，曾仅次于三星和苹果，傲居全球三甲，并且坚持了相当长一段时间；在中国市场，LG曾凭借巧克力系列，混迹于大牌行列，特别是在功能机时代，LG手机确实成为年轻时尚的代名词，在女性群体中颇有口碑。

如今的LG手机已经“风流总被雨打风吹去”。在全球市场，LG手机已被挤出前五；全球五强分别为三星、苹果、华为、OPPO、vivo。2017年随着小米手机强势反弹，LG手机更无容身之处。根据各大品牌2017年的销售情况，现在基本上可以作出判断，到年底收官时，LG手机在全球市场所占份额将跌落到七八名开外——这正是一个全球性手机品牌的生死存亡线。

LG手机最新财报有力地佐证了这个判断。目前，手机业务已经成为LG整体运营的包袱和拖累。据LG集团财报，2017年年第二季度，LG整体营收128.9亿美元，利润5.9亿美元。其中手机业务营收23.9亿美元，亏损1.17亿美元。这已经是LG手机业务连续9个季度出现亏损。

虽然LG财大气粗，但估计没有企业掌门人愿意让这样一个业务单元无限期地亏损下去而无动由衷，但目前LG似乎还没有找到扭亏为盈的好办法。

在华留下来还是退出真是个问题

在中国市场，LG手机更是惨淡经营，见不到光亮。

据第三方数据，2016年，LG手机在中国市场的出货量为46.7万部左右。IDC数据显示，2016年，中国市场手机出货总量为4.67亿台。按照这个数据计算，LG 手机在华所占份额约为 0.1%。

这个数据有多尴尬？在中国，随便一个三流手机企业，出货量都要高于这个数字，所占份额都要高过这个比例。换句话说，以销量论，LG 手机在华大牌形象已荡然无存，沦落到要看山寨小品牌脸色求存的窘境。

除了品牌坐在下滑的过山车上，LG 手机价值同样在不断沦陷。LG 手机曾经作为国际大牌中高质高价俱乐部的成员存在，但现在 LG 手机根本卖不上高价，在中低端价格区间游走。即使是 LG 手机的旗舰机型，都与其他品牌旗舰机价格相去甚远。反观以华为、OPPO、vivo 为代表的中国品牌，却是成功地开启了品牌和价值的双升通道，做得风生水起。

困扰 LG 手机发展的，是其在高速变化的市场面前，无所适从，比其他对手要慢几拍。其中典型的例子就是 2017 年 LG 旗舰机型 G6。其他品牌都在用高通骁龙芯片 835 了，G6 却仍然停留在 2016 年旗舰机标配骁龙芯片 821 上——芯片是智能手机的发动机，如果芯片都跟不上旗舰机标配，那还算是旗舰机吗？

虽然最近发布的 LG 旗舰机 V30，用上了高通骁龙芯片 835，但仍然是"轻舟已过万重山"。比起其他品牌，用 835 的旗舰机早就问世了，但 LG 这种反应像极了《六指魔琴》的迟来大师，姗姗来迟。三月河东，三月河西的手机行业向来崇尚快鱼吃慢鱼，三五个月后格局就会发生巨大变化。现在苹果 iPhone 推新品的速度都明显落后了，更何况 LG？不能及时推陈出新，就吸引不了眼球，销量和价值也就上不来，被淘汰，就成为一种必然选项。

当然，还有一个根本性的问题，就是 LG 手机连起码的质量关都过不了。据国外媒体报道，LG G4/V10 因为重启门问题在美国遭遇集体诉讼。国行 LG G 系手机质量问题也层出不穷，包括 G2 的断触门、G3 的尾插门、G4 的主板门和 G5 的品控差。

难怪不时听见 LG 手机要退出中国市场的传闻。当然，产品是否退出某市场，虽然是由企业主观决定，但客观上得由市场说了算。如果沦落到无人问津的地步，即使硬撑着也没意思——如果财大气粗，亏得起，硬赖着不走，也未尝不可。

在韩国政府不听中国良言苦劝，固执地坚持部署萨德反导系统，惹怒中国消费者的大前提下，LG手机在华发展只能是雪上加霜，救赎艰难。难怪LG自己也在慢慢丧失信心，其旗舰机G6在中国上市时，LG一反常态，发布会都懒得做一个了。

（2017年9月12日）

把联想手机与华为手机生拖硬扯在一起，余承东没意见，消费者都有意见。其实谁都明白，国产手机里面，华为是做得最好的，杨元庆把联想手机与华为手机拉在一起，只是为了找一个炒作噱头，凸显一下自己而已

联想手机凭啥进世界前三？

在举世瞩目的乌镇“第三届世界互联网大会”，擅长话题营销的联想董事局主席杨元庆又让自己“网红”了一回。他抛出的一个“小目标”成为媒体关注焦点：与小米、华为一起成为全球前三，再与小米、华为争第一。

排除企业自己运作媒体的因素，这种远大志向从一个中国企业家嘴里吐出来，确实很灭他人志气，长自家威风。网友互动如潮，媒体报道铺天盖地，这让人不得不服杨元庆操纵话题的智慧。

但在无边喧嚣过后，冷静一想，很为杨元庆捏一把汗：很想知道杨元庆在享受一时口舌快感之后，晚上是否睡得踏实？

杨氏小目标的双重逻辑

杨氏小目标看似轻描淡写，但说起来容易，做起来难，做成功更难。笔者认为，杨氏小目标至少包含了两层意思。

这两层意思，其实就是联想手机实现复兴的两步走计划：一是进入世界前三，与华为、小米平起平坐；二是在进入世界前三之后，还要继续往

前走，最好是一不做二不休，做到世界第一。

联想手机目前现状是身陷困境，四面楚歌，在手机市场上兵败如山倒。据统计，即使在中国市场，联想手机早就跌出了前五。在这种情况下，杨元庆喊出自己的小目标，确实需要胆量和勇气。

联想手机要实现杨氏小目标，我估计包括联想内部高管在内，全中国都难找到这种不辱使命的联想手机掌门人了——这也是联想手机掌门人更换频繁的根源所在。

或许联想真有实现杨氏小目标的人选，即杨元庆自己，因为要实现杨氏小目标，联想手机需要爬太多的山，蹚太多的河，容易出师未捷身先死了。

联想手机进入世界前三，不是喊出来的，而是做出来的。定一个小目标容易，实现一个小目标却不容易，特别是当这个小目标带有相当浮夸的基因时，要实现起来就更不容易了。

当然，不能过于否定杨元庆。杨元庆定下这个小目标，有其合情合理的情份：一是基于联想转型的需要，因为联想传统业务端的PC、笔记本正在走下坡路，虽然移动互联网发展浪潮不至于将其彻底淘汰掉，但不断侵蚀其势力范围，压缩其生存空间，已是不争的事实，联想迫切需要实现从传统互联网向移动互联网的转型。二是手机市场容量确实巨大，从目前趋势来看，科技越发达，时代越进步，人和机的关系就越密不可分，基本上可以说人在机在，这种情况估计在相当长一段时间内都没法改变。所以说，手机市场的容量是最大的。如果联想不能在这个行业有所作为，那就意味着作为科技企业的联想将前途黯淡。

杨氏小目标罔顾事实

杨氏小目标看起来是香喷喷的，但可能是镜花水月。笔者认为，其中有两个罔顾事实的地方：一是手机行业发展现状，特别是各企业目前的江湖地位和日后的发展前途。二是联想手机自身的实力和前途。

在杨氏小目标对标的企业中，华为现在已经是世界第三，中国第一了。这是到目前为止，是中国企业达到的最高高度。难能可贵的是，凭借强大的研发创新实力，目前华为手机高速增长态势并没有戛然而止，而是仍然以强大加速度不断前进。最近华为推出的 Mate9 高端手机，被国内外消费者广泛看好，创造了国产高端手机规模化销售的奇迹，正在不断蚕食鲸吞苹果和三星的高端市场。由于竞争对手三星受旗身舰机型 Note7 连环爆炸事故影响，苹果受 iPhone7 创新能力不足影响，华为上升通道在不断扩张，特别是华为在国际市场上不断攻城掠地，成为支撑华为未来具有极大增长空间的根源——借助早就实现了国际化运营的品牌、渠道和对各地商业规则的熟练运用，华为手机在全球的前途确实令人期待，将来成为世界第一并非神话和梦想。

小米要进世界前三，或许有点儿悬。前两年，凭着高配低价路线，以及互联网炒作和营销，小米风风火火闯了一回九州。但小米崛起只是昙花一现，由于科技创新实力不足，品牌不强，营销套路容易被复制，目前小米已经在走下坡路，甚至在国内市场，小米已被 OPPO、vivo 超越，勉强跻身前五。作为步步高系的 OPPO 和 vivo，其崛起主要得益于三个方面：一是步步高系长年累月积淀下来的强大工艺设计制造能力；二是一张渗透到全国四五级市场的强大的营销网络，这张网络让 OPPO、vivo 在所有国产手机品牌中与中国消费者的接触面是最大的；三是 OPPO、vivo 做品牌的坚定决心、丰富经验、以及当即立断的行动。在广告投入，终端建设等营销推广上，OPPO 和 vivo 几乎不遗余力，比任何国产手机品牌都要大方。这些明显优势是目前小米手机相形见绌的地方。杨氏小目标凸显出杨元庆对手机行业的发展和现状雾里看花，一知半解，没有做到"知己知彼"。如果做不到这点，联想手机要打胜仗，要翻身，那确实比较困难。

与小米比起来，联想手机状况不断，情况糟糕，更别说把联想手机和华为手机放在一起来了。把联想手机与华为手机生拖硬扯在一起，余承东没意见，消费者都有意见。其实谁都明白，国产手机里面，华为是做得最好的。

与华为手机比起来，联想手机或许“要啥没啥”。先说旗舰机。这些年来，联想手机不断下滑的一个根本原因，就是打造不出一款叫得响的旗舰机。旗舰机是手机品牌的支柱。有了消费者认可的旗舰机，品牌就有了依托，市场拓展就容易了。与旗舰机相呼应，是企业的科研创新实力。联想是一个以营销见长的企业，科研创新不是其强项，特别是在手机端上表现较弱——这也是联想收购摩托罗拉的一个重要理由，收购摩托罗拉后，旁观者并没看到联想手机在科研创新上有多大改变和飞跃。在品牌运作上，联想手机也在不断走错路。最近传出，联想手机要放弃联想品牌，专攻摩托罗拉和ZUK。这种抉择，或许对联想手机集中资源打造一个品牌，对拓展国际市场有帮助。但别忘了，中国是全球最大的手机市场，全球约三分之一的市场都在中国，而摩托罗拉在中国已经是一个被消费者遗忘得差不多的手机品牌了，要重拾中国消费对摩托罗拉的信任，那是一条相当漫长的路。这种放弃，或许意味着联想手机在中国市场将面临进一步萎缩的可能。

处于这种境地，面对这种情况，杨氏小目标要实现起来是不是太艰巨，太不现实了？

或许要实现杨氏小目标，杨元庆自有高招，毕竟杨元庆是联想集团掌门人，手里掌握的资源太多，当年联想手机短暂地成为全国第一，其中贡献较大的是买下了摩托罗拉。杨元庆要实现杨氏小目标，说不定已经有了购买对象呢！

但笔者从联想长远发展着想，从中国制造发展着想，希望杨元庆脚踏实地，少浮夸，切实带领联想手机走出困境。

（2016年11月22日）

联想要把电脑业务世界第一这顶美丽的桂冠夺回来，光靠自己的市场力量是不行的，通过并购其他品牌来实现，虽然简单粗暴，但行之有效

联想简单粗暴的并购保位方式能走多远？

依靠不断并购，在全球 PC 市场雄踞榜首的联想集团，不得不考虑再次买买买了——强大的对手惠普 2017 年销售表现强劲，实现了再次反超，从联想手里夺走了 PC 份额第一的宝座。

据市场调研机构数据，惠普笔记本三季度表现依旧强劲，出货量首次达到 1100 万台，较上一季度增长 17.6%，市场份额由上二季度的 23.4% 增至 25.8%。预计四季度惠普笔记本出货量还将增长 0.3%，全年出货量将达 4000 万台，确保 2017 年成为全球第一大笔记本厂商。

如果在电脑业务上不是世界第一，联想还是联想吗？别人如何评价和看待杨元庆？

联想要把这顶桂冠夺回来，光靠自己的市场力量是不行的，通过并购其他品牌来实现，虽然简单粗暴，但行之有效。

这次联想瞅准的收购对象是日本富士通和东芝的笔记本业务。前者已经谈判完成，花费是 2.24 亿美元。交易后，联想在日本的市场份额将由目前的 25%，提升到 40% 以上，也凭借富士通个人电脑在全球份额的 4%，联想可以再度超越惠普。2018 年呢？如果要继续保持全球第一，恐怕得考虑竞购东芝电脑业务了。如果能够成功并购东芝电脑业务，确实有助于进

一步巩固联想在全球地位。

富士通电脑业务要卖，那是因为经营不善，2017 年富士通亏损 100 亿日元。东芝笔记本也好不到哪儿去。

日本是一个奇怪的市场，消费者只认本土品牌，像苹果、惠普、戴尔这些在全球做得风生水起的电脑品牌，在日本都不受待见。在日本市场上，做得比较成功的是东芝、富士通、NEC 这些“地头蛇”。外来品牌想要站稳脚跟，取得成功，还真得通过收购东芝、富士通这样的本土品牌来打开局面。当然，这招数只对拓展日本市场有用，在全球其他市场，日本品牌却在不断萎缩，逐渐沦为小众品牌，难有起色。

联想不差钱，是参与国际并购最疯狂的一家中国企业了。2004 年联想收购了 IBM 的个人电脑业务，一举成为全球第三。其后，联想相继并购了日本 NEC、德国 Medion、巴西 CCE 等公司，完成了全球布局，逐渐成为全球第一，并把持多年。但在 2016 年，惠普再度后来居上，从联想手里把世界第一的宝座又夺了回去，这让杨元庆倍感压力，不得不重走并购之路。

对联想来说，竞争对手并不仅仅是惠普，紧随其后的戴尔和苹果咄咄逼人，给联想带来巨大压力，特别是戴尔。戴尔在三季度笔记本出货量为 665 万台，市场份额为 15.6%。联想为 21.6%。

在智能手机冲击下，电脑业务已经公认是夕阳产业，但联想在智能手机业务上，更是一路向下。联想曾经是“中华酷联”的一员，有过中国市场份额第一的辉煌。现在联想手机（含买过来的摩托罗拉）在市场上已经沦陷，这才是杨元庆的心头之痛。智能手机如果起不来，那就意味着联想集团前程黯淡。

最近，杨元庆发微博称“联想正迈入一个新的增长阶段，手机业务将在 2018 财年下半年腾飞”，并晒出了新手机照片。从这话可以看出，对于智能手机，联想仍想重拾旧河山。但这种表态，杨元庆已经说过多次了，每次推出新机前，杨元庆都要慷慨激昂一番。理想是美好的，现实是残酷的，智能手机市场现在已被三星、华为、苹果、OPPO、vivo、小米等瓜分，联想要分得一杯羹，并不容易。

无论是电脑，笔记本，还是手机，联想产品缺什么？体验是根本，创新是驱动。由于创新不足，技术没有突破，导致体验落后，是联想产品进取不足的根源。

2015—2016 年联想的研发费用为 15 亿美元，仅占两年营收的 3.3%，在科研创新上如此开源节流，想要有所突破，确实不易。

（2017 年 11 月 28 日）

实践已经证明，小屏是被消费者逐步淘汰了的一种选择。联想却在拼命为其做广告，这种事倍功半的推广，能有多大效果，着实让人不敢恭维

联想强推小屏手机进死胡同

从国内市场份额第一到滑落至第十名左右，联想手机用了不到短短两年时间，可谓“其兴也速，其衰也速”。

一直没弄明白联想手机在市场份额上高台跳水的主要原因，直到今天早上看奥运直播，在央视奥运频道，即原来的体育频道插播的联想手机ZUK Z2广告，才明白是怎么回事儿。

奥运期间，在央视奥运频道播放广告，价格肯定是最贵的。厂商家要推的产品，也应该是体现了企业综合实力的主打产品。这样才配得上这种稀缺性的广告资源。

但联想推的ZUK Z2手机呢?

从广告来看，ZUK Z2手机有两个主要卖点：一是小屏，二是运动。

第二个卖点是与奥运频道这个播出平台有点儿吻合；但第一个卖点，几乎在逆消费者潮流而动。

现在是移动互联网时代，移动互联网时代在硬件上一个显著标配，就是手机一定要大屏。不是大屏，用户体验就差得多了。大家处理微信、浏览网页、看视频直播、上网购物、玩游戏，这些主要应用，都要借助大屏，才能产生良好的用户体验；在这些应用面前，显然小屏早就已经OUT

了。但没想到联想手机居然逆水行舟，这种营销思路实在让人匪夷所思。

实践已经证明，小屏是被消费者逐步淘汰了的一种选择。联想却在拼命为其做广告，这种事倍功半的推广，能有多大效果，着实让人不敢恭维。

有意思的是，联想推小屏 ZUK Z2 手机的线下活动，包括联想集团董事长兼 CEO 杨元庆，联想集团高级副总裁、联想移动业务总裁陈旭东都到场亲自站台，拼命吆喝。足见联想高管对这种小屏手机的高度重视。

小屏手机有人买吗？当然有。但绝对不是大多数。在那么窄小的天地觅食，能做大、能创造销售奇迹吗？这种定位与联想这种大牌的定位，身份符合吗？如果联想这样去定位细分市场，那就走进了一个死胡同。

现在是移动互联网时代，无论是年轻消费者，还是上了年纪的消费者；无论是男性消费者，还是女性消费者，大家的一致消费理念，对手机屏幕的要求，都倾向于大屏。可联想却置消费者主流意识和习惯不顾，逆潮流而动，强推小屏手机，不明白联想高管咋想的。

难道联想能重新创造小屏市场的繁荣？

小屏早就不是一个新市场，而是被逐步淘汰的一个市场。

笔者很想问一句联想高层，在奥运期间，利用奥运频道，强推小屏手机，这种决策出发点是什么，有没有做过市场调研？会有多少人用小屏手机来看奥运赛事直播呢？

这种作法，要么是联想在手机研发上，实在没有新产品可推了——这点暴露出联想手机研发实力的不济；要么是联想高管思路问题，把握不准手机消费者最基本、最主流的消费意识和消费需求。

由这种脱离市场需求的决策注定会导致联想手机市场失利。如果不能从根本上重视民意，扭转思路，联想手机要实现复兴，恐怕比古人走蜀道还难。

（2016 年 8 月 12 日）

让中兴认罚的主要原因并非美国市场，而是美国的芯片——如果不进口美国芯片，中兴将寸步难移，运营陷入大面积瘫痪。虽然近年来中兴也在加强芯片研发生产，在手机芯片上也用上了自己的芯片——迅龙芯。但无论是中兴交换机，还是手机，其绝大部分芯片还是来源于高通等美国供应商

和解认罚让中兴通讯七年白干

最近，中兴通讯陷入“一半是海水，一半是火焰”的焦虑中。

2017年3月21日，中兴旗下努比亚手机在深圳召开规模浩大的2017春季新品发布会，推出M2、M2青春版及N系列手机。

3月7日，中兴发布公告称，已就美国政府出口管制调查案件达成和解，认罚8.92亿美元，折合人民币62亿元；另外，还有给美国商务部工业与安全局3亿美元（折合人民币20亿元）罚金被暂缓。总计罚款金额高达11.92亿美元，合计人民币约82.2亿元，创造了美国有史以来出口管制案的最高罚款纪录。

这两则新闻看起来似乎风马牛不相及，实际上关联紧密。从时间安排上看，前者为后者减轻了负面冲击和影响，特别是在资本市场上，帮助后者转移视线。

一纸罚单使中兴通讯元气大伤

坊间形容人一夜败落，有句经典谚语：辛辛苦苦几十年，一夜回到解

放前。美国政府的一纸天价罚单，也让中兴沦落到这种打落门牙和血吞的窘境。

中兴缴纳和被暂缓的两笔罚金，相当于一个不错的中等企业一年的销售额。中兴从成立到现在，尚未创造过与这个数字相匹配的年利润。

如何理解这笔天价罚金对中兴的重要性呢?

目前中兴有9万多员工，产值突破了一千亿元大关，但由于这笔罚金前期一次性交纳的8.92亿美元，导致中兴2016年账面净亏损23.6亿元人民币，即陷入巨额亏损之中。

这些年中兴也辛辛苦苦积累了一些家当，不断做强做大，但从2010年至2016年，中兴全部利润加起来有73.115亿元。这笔钱，还远远不够缴纳这笔罚款。

也就是说，这7年来，中兴数万人都在为这笔罚款打工，那么多人、那么多年的流血流汗，都因为这笔罚款白干了——这对所有中兴人来说，不得不说是一个“飞来横祸”。

在这笔罚款之前，中兴很牛—中国第二，世界第四；在中兴认罚之后，突然感觉中兴原是那样弱不禁风。

这笔罚款，如果落在华为头上，或许不算什么。但落在中兴头上，可是元气大伤，恐怕在相当长一段时间都难以缓过神来。

公开数据显示，2016年中兴净亏损23.6亿元，2015年中兴赢利32.08亿元，2014年中兴赢利26.34亿元，2012年中兴亏损28.4亿元，2011年中兴赢利20.6亿元，2010年中兴赢利32.5亿元。这7年总利润加起来为73.115亿元。如果缴完美国政府全部罚款，中兴这7年来不仅没有赚到一分钱，还有8亿元左右的窟隆要填补。

中兴到底触犯了美国政策哪一条，让美国政府对中兴如此大动干戈?

据中兴公告及相关资料透露，原来是中兴美国公司向美国制裁的国家伊朗出售违禁产品，中兴承认了3项指控：在未获得美国政府许可的情况下，向伊朗出口美国产品，妨碍司法，以及制造重大不实陈述。

中兴通讯董事长兼CEO赵先明承认“中兴通讯承认违反美国出口管制相关法律法规，愿意承担相应的责任”。

硬不硬气全在“芯”

在美国政府面前，中兴是“人为刀俎，我为鱼肉”。难道面对天价罚款，中兴除了接受，就一点办法都没有吗？

今天的中兴，已经是一个国际化程度相当高的企业。但美国市场，对中兴来说，并非举足轻重。即使没有美国市场，中兴依然吃香喝辣，无损大雅。因为美国对中国通信业，特别对华为、中兴，实施的是贸易保护主义政策，拒绝其进入，特别是数据交换机。所以，对华为和中兴来说，美国市场并那么不重要。

单纯从市场角度考虑，中兴在美国市场作为不大，作用可有可无。在交换机领域，由于美国贸易保护主义政策，中兴难有作为，稍微好点儿的，就是手机市场。但在美国手机市场，中兴也是作为不大。在美国手机市场，前五名分别为苹果、三星、LG、摩托罗拉和HTC，中兴是没有进入前五名的。即使作为前五名的HTC，在美国的市场份额仅为3.5%，由此可以推算出中兴手机在美国市场亦是表现一般。

所以，对于这笔巨额罚款，网友都为中兴不值，为其喊冤。大家都认为既然这样，中兴为什么还要与美国政府和解呢？与其去交那笔罚款，让中兴这么多年都白干了，不如放弃美国市场算了。

这种想法，听起来确实蛮有道理，值得中兴思考。但中兴为何还要老老实实认罚呢？

中兴作出这个认罚决定，想必是以赵先明为首的决策层，经过再三沙盘推演，认真权衡后作出的。

其实，让中兴认罚的主要原因并非美国市场，而是美国的芯片——如果不进口美国芯片，中兴将寸步难移，运营陷入大面积瘫痪。虽然近年来中兴也在加强芯片研发生产，在手机芯片上也用上了自己的芯片——迅龙芯。但无论是中兴交换机，还是手机，其绝大部分芯片还是来源于高通等美国供应商。

这才是中兴委曲求全，与美国政府和解，甘愿受罚的根本原因。如果换成其他企业，如华为，那就很难说和解了。中国企业与美国政府硬碰硬打官司的事并非没有。前两年，三一重工就敢于向美国政府叫板，甚至与美国当时总统奥巴马打起了官司，并且取得了胜利。

夯牢实力 奋起还击

对中国企业，甚至中兴来说，被美国政府罚款发生了第一次，肯定就不是最后一次，尤其是在特朗普上任后。

说白了，让中兴忍受屈辱的，根本原因在于科研实力不强，无法解决芯片自给所致。如果中兴芯片研发能力很强，能够自给自足，那就没必要忍受如此胯下之辱。中兴完全可以向美国政府叫板，大不了，美国市场，中兴不要了。

这些年来，中国电子产品的整机行业水平突飞猛进。华为超越爱立信成为世界第一大通信设备公司，中兴也挤进了世界前四。但整机的繁荣并不能掩盖缺“芯”的事实，这个“命门”一直被美国人捏在手里。

芯片就是所谓的“集成电器”，被誉为“电子工业的粮食”，不仅利润率超高，而且对国家和行业安全意义重大。芯片本身的材料是二氧化硅，成本极低，上面凝聚的技术就决定了利润。消费类芯片产品一般毛利率在30%至40%，工业用产品一般能在50%至60%以上，而以高性能模拟芯片为主的美国Linear公司，平均毛利率能达到90%。

在国家政策引导下，我国企业这些年来都有意加强了芯片研发。国内真正在高性能关键器件领域有所突破的就只有华为旗下的海思了。在华为不计成本的投入下，海思麒麟芯片的成就有口皆碑，在高速光通信及交换芯片上也有突破，开始从低端蚕食broadcom等多年来构筑的技术壁垒。

中兴虽然也在加强芯片研发，但并没有取得突破性进展。从美国政府找碴对象来看，也是专拣软柿子捏，吃定了中兴不敢与美国政府叫板。包括中兴在内的中国企业，要想摆脱被美国扼住命运的咽喉，就得解决芯片自给自足的问题。

这是一条任重道远的路。

（2017年3月29日）

虽然IBM在大型机体系，尤其是在金融、证券系统里面，仍然有较高的江湖地位，被作为核心主机在使用，但在更广泛的网络服务器领域，与廉价且富有弹性的计算机集群系统（云计算系统）相比，已经左支右绌，处处受制了，其软硬件系统的江湖地位不断下降，市场占有率一路下滑。曾经将IBM作为师傅的中国企业华为，已经成长为IBM最强大的竞争对手

IBM或倒在移动互联网时代

长江后浪推前浪，前浪死在沙滩上。

进入移动互联网时代，随着商业模式和竞争业态的急剧变化，跻身前浪队列的知名企业越来越多，曾经引领世界潮流的摩托罗拉、诺基亚、东芝、夏普、索尼等都已经被拍死在了沙滩上。

以发展的眼光来看，就连IBM这样的科技巨头在把握移动互联网发展的战略和节奏上，都显得捉襟见肘，颓势难挡，无法改变成为前浪的命运——如果IBM无法作出质的改变。

IBM是百年老店，1911年创立，后来成为IT行业教父级企业，风靡全球的Fortran编程语言、RISC指令系统、大型机、硬盘、芯片和材料技术、对称加密算法、个人电脑、小型机、深蓝系统等都出自IBM，这些领先科技让其在互联网兴起之前风光无限。即使在现在一些炙手可热的领域，如物联网、智慧地球、云概念、人工智能等这些高科技代名词都源自IBM。

但十分遗憾的是，IBM提出了这些概念，也规划好了新科技发展的方向和模式，结果都是起了个大早，赶了个晚集，其他公司闻讯而上，完成了超越，抢占了制高点，而IBM却成了落伍者，特别是在科技领先和市场化运作上。

股市是反应企业兴衰的晴雨表。研究IBM及其他类似公司在资本市场上的表现，或许更有说服力。1967年IBM的市值达到巅峰，为1923亿美元。虽然这个数字今天看起来似乎不高，但按照当下通货膨胀概率来计算，就相当惊人了，约为今天的1.3万亿美元；而当下IBM的市值约为1485亿美元，仅为巅峰期的十分之一。作为IBM曾经的对手，苹果公司目前市值高达7964亿美元，相当于现在五个IBM。

有意思的是，IBM和苹果曾经是冤家，互为竞争对手，我们现在广泛使用的PC台式机、笔记本，就是当年IBM用来对付苹果推出的竞品。但现在的苹果，不仅台式机、笔记本做得好、卖得好，而且成功地转型到做手机生态系统，赚得盆溢钵满，成为全球市值首屈一指的企业；而IBM的PC部门早在2005年就甩卖给了中国企业联想，后来干脆把X86服务器业务也卖给了联想，开始了并不成功的转型。我们再看其他企业，微软和亚马逊目前市值接近5000亿美元，规模是IBM的三倍多；就连中国企业都后来居上，腾讯市值为3254亿美元，阿里巴巴市值为2975亿美元，市值都是IBM的两倍以上。

时代进步、科技发展，都孕育着机遇。抓住了，弯道超车成功，转型升级成功；抓不住，就要成为前浪了。在IBM发展史上，曾经有过两次成功转型：第一次是从机械制造转型到计算机制造，第二次是20世纪90年代从计算机制造转型到软件和服务。目前，IBM正在进行的是第三次转型。但遗憾的是，目前看不到IBM第三次转型有多成功。虽然IBM在大型机体系，尤其是在金融、证券系统领域，仍然有较高的江湖地位，被作为核心主机在使用，但在更广泛的网络服务器领域，与廉价且富有弹性的计算机集群系统（云计算系统）相比，已经左支右绌，处处受制了，其软硬件系统的江湖地位不断下降，市场占有率一路下滑。曾经将IBM作为师傅的中国企业华为，已经成长为IBM最强大的竞争对手。

IBM是个企业巨无霸，曾经有40多万员工，经过大规模调整裁员后，目前还有30万。但每年创造的人均GDP并不高，才20多万美元，远低于苹果和华为。这种庞杂的组织机构，造就了大企业病——机构臃肿、制度繁琐、官僚严重、决策缓慢、效率低下，需要制度化管理。这是移动互联网环境下觅食的致命伤，从而不能适应移动互联网时代的灵活多变，快速决策，快速纠错，快速推新产品的市场反应模式。

目前，应用十分广泛的语音识别技术，就源于IBM。早在20世纪90年代，IBM就在电脑上使用了via voice语音识别技术。但现在语音识别做得最好的是科大讯飞，而科大讯飞是在IBM语音识别技术专利基础上发展起来的。像这种被竞争对手模仿并超越的现象，在IBM科技发展史上，比比皆是。

（2017年7月6日）

PC端代表过去，移动端代表未来，微软退出手机操作系统意味着什么，谁都清楚，包括微软自己。由于转型没有成功，微软将来的衰落已经不可避免

Windows Mobile之死终结微软梦想与卓越

PC操作系统霸主微软也有万般无奈的时候。

最近，其高管乔北峰（Joe Belfiore）通过推特宣布了其手机操作系统Windows Phone平台的死刑，称微软将不再给Windows Phone增添任何新特性，2019年将不再对其提供支持，不再为其发布安全补丁软件。这意味着微软操作系统正式寿终正寝。

风光背后都是泪

微软创始人比尔·盖茨在全球首富位置上盘踞了很多年。Windows操作系统，从诞生之初，就是为传统桌面电脑而设计的。从1985年Windows1.0发布至今，没有任何一款操作系统能够撼动其在传统电脑操作系统当中的霸主地位。但就是这样一个科技巨无霸，也有辛酸的时候：那就是微软在PC操作系统上是霸主，但在移动端操作系统上，不得不被迫出局，在这种转移过程中，留下“廉颇老矣，尚能饭否”的暮年遗憾。

产经观察家洪仕斌称：PC端代表过去，移动端代表未来，微软退出手机操作系统意味着什么，谁都清楚，包括微软自己。由于转型没有成功，微软将来的衰落已经不可避免。微软不是不努力，而是谋事在人，成事在

天。微软很努力地向手机操作系统转型，但结果没有掌控好。

早在十多年前，微软就推出了一台 PDA（个人数字助理），其操作系统就是 Windows Mobile。在相当长一般时间里，Windows Mobile 都是占据主导地位的移动平台。但这种垄断地位并没有保持多长时间。一切都在 2007 年变了模样。

2007 年 1 月，苹果推出了基于 IOS 操作系统的 iPhone。最初 IOS 是给 iPhone 用的，后来陆续套用到 ipod touch、ipad 、appleTv 等产品上。目前 IOS 已经成为最受欢迎的移动端操作系统，帮助苹果攻城掠地，一举取代微软，成为全球高科技企业的霸主，市值高达 8000 多亿美元。如果没有 IOS 操作系统，就没有今天的苹果，至少没有其今天的霸主地位。现在 IOS 与苹果产品一起，自成体系，在全球消费电子领域纵横驰聘，无人能挑战其地位。

2007 年 11 月，谷歌联合 84 家硬件制造商、软件开发商、电信运营商一起组建开放手机联盟，共同开发改良的 Android 系统。Android 是基于 Linux 的自由及开源代码的操作系统，主要用于移动设备，如智能手机、平板电脑。最初由 Andy Rubin 开发，主要支持手机。2005 年 8 月由谷歌出资收购。2008 年 10 月第一部 Android 智能手机问世。其后 Android 逐渐扩展到平板电脑及电视、数码相机、游戏机等产品上。2011 年第一季度，Android 在全球份额首次超过塞班系统，跃居全球第一。2013 年第四季度，Android 手机在全球市场份额达到 78.1%。2014 年第一季度 Android 平台已占所有移动广告流量的 42.8%，首次超越 IOS。

在 IOS 和 Android 崛起过程中，Windows Mobile 是眼看别人起高楼，眼看别人宴宾客，眼看自己楼塌了。从拥有最流行的移动操作系统到宣布死刑，仅仅用了 10 年时间。这期间是一个此消彼长的过程。苹果 App Store 和谷歌 Play Store 的逆势增长，造成了 Windows Mobile 的衰落和出局。当然，最主要的敌人，不是别人，而是 Windows Mobile 自己技不如人，深受应用商店中应用软件数量不足的困扰，特别是缺少大牌的、杀手级的应用，从而导致客户流失加剧。

微软最新发布的一款移动操作系统是Windows 10 Mobile，时间是2015年。其时微软已经意识到了自己的不足，在发布时承诺为手机和计算机建立统一的应用商店，希望凭借其庞大的桌面业务，为手机业务提供足够多的应用，以留住老用户，吸引新用户。但让微软尴尬的是，Windows 10 Mobile普及狂潮并没如期到来，YouTube、谷歌地图、Snapchat或Pandora等大牌应用从未登陆Windows Store，微软仍然活在以前的阴影里。问世两年后，份额越来越萎缩，到目前已不足1%，难以为继，微软不得不宣布其死刑。

尴尬去向：寄人篱下？

微软并非不知道移动操作系统的重要性，而且曾经调动一切资源来为其移动操作系统背书。很多在PC端累积起来的客户，都曾信任微软，在手机、平板等移动设备上采用Windows Mobile操作系统，但无奈形势不尽如人意。至今都没有一款装备Windows Mobile操作系统的移动终端能成为iPhone、ipad那样明星级的终端。这也导致其合作伙伴业务局面迟迟拓展不开，甚至被拖进泥潭，最后不得不弃暗投明，选择离Windows Mobile而去。

无奈之下，微软自己不得不亲自操刀上阵，挽救Windows Mobile，打造装备Windows Mobile操作系统的软硬件一体化的移动终端，为此甚至不惜斥巨资把曾经的手机霸主、没落的诺基亚收归麾下。

2013年9月，微软以71亿美元的天价收购诺基亚大部分手机业务和专利许可，希望实现最强软硬件企业的合体，既重塑诺基亚的辉煌，又借此把Windows Mobile推向一个新阶段——移动互联时代，实现移动操作系统上与IOS、Android的三足鼎立，共掌移动终端世界的美梦。

但这个梦想的阳光并没有照进现实，在折腾了一段时间后，诺基亚愈发江河日下，2016 年 5 月，微软作价 3.5 亿美元，把诺基亚功能手机业务卖给富士康——三年时间贬值 95%，这或许是微软发展史上最不划算的一笔买卖。

当然，微软自己也明白，如果错失了移动市场，那就意味着没有明天。所以，Windows Mobile 失败并不意味着微软放弃手机业务。事实上，最近两年微软一直在悄悄开发安卓应用，一代枭雄不得不寄人篱下，委曲求全。

3C 观察家许意强称：如果这样，微软要在移动互联时代成就 PC 时代的卓越和辉煌，已经完全没有可能了。

（2017 年 10 月 17 日）

市场的残酷无情，在东芝被四分五裂、不断蚕食中，体现得淋漓尽致。现在的东芝，已经不是原来那个在商场上叱咤风云的东芝了。或许在不久的将来，其血液里残存的一点“东芝 DNA”都有可能被清洗，届时东芝将不再有日企血统

兜售“器官”求存，东芝只剩一口气

曾被中国企业奉为圭臬的日本企业东芝，已经严重资不抵债，正在想着法子拆解自身，把值钱的“器官”典当出去，以换回现金，苟延残喘续命。

这个成立于1875年，“致力于为人类和地球的明天而努力奋斗”的“百年老店”，已从内部开始土崩瓦解，看不到“明天”。

被核电业务毁掉的未来

曾把生活电器业务做得风生水起的东芝，是较早面向“明天”进行产业升级和转型的日本企业，在发展方向上，东芝把“宝”押给核电。

面对资源紧缺的日本市场，发展核电，确实是一个具有锦绣前程的前瞻性战略。核电具有技术含量高、使用范围广、“清洁、稳定、高效”的特点，如果经营得当，确实可以把东芝带入一个发展的新阶段。但发展核电，需要技术含量，这并非一般企业做得了的，东芝希望借此实现业务的差异化。

但人算不如天算。偏偏在东芝发展过程中，这个被相当看好的业务板

块，成为废掉东芝武功的罪魁祸首，将其推向万劫不复之地。

2011 年 3 月，日本大地震，将东芝核电美梦震得粉身碎骨。东芝所属东京电力公司福岛核电站三座反应堆炉底被烧穿，造成严重的核泄漏事故，至今核废料都没地方存放。据有关机构预估，要处理好福岛核辐射，不仅时间长，大概需要半个世纪，且花费大，需要大量资金。据 2016 年 12 月日本经济产业省估算，需要花费 21.5 万亿日元（约 1.3 万亿元人民币），这个数字大概是日本一年税收的一半。但目前的东芝显然已经失去了这种赔偿能力，其全部市值已经不足 100 亿美元——而这个市值的企业在中国股市比比皆是，而且东芝已连年身陷亏损泥淖无法自拔，即便东芝全部变卖自身，也无力弥补这个窟窿。且鉴于日本经济状况，即使举全国之力，在应对福岛核福射上，都是泥泞难行。

一次天灾将东芝这个巨头彻底击倒。

当然，造成东芝核电轰然倒塌的，除了天灾，还有人祸。人为经营不善，让东芝核电业务雪上加霜。2006 年 1 月，东芝出价 54 亿美元从英国核燃料公司（BNFL）收购美国核电技术企业西屋公司（WEC）——这桩买卖当年英国核燃料公司只花了 13 亿美元。后来事实证明，这是东芝历史上一桩“冤大头生意”。据专业人士评估，这桩生意其实完全可以对折搞定，也就是说东芝多花费了 20 多亿美元。这桩买卖造成东芝 61 亿美元的巨额亏损。为弥补巨大财务漏洞，东芝不得不通过财务作假来填补亏空。这也造成了东芝陷入前所未有的财务信任危机。

有意思的是，东芝并没有从中汲取教训，反而让这种事情再三上演。2016 年，东芝子公司西屋以 2.29 亿美元并购美国核电工程企业芝加歌桥梁钢铁公司。事后有关机构评估称，该公司估值为 0，因为根据美国法律和实际情况，其业务根本无法开工拓展。

本来是一块很有前途的业务，现在却成了东芝的“败家板块”，不仅掏空了东芝以前多年的积累，也把东芝未来全部赔了进去，致使东芝“前途渺茫、翻身无望”。

被中国品牌分食了的家电和IT

在3C领域，东芝曾是一面迎风飘扬的旗帜，其彩电、笔记本、闪存等业务，是质量过硬、技术领先、品牌强大的代名词。但现在，东芝3C板块，倒的倒、拆的拆、卖的卖，一片狼藉，属于自己的，寥寥无几，且变卖仍属于“现在进行时”。

颇具讽刺意味的是，在瓜分东芝的饕餮盛宴中，当仁不让的主角，竟是曾经对东芝顶礼膜拜的中国企业。

其实，中国企业对东芝的蚕食鲸吞早就开始了。

2010年7月，东芝与TCL集团共同组建“东芝视频产品（中国）有限公司”，在中国市场销售东芝品牌彩电，东芝出资2550万元，占51%股份，TCL出资2450万元，占49%股份，东芝面向中国市场的电视机生产交由TCL代工。2014年5月，惠州TCL电器销售有限公司以0元人民币取得了东芝视频产品（中国）有限公司21%股权，即TCL持股比例升至70%；2016年4月，东芝品牌电视在中国市场的开发、生产和销售全权授予TCL集团，“东芝视频产品（中国）有限公司”被TCL集团子公司全盘收购，至此，东芝彩电实际上已经退出中国，在中国市场上销售的东芝彩电只剩下一个牌子。

另一家中国电器巨头——创维，瓜分了东芝其他电器产品和市场。2015年9月，创维集团与日本东芝株式会社正式对外宣布，创维旗下的白电产业公司创维电器与东芝旗下生活电器公司东芝生活电器株式会社（TLSC）签署战略合作协议，双方就白电产品（冰箱、洗衣机、吸尘器）展开长期战略合作，合作内容包括国内外市场销售、产品开发、供应链及精益制造领域等全方位合作。创维助力东芝品牌的冰箱、洗衣机产品重返中国市场，并接盘东芝在广东南海的工厂。创维凭借与东芝合作，快速进军日本冰箱、洗衣机市场，并以日本市场为基点，辐射整个东南亚区域，实现创维电器在亚洲市场的快速成长，加速创维国际化进程。

这种瓜分随后愈演愈烈。2016 年 3 月，中国大型家电企业美的集团和东芝对外宣布“联姻”：美的集团将以大约 537 亿日元（折合 4.73 亿美元）的价格，收购东芝家电业务即东芝生活电器株式会社（TLSC）80.1%的股权，而东芝只保留 19.9% 的股权。美的获得东芝全球市场和品牌 40 年的使用权。

作为东芝重组后最后一块王牌业务的闪存也没有逃脱被“卖身”的窘境。为续命，东芝不得不计划出售闪存业务，以换取资金。东芝闪存业务在全球排行第二，仅次于三星，上一财年给东芝带来 1.58 万亿日元（约 960 亿元人民币）收入。拆分时间定于 2017 年 3 月 31 日，届时东芝将出售 19.9% 的股份。据悉，目前包含台湾鸿海在内，约 5 家企业有意参与竞标。而郭台铭的鸿海传出欲掌控经营权，取得其过半股权的消息。如此一来，东芝的 3C 业务，已经被其他企业完全吞食，东芝自己在其中要么出局，要么被边缘化。

医疗业务被佳能趁火打劫

在东芝拆解过程中，中国企业是当仁不让的大赢家，但日本企业也忙着趁火打劫。

作为东芝三大业务板块之一的东芝医疗设备部门，也没有逃脱被出售的命运。

不过相比生活电器板块，东芝医疗设备部门的买主为日本企业保留了一点颜面。日本企业佳能以 6655 亿日元（约合 59 亿美元）的总价收购了东芝医疗设备部门。如果该笔交易顺利完成，截至 2017 年 3 月 31 日，将给东芝本财年内带来约 5900 亿日元的利润，缓解东芝资金上的燃眉之急，并改善东芝财务状况。

目前，留在东芝板块里，保存得较完好一点，并能为东芝赚钱的，主要就是电梯业务了。但电梯业务毕竟市场容量有限，难以支撑起东芝整体业务，更不用说东芝借此可以重塑昔日辉煌。

市场的残酷无情，在东芝被四分五裂、不断蚕食中，体现得淋漓尽致。现在的东芝，已经不是原来那个在商场上叱咤风云的东芝了。或许在不久的将来，其血液里残存的一点“东芝DNA”都有可能被清洗，届时东芝将不再有日企血统，甚至有可能成为一个名副其实的中国企业。

（2017年2月22日）

如果说中国商务部对佳能处罚，只是一个中国式的告诫，充满了仁义的话，那么欧盟则是将佳能“往死里整”

佳能收购东芝医疗机构为何敢“踩雷”

陷身亏损泥潭，拆分贱卖…… 从2008年金融危机到现在，上述两种境况几乎成了日本企业的处境写照。松下、东芝、夏普等，都在这种境况中挣扎，拨不开云雾，见不到阳光，在中国市场的情况尤其尴尬。

现在，在这个境况排行榜中，恐怕要再算上一个，那就是日本佳能——以数码相机为主业的佳能，开始受到来自智能设备的残酷冲击，业务进入持续亏损状态。

以手机为代表的智能设备，其不断扩张和强大的功能，让诸多曾经风靡一时的消费电子行业遭遇灭顶之灾。具有携带便利、随时可分享等优势的智能设备，其拍照和摄像像素参数不断冲刷新高。智能设备对相机领域呈现蚕食之势。

这种境况让相机龙头企业日本佳能如坐针毡，千方百计寻求在行业完全衰落之前的转型之道，重点方向之一就是医疗设备领域。这也是佳能未来的主要希望和出路所在。

巨额收购东芝医疗设备部门

日本佳能创立于1937年，目前佳能传统的强项领域为数码相机产品。

相比于彩电、笔记本、手机、空调等家电产品，数码相机是受中国企业冲击相对较轻的一块阵地。但这并不等于日本佳能就不会被中国企业打败。

随着综合了拍照和摄像功能的手机智能设备的强势崛起，数码相机兵败如山，阵地不断被蚕食，佳能的业务受到了巨大冲击。

相关数据显示，2016年，佳能集团营业额为34014.87亿日元（约合299亿美元），同比下降高达10.5%。屋漏偏遭连夜雨，让佳能无颜面对的是，其产品单反相机750D、760D连续出现多起尘粒问题，在其成像感应器前面的光学单元内部存在白点，从而导致在所拍摄的照片上出现黑色圆点图案，影响观感。对这一问题，佳能集团直言不讳地承认了问题所在。

质量问题是蚁穴，是否会引发千里之堤崩溃，目前尚难定论，但打破了佳能数码质量神话。

行业衰败，产品质量问题频现，对佳能来说，都是不可承受之重。寻找新的业务增长点和支撑点，已经迫在眉睫，成为关系佳能的生死课题。

医疗设备是朝阳产业，正以火烧燎原之势发展。但佳能已经错过了登山观日出的最佳时刻。如果选择白手起家，做到后来居上，难度很大。通过兼并其他这类业务的品牌，倒不失为一条捷径。

日本东芝就给佳能提供了这样一个弯道超车的机会。近年来，东芝节节败退，需要变卖资产止血。东芝在卖给佳能的医疗设备中，包括核磁共振成像仪（MRI）、X射线检查仪等医疗器械。核磁共振成像及X射线检查仪等医疗成像技术和佳能擅长的商业成像技术存在互通之处，佳能通过收购东芝医疗能将CMOS传感器和喷墨打印技术运用到医疗领域，实现1+1>2的作用。

特别是对于自尊心极强的日本人来说，与夏普将家电业务卖给中国企业富士康相比，东芝将医疗设备业务卖给佳能，多少保留了一点尊严和面子。在政治审批和商业操作上，变得更加简单易行，而在情感上又不会让日本国民产生过于复杂纠结的情绪。

佳能和东芝在2016年一拍即合。经过谈判，2016年3月，佳能和东芝正式携手对外宣布，佳能以6655亿日元（约合59亿美元，405亿元人民币）的总价格收购了东芝旗下的医疗设备部门，揭开了进军医疗设备行业的序幕。但业内人士认为，医疗和生命科学远非收购那么简单，想要进一步发展，后期需要更多科研投入。这是佳能在收购东芝医疗设备之后，还要面对的一个重要门槛。

发展是否顺利得看中国脸色？

综合行业发展趋势和自身技术所长，进军医疗设备领域，对佳能来说，确实是一个上佳之选。在兼并东芝医疗设备之后，如果能将佳能影音强项与东芝医疗设备制造强项有机结合，对佳能在医疗设备领域的拓展，确实有事半功倍之效。

让佳能想在医疗设备领域锐意进取的一个重要理由，就是近年来中国医疗设备领域的飞速发展。随着中国人生活水平的不断提高，健康意识不断增强，这使医疗设备领域具有无限广阔的想象空间。

英国调查公司Espicom推测，到2017年，中国医疗器械市场规模将达到330亿美元，成为仅次于美国的全球第二大市场。而东芝医疗设备在中国市场起步较早，有一定市场基础，可以帮助佳能在中国市场较快进入角色。

竞争对手在中国的发展，也给了佳能巨大启发。一直以来，如影随形地跟在佳能后面的另一相机巨头奥林巴斯，在医疗设备领域的拓展已经领先一步，让佳能眼红。据相关数据，奥林巴斯在亚太地区的医疗事业销售额，中国市场就贡献了接近一半。

与其他日本消费电子品牌节节败退相比，佳能数码相机在中国有较高人气，常年占据市场份额榜首。涉足医疗设备领域，佳能还是有一定潜力可控。虽然由于受中日政治因素影响和中国本土企业崛起困扰，日本消费电子企业在中国市场一蹶不振，但数码相机技术性较强，以佳能为首的日本企业具备相当优势，中国企业目前难以撼动其地位。医疗设备领域是一个B2B市场，相对而言，受消费者情绪困扰的可能性较少，对佳能来说，有较大的市场空间。

出师不利？

佳能进军医疗设备领域，如意算盘从一开始就遭遇了东西两个市场的“联手”夹击，给了佳能当头一棒。

早在2017年年初，中国就已经表达了对佳能收购东芝医疗设备领域的“不满”。2017年1月4日，中国商务部发布行政处罚决定书，称佳能收购东芝医疗构成未依法申报违法实施的经营者集中，但不具有排除、限制竞争的效果，决定对佳能处以30万元人民币罚款的行政处罚。

如果说中国商务部对佳能处罚，只是一个中国式的告诫，充满了仁义的话，那么欧盟则是将佳能“往死里整”。

近日，欧盟反垄断机构欧盟竞争委员会委员Margrethe Vestager称，欧盟的反垄断机构表示，佳能在完成了对东芝医疗系统收购之后才向欧盟进行登记，这违反了相关的规定，形成了垄断事实，要对佳能处以最高年营收10%的罚款，即罚款金额可能高达创纪录的29亿美元。

29亿美元，需要佳能医疗设备业务发展多少年才能赚回来？

从佳能涉足医疗设备领域伊始，就出师不利，将自己置于困境之中。

（2017年7月18日）

集成在智能手机上的拍照功能不断推陈出新。现在很多企业都把智能手机拍照功能作为主打。可以想象，在不久的将来，智能手机拍照功能达到8000万及以上像素，将成为智能手机的一个标配。到那时，更多的相机市场被手机占领，更多的相机企业的生存空间将被挤压

尼康相机"猝死"，佳能、索尼能拖多久？

最近一则日企衰落的消息再度震惊业界，在朋友圈霸屏：2017年10月30日，尼康突然宣布，关停映像事业部位于中国无锡的生产子公司——尼康光学仪器（中国）有限公司，随后对2268名员工做了补偿和遣散工作。换句话来说，这家中国相机市场上曾经的亚军"突然死亡"。

智能手机杀死了尼康

相机曾经是时尚的标志，其意义远大于现在拥有一部iPhone X。

拥有一部相机，曾是20世纪七八十年代生人的一个普遍愿望；而拥有一部尼康相机，则是奢侈，是身份和地位的象征，标志着你提前实现了小康生活，进入精英圈，成为人上人。现在拥有一部iPhone X容易，但那时候拥有一部尼康相机却不容易。

在这种普遍心理和时尚风潮的推动下，尼康相机在中国炙手可热，供不应求。最风光的一年，尼康相机在华销售额达到惊人的436亿元人民币，如果换算成现在的价值，尼康中国在华是一个上千亿规模的大企业。

这让尼康过了一段风调雨顺的好日子，也让尼康在日企同行面前，有“春风得意马蹄疾，一朝看尽长安花”的嘚瑟。

但没有永远的潮起。随着智能手机的崛起和普及，相机消费大潮正在加快跌落——潮落比潮起来得更加迅速，更具破坏性。

移动互联网时代的到来，革新了传播和社交的方式。发微博、微信，在朋友圈分享自拍，成为一种日常生活方式。作为移动互联网入口的智能手机，其拍照功能和技术越来越凸显，成为商家推出新品的主要卖点之一。

智能手机上标志着拍照水平的像素屡创新高，大有赶超数码相机之势。由于携带更方便，入网更便利的特点，一大批用户用手机拍照取代了相机拍照，手机的像素、柔光效果、自带图片处理软件直接输出相片等功能，导致一大批中端档次的相机滞销。

目前随便一部智能手机都达到1600万像素，这基本上可以满足绝大部分用户对一般拍照的需要，甚至还有多款手机像素已经达到8000万级别，远超普通数码相机甚至是主流单反相机。在其他拍照功能上，智能手机也在不断推陈出新。

综合比较，数码相机已经不合时宜，被智能手机替代、淘汰，就成为一种必然。

尼康们还拖多久？

尼康相机的突然死亡，并不意味相机这个行业的终结。

到目前为止，智能手机拍照功能还是具有某种局限性，特别是一些高端的、专业的拍照要求，是智能手机暂时无法替代的。

也就是说，在专业化的、高端的拍照市场，如专业摄影爱好者和工作者，数码相机还有生存空间。但这个空间已经不大，很难容纳下那么多的品牌。

但随着科技的发展，集成在智能手机上的拍照功能不断推陈出新。很多企业都把智能手机拍照功能作为主打功能来开发。可以想象，在不久的将来，智能手机拍照功能达到8000万及以上像素，将成为智能手机的标配之一。到那时，是不是会有更多的相机企业的生存空间被挤压？

那时候，才是尼康们真正的世界末日，包括佳能、尼康、索尼、柯达、富士、松下等的数码相机业务，才迎来真正的考验。

兔死狐悲，难道届时"尼康们"将无路可走，要彻底告别市场？关键看"尼康们"如何化危为机，另辟蹊径，毕竟术业有专攻。

这里提供三条思路，供"尼康们"参考。

一是自己做手机，将拍照技术集结到手机上。但没有随随便便的成功。日本企业做手机，稍微好点儿的是索尼。目前索尼日子并不好过。以前的夏普手机、东芝手机、NEC手机等，要么退出了，要么卖身了，难以善终。"尼康们"要做手机，难度系数太大。

二是往更高端、更专业的方向发展，要永远领先智能手机拍照技术很多，具有不可替代性。但这种专业性市场容积有限，容不下那么多"僧"了，将来的杀戮将更残酷。

三是专心专意做智能手机的配件企业。做配套，是日本企业的强项。如果日本企业知耻后勇，甘当绿叶，认真做配套，这个市场还是无限大的。因为"尼康们"在拍照技术上，有雄厚的技术积累和悠久的文化沉淀。

只要能够委曲求全，摆正心态，向智能手机配件方向积极转型，将来或许可以守得云开见月明。

（2017年11月10日）

体制僵化，不用中国本土化人才，是松下电器在华的一个致命缺陷——事实证明，中国职场已经涌现出一批熟知中国本土特点的优秀职业经理人。但在日资企业里，很难有中国本土职业经理人，即使有，对其信任度也不高，给予他们施展的发展空间不大

松下电器在华陷困局：变卖家产也难有希望

正在步入“百年老店”行列的松下电器，迎来迟暮之年，身陷泥淖之中，艰难前行。

1918年，日本“经营之神”松下幸之助在大阪创立松下电气器具制作所，生产灯泡插座和双灯泡用的旋转式插座——由此松下电器正式诞生。

2018年，松下电器迎来百年庆典。但在这喜庆之下，却暗流汹涌——松下电器正在面临生死存亡的关键转型。

转型是阵痛，意味着以前的业务正渐渐变成鸡肋，而新业务正在摸索中。无论进与退，都充满了死亡的味道。包括松下、东芝、夏普在内的日本企业都在面对这样一道坎。东芝在不断贱卖自己的核心业务；夏普已经“卖身”于富士康；松下也在不断收缩战线，如履薄冰。

对于百年庆典，松下电器曾经充满憧憬，宣称要“在2018年公司创立100周年时，成为电子产业No.1的环境革新企业”。现在来看，近的是时间，远的是目标——松下电器百年庆典已经触手可及，目标却遥遥无期。

在日本经济发展史上，松下电器地位尊崇。即使是现在，松下电器仍然堪称日企巨无霸。2015 年，松下电器实现营收 629.21 亿美元；2016 年，在世界 500 强中排名第 128 位。目前松下电器在全球有 29 万多名员工，仅中国地区高达 5 万多人。

虽然规模大、员工多，业绩却并不理想。前些年，松下电器连续在亏损泥潭中挣扎，近两年近况虽有好转，但经营状况得到改善的原因主要来自两个方面：一是通过大规模裁员，开源节流，这也导致大量优秀人才流失，内部人心惶惶，元气大伤；二是来自新业务转型，特别是为特斯拉生产电池获得了优厚回报。

由此可见，松下电器的扭亏为盈并非出自传统业务。松下电器曾以生产家用电器见长，在电视机、空调、冰箱、DVD、手机、洗衣机、数码相机等领域业绩辉煌，但现在在这些领域已经趋于平淡，其曾经主导的等离子电视，已被液晶电视彻底打败，不得不宣布退出在中国和北美的市场。而智能手机业务，松下电器连本土市场都保不住。

在电器方面，松下电器的日子亦是过得艰难。为扭亏为盈，松下电器解散了数码相机、电话交换机、光盘三个业务部门，将其整合至其他业务部门，以缩减员工人数，缩小业务规模。最近，松下电器计划在其 2017 财年（2017 年 4 月至 2018 年 3 月）内出售液晶面板业务、半导体业务的股权。松下电器在日本兵库县姬路市的液晶面板工厂目前拥有两条生产线，其中一条将停止生产，生产设备也计划卖掉。松下电器在日本国内的主要生产基地鱼津、砺波和新井工厂面临整合或关闭。

没有家用电器业务的松下电器是不完整的，这种缺口就像涟漪在不断扩散。

让松下电器倍觉欣慰的，是最近其财报显示，截至 2017 年 6 月份的本财年第一季度实现了 839.3 亿日元（约合 7.5893 亿美元）利润。其业务主要新增长点来自与新能源汽车特斯拉的合作，为其提供蓄电池等汽车零部件业务。2014年，松下电器即与美国电动汽车制造商特斯拉在内华达州合作建造生产锂离子电池的超级工厂。2017年，松下电器计划与特斯拉在位于美国纽约州布法罗市的太阳城公司下属工厂共同生产高性能太阳能电池及模块。双方已经在共同投资50亿美元建造的Gigafactory工厂生产Model 3电动车电池。Model 3是特斯拉面向普通大众的一款新能源汽车，计划2018年生产50万辆，这款车将标志特拉斯从此成为新能源汽车的批量生产商，有助于松下电器短暂渡过难关。

这种变化已经让人触摸到松下电器转型的轨道：即从家用电器转型汽车零部件，从B2C转型到B2B模式。在这个领域，同样竞争激烈，LG化学、三星SDI等巨头在新能源汽车电池市场表现抢眼。特斯拉是新能源汽车领域的璀璨明珠，很难断定将来LG和三星不会以更优惠的价格来挖松下电器的墙脚，松下电器把希望全部寄托在特斯拉身上，确实有点儿悬。

陷入日韩企业在华的"中国式困局"

无论是在传统家用电器领域，还是在新能源汽车领域，中国市场都是松下电器不可忽视的——"新能源汽车全球标杆"特斯拉固然重要，但在产和销售方面都风起云涌的中国市场，也是松下电器未来转型的重点市场之一。

松下电器是最早进入中国市场的外资企业之一，1978年中国改革开放伊始，松下电器就来中国开疆拓土了。但现在松下电器与东芝、夏普等其他日本企业一样，正在越来越深地陷入到日资企业在华的"中国式困局"中。

尽管越来越萎靡，松下电器对中国市场仍然充满期待，尤其是家电市场。在松下电器的规划中，希望"2018年实现销售额133亿元人民币，在中国外资白色家电品牌认可度第一名"。

理想很饱满，现实很骨感。中怡康最新数据显示，松下在华已经到了"最危险的时刻"。截至 2017 年 4 月，在冰箱市场，松下零售量占比为 1. 53%、零售额占比 3. 36%，市场排名第 12 位，已经跌出前十，不及第一名海尔冰箱（零售量占比 27. 78%、零售额占比 31. 72%）的零头。在空调市场，松下空调零售量占比仅有 0. 69%、零售额占比 0. 8%，量额排名第 14 位，同样被挤出前十，不及第一名格力（零售量占比 39. 39%、零售额占比 43. 54%）的零头。在洗衣机市场，松下电器的颜面勉强被保留，零售量占比为 6. 11%、零售额占比为 7. 5%，排名第六，但这个数字与行业一线领军企业的量额差距仍然相去甚远，如排名第一的海尔洗衣机零售量占比为 27. 63%、零售额占比为 30. 11%。即使纵向自比，松下电器各种产品占比已经很不乐观了，仍处在"跌跌不休"的困境中。在其他小家电产品市场，如电饭煲、微波炉、空气净化器、吸尘器，以及各种美容小家电，松下电器一直无法跻身主流市场，没有形成规模化销售。

从开路先锋到市场落后生，松下电器陷身困局的原因既有战略和体制上的，又有战术和机制上的。体制僵化，不用中国本土化人才，是松下电器在华的一个致命缺陷——事实证明，中国职场已经涌现出一批熟知中国本土特点的优秀职业经理人，但在日资企业里，很难有中国本土职业经理人，即使有，也对其信任度不高，给予他们施展的空间不大。在战略上，松下电器对于等离子电视的坚守，让其在电视机领域铩羽退出。

这种战略性退缩带来了一系列恶性后果，让松下电器陷入一种恶性循环——退出后，由于以前用户在售后上得不到保障，这给其造成巨大的品牌伤害。另一个十分重要的原因，就是松下电器产品质量神话的破灭以及中国品牌在质量和技术创新上的全面崛起。

发展到现在，中国已经不再是供不应求的时代，而是一个供过于求，讲究消费体验的时代。以前松下电器以过硬的产品质量俘获了中国消费者，但现在中国品牌如海尔、格力、美的生产的产品，在质量上并不比松下电器差，在某些方面甚至已经领先。从百度搜索上可以看到，最近几年，在各地质监部门的抽检中，松下电器产品已经成为质量黑榜上的常客，这极大地削弱了松下电器的销售力，也透支了其品牌信任度。

（2017 年 8 月 9 日）

从为伊莱克斯代工的企业名单上可以看到，伊莱克斯所找的代工企业并非国内一流企业（曾经代加工微波炉的美的除外）。与海尔、格力等一流企业相比，这些企业在技术创新、产品质量、工艺设计上相形见绌，加上伊莱克斯本身客服能力相对薄弱，售后水土不服，所以，很难在中国市场获得消费者信服，在华市场上节节败退就成为伊来克斯的必然宿命

伊莱克斯败相揭密：洋品牌代工产品在华遇冷

号称家用器具领域全球领先企业的瑞典伊莱克斯（Electrolux）对中国市场情有独钟，早在1987年就来到中国，开始招兵买马，建团队、卖产品、拓疆土。

然而落花有意，流水无情。伊莱克斯在华近30年的耕耘和努力并没有得到与其全球地位相称、与其对中国市场期望相匹配的回报。

在中国市场，伊莱克斯既没有响亮的品牌，也没有显赫的销量，在群雄逐鹿的中国家电品牌夹击下归于平淡，泯然众人矣。

造成伊莱克斯这种困局的原因到底在哪里？

“独特”的在华商业模式

中国消费者对欧美产品具有相对较高的信任度。在他们眼里，欧美产品科技含量高、质量稳定、品牌强大，经得起时间的淬炼和市场的洗礼，即使价格较高，也是物有所值。久而久之，在商业诚信上，欧美品牌被中

国企业奉为楷模，成为学习对象。

但这种普遍现象并不适应所有欧美企业，至少伊莱克斯是一个例外。这从伊莱克斯征战中国的历程和其在华独具一格的商业模式中可窥见一斑。

目前在中国市场上，打着伊莱克斯品牌销售的产品，只有少得可怜的数量是原装进口。简单地说，伊莱克斯在华所售大多数产品与中国本土品牌所销售产品并没有什么质量上的优势，因为给伊莱克斯生产代工的中国企业多数并非中国一流的本土品牌。

伊莱克斯的产品线很长，产品种类多如牛毛，无所不包，既有冰箱、空调、洗衣机之类的大件，又有空气净化器、空气加湿器之类的新贵，还有电烤箱、咖啡机等小资电器等数百种产品。但最早让中国消费者接触的伊莱克斯产品是伊莱克斯冰箱。伊莱克斯冰箱一度风靡全国，是高端冰箱的代名词。然而好景不长，一切都变了。由于品牌响亮，市场需求巨大，产品供不应求，1996 年，伊莱克斯收购了中意冰箱。

这种作法，对于初期解决伊莱克斯产品供求矛盾，作用功不可没，也让伊莱克斯尝到了甜头，于是逐渐演变成伊莱克斯在华销售的两种主要商业模式之一，即由中国企业代工生产产品，再用伊莱克斯的品牌销售。如伊莱克斯的冰箱业务外包给美菱，甚至在全球市场将部分型号冰箱委托给奥马直接代工；微波炉由美的代工生产；燃气灶由帅康代工，洗衣机部分产品由宁波奇帅电器代工。

第二种商业模式与第一种模式异曲同工，即品牌授权，与国内家电零售商进行独家包销合作，将品牌出租给零售商。很显然，零售商并不具备产品研发生产的实力，最终亦只好寻求代工厂。如将空调业务直接外包给国美，赚取品牌租赁费用；而另一家电连锁巨头苏宁则获得了伊莱克斯子品牌扎努西的冰箱和洗衣机在华独家销售权。现在我们都还能看到苏宁易购上标有“扎努西 · 伊莱克斯”的洗衣机和冰箱产品在售。国美在线销售的伊莱克斯家电产品则包括空调、冰箱、空气净化器、热水器、电烤箱等大小家电产品。

这种商业模式让伊莱克斯产品在工艺设计和产品质量上并没有什么优势，甚至处于明显的劣势。从为伊莱克斯代工的企业名单上可以看到，伊莱克斯所找的代工企业并非国内一流企业（曾经代加工微波炉的美的除外）。与海尔、格力等一流企业相比，这些企业在技术创新、产品质量、工艺设计上相形见绌，加上伊莱克斯本身客服能力相对薄弱，售后水土不服，所以，很难在中国市场获得消费者信服，在华市场上节节败退就成为伊来克斯的必然宿命。

罪与罚：黑榜常客，扭转形象艰难

由本土二三流企业生产，以伊莱克斯品牌销售，这种"独特"的商业模式造成伊莱克斯在华战略上的迷失以及市场份额的不断萎缩。为扭转这种不利局面，伊莱克斯这些年不断提出重返高端战略，并付诸实施。早在2013年，伊莱克斯就表示要重整旗鼓打入中国高端家电市场，计划在2013年年底之前实施高端化战略，但这些努力收效甚微。2017年5月，伊莱克斯甚至与竞争对手美的携手合作，合推旗下高端品牌AEG，希望借此破解高端困局。

AEG是德国的百年老牌，一直是高精产品的代名词。1996年被伊莱克斯收购。伊莱克斯能否借助与美的合作重返高端，目前尚未可知。但是，美的并非高端品牌运营者，伊莱克斯在华的高端品牌形象已经透支殆尽。所以，AEG要打开中国高端市场，站稳脚跟，难度可想而知。

事实上，在华市场上，伊莱克斯已经困难重重，具体表现在三个方面：一是高端品牌与中低端产品品质的冲撞与煎熬相当剧烈，严重透支了伊莱克斯的品牌信任度和美誉度，使得伊来克斯重返高端之路可能要付出更多艰辛；二是伊来克斯产品多为国内二三流企业代工生产，使得其众多产品成为各地工商部门质检黑榜上的常客，相继被广东、上海、浙江等各地工商部门处罚和曝光；三是伊来克斯在华市场份额不断萎缩，极大地冲击了优秀职业经理人对伊莱克斯在华拓展的信心，伊莱克斯成为中国区总裁更换次数最多的跨国企业。

伊来克斯在中国曾经创下“六年换六帅”的纪录。1997 年刘小明出任伊莱克斯中国区总裁；2003 年 1 月，白桦志出任中国区总裁；2003 年 5 月，唐佳敦出任伊莱克斯中国区总裁；2005 年 10 月，白桦志重新接任中国区总裁；2006 年 3 月，薛佳玲出任伊莱克斯中国区总裁；2008 年 3 月，李艳接任伊莱克斯中国区总裁；2008 年年底，古尼拉兼任中国区总裁；2012 年 4 月，王丽芳出任伊莱克斯中国区大家电总裁；2014 年 2 月，任伟光被任命为伊莱克斯（中国）大家电董事总经理。

目前，伊莱克斯中国区总裁任伟光是在这个岗位上待的时间相对较长的一位职业经理人。任伟光曾经服务过消费电子领域的诸多企业。1997 年至 2002 年，任伟光在诺基亚任中国移动电话业务部销售总监。2002 年至 2004 年，任伟光在西门子任亚太区手机业务部执行副总裁，后任大中华区域资深副总裁。2004 年 4 月至 2008 年 10 月，任伟光任摩托罗拉副总裁兼中国手机事业部总经理。2008 年 12 月至 2009 年 5 月，任深圳怡亚通执行副总裁。2009 年 6 月至 2011 年 1 月，任 LG 电子（中国）移动通信事业部总经理。2011 年 1 月 10 日，任 HTC 中国区总裁。2014 年 2 月，任伟光加盟伊莱克斯。

或许数据更有说服务力。市场调查机构中怡康监测数据显示，2017 年第二季度，伊莱克斯冰箱在中国市场的零售额市占率为 2.7%，冰柜为 0.9%，洗衣机为 1.8%，空调为 2.4%，电热水器为 1%。2016 年，伊莱克斯在中国市场遭遇了断崖式下跌，前 8 个月的冰箱零售量、额分别下跌 44.78%、58.96%；洗衣机零售量、额则分别下跌 46.13%、54.96%。2017 年第一季度，伊莱克斯净销售额为 288.83 亿瑞典克朗，同比增长仅

2. 7%，增长乏力，疲态毕显；而伊莱克斯的中国竞争对手们都长势喜人，一片丰收景象：美的集团实现营收 597. 6 亿元，同比增 55. 85%；青岛海尔营业收入 377 亿元，同比增长 69. 7%；格力电器营业收入 296. 82 亿元，同比增长 20. 46%。

（2017 年 8 月 2 日）

与其他家电会业合纵连横，向智能和生态方向进发，谋求技术升级转型，产品更新换代不一样，康佳是背弃传承，从重资产的传统制造业转向轻资产的投资控股平台，希望赚快钱

康佳重口味转型，华侨城指导棋陷迷思

老牌家电企业康佳又双叒叕闹腾了，各种消息满天飞，但都和主业彩电南辕北辙，成为家电圈的另类存在。圈内人士越来越看不懂，内心升腾诸多疑惑：康佳究竟要干什么？

彩电业务成为包袱，赚快钱活下去成为王道

声称转型的康佳正在大张旗鼓地更改自己的家电DNA，向着另一个陌生的方向快乐出发。

家电业务对康佳来说，已经成为一种痛苦的存在，一个不得不甩的包袱。因为家电业务，尤其是主营家电业务彩电，不仅经营起来辛苦，而且不能给康佳挣钱，甚至是在做赔本赚吆喝的买卖了，是可忍，孰不可忍？

据康佳财报，2017年上半年，康佳实现营业收入114亿元，同比增长32%；净利润3087万元，同比增长141%；但主营业务低迷，现金流紧张，扣除非经常性损益后，归属于上市公司股东的净利润亏损近4445.6万元，同比下滑54.7%；经营活动产生的现金流量净额为-22.64亿元，比上一年同期下滑1703.39%；当期负债173.17亿元，比期初多出34亿。

康佳病了，病得不轻。如何治病救企，想着法儿活下去，才是王道。

甩掉包袱，积极谋求转型，就成为一种必然选择。与其他家电会业合纵连横，向智能和生态方向进发，谋求技术升级转型，产品更新换代不一样，康佳是背弃传承，从重资产的传统制造业转向轻资产的投资控股平台，希望赚快钱。

康佳的重口味转型，通过不停地买和卖来实现。通过卖，实现资产变现，资金回笼，为转型做好资金准备。毕竟这些年康佳一直经营不善，老本已经被蚀空，只能靠变卖资产提现。

最近，康佳公告称拟将所持全部康侨佳城70%股权以不低于41.45亿元公开挂牌转让。2017年8月24日，康佳将上海市虹口区辉河路25弄5号的三套房产在产权交易所挂牌转让；5月出售了映瑞光电科技（上海）有限公司22.935%的股权；6月29日，康佳以不低于2.24亿元的价格出售了昆山康佳电子有限公司51%的股权。通过一系列资产运作，康佳变现资金45亿。

康佳并没有把这笔巨款用于科研投入、生产设备的改进，以及市场推广和渠道建设，而是买买买地走上了资本经营和管控的陌生道路。2017年以来，康佳以5.88亿元收购广东楚天龙智能卡有限公司24%的股权。投资1.72亿元，持有产业链上游企业深圳市耀德科技股份有限公司20%的股份。筹划出资不超过10亿元与中国东方资产管理公司等设立预计50亿元的产业基金，拟在TMT产业、智能制造、新能源、新材料、大健康等方向投石问路，进行资本运作。

向大股东业务积极靠拢

如此以来，康佳目前的主营业务不可避免地被边缘化，固有的家电传统企业形象正在一点点熔化，强大的品牌平台正在堕落成一种谋求转型，进行资源整合的工具，而不是作为家电品牌被强化，让人无限唏嘘。

作为曾经的中国彩电第一品牌，康佳有着辉煌的过去，自 2003 年开始，连续 5 年蝉联彩电销量榜首。到 2007 年，康佳彩电总体零售量占有率为 14.09%，高居国内彩电市场榜首。现在随着其投资平台业务靴子落地，康佳的家电业务与其未来主流发展路径大相径庭，与其他家电传统企业积极谋求的智能制造、智慧家居的方向背道而驰。

康佳对彩电业务的渐进式放弃，对创新产业的博命式豪赌，深深地印上了大股东华侨城的烙印，与华侨城某些业务有相当大的重叠性。种种迹象显示，康佳业务重口味重转型，大股东华侨城作用明显。2015 年发生在康佳的轰轰烈烈的大股东与中小股东围绕其控制权展开的争夺，现在看来，目的才真正浮出水面：那就是康佳的发展路线之争。

目前的康佳集团高层渐趋稳定，华侨城的控制局面得到强化，其董事局主席刘凤喜就是华侨城集团的中意人选，是通过华侨城提名上位，是其战略指导棋的坚定执行者。说得更明白一点，康佳集团的转型实际上是在向华侨城积极靠拢，寻求业务趋同。这也说明大股东华侨城对科技企业的发展之路，比较陌生。

（2017 年 10 月 13 日）

收购帅康是日出东方实施相关产品多元化的一个强烈信号。最近两年，随着太阳能热水器市场的下滑，日出东方需要寻找新的业务增长点。此前四季沐歌曾向净水器、厨电、空气净化器等多品类业务转型扩张。现在收购帅康，是希望全面进军厨电产业，将其做大

日出东方重塑帅康的冲动与惩罚

曾经做过“中国厨电第一品牌”的帅康最近传出要卖身求存的消息。

2016 年 12 月 4 日，拥有太阳雨和四季沐歌的太阳能热水器企业日出东方发公告称，打算以不超过 7.5 亿元现金收购浙江帅康电气股份有限公司（下文简称帅康）75% 的股权。

帅康被售，意味着中国厨电行业“方老帅”（方太、老板、帅康）三足鼎立时代的终结，开始进入双寡头争霸局面。

帅康曾经是抽油烟机行业翘楚。从 1996 年开始，连续多年，帅康的市场占有率、市场销售份额，市场覆盖面三项指标全国第一。现在帅康已经老汉不提当年勇，被对手远远甩在了身后。据中怡康数据显示：2016 年上半年抽油烟机零售额、市场占比、零售额占比、零售量前五名基本上被老板、方太、美的、华帝、万和、西门子抢占，已经没有帅康的影子了。

当年同一阵营的老板和方太现在年销售额已经在 50 亿以上，而帅康则在 10 亿元上下，相差了不止一两个身段，彻底掉队。老板和方太的成功，得益于其专注、专业，一直固守厨电领域，不断提升自己的技术水平，满

足市场不断变化的需求。

帅康马失前蹄在于其大跃进式的多元化战略。从2003年开始，帅康即斥资超亿元进军竞争激烈的空调市场，但在2005年“该放手时就放手”，退出了刚刚涉足两年的空调行业。这两年，帅康也被方太、老板迎头赶上，结束了帅康一家独大局面，形成了“方老帅”格局。但在空调行业的失利并没引起帅康高层警觉，反而像一个赌徒，到处押宝，想挽回颓势，先后涉足房地产、净水器、太阳能光伏、光热新能源等领域。结果与帅康在空调领域遭遇一样，这种多元化并没有帮助帅康打开新局面，反而让帅康赔了夫人又折兵。

收购帅康是日出东方实施相关产品多元化的一个强烈信号。最近两年，随着太阳能热水器市场的下滑，日出东方需要寻找新的业务增长点。此前四季沐歌曾向净水器、厨电、空气净化器等多品类业务转型扩张。现在收购帅康，是希望全面进军厨电产业，将其做大。

但帅康可能并不会因为易主了就能够重返厨电品牌一线阵营。在多元化失利后，帅康曾经退守厨电，试图通过重新聚焦核心厨电业务重现昔日辉煌。2013年，帅康斥资8.5亿元建设当时号称国内规模最大的厨卫电器制造基地，涵盖吸油烟机、燃气灶、热水器、微波炉等整个厨电领域，并提出新厂投产后五年内年销售规模实现50亿的目标。但三年过去，帅康没能等到新工厂投产，反而将自己低价贱卖了。这种反差，实在是天上人间。

既然帅康自己都没法重返一线阵营，换成新东家，估计并不能给帅康带来根本性的变化和转机。相比老板、方太不断创新，帅康在产品技术上缺乏亮点。在这个行业，竞争态势早已改变，除了老板、方太、万和、华帝等厨电巨头，海尔、美的等白电巨头也在不断发力，抢夺市场蛋糕，市场环境已经变得十分恶劣。何况，在收购之后，日出东方还要面临整合难题，特别是两个企业的文化融合。

既然情况如此，那么基本上可以肯定，日出东方斥巨资收购帅康电气，可能是出于一时冲动。或许在以后的实践中，日出东方要为这种冲动付出代价，受到惩罚。

（2016年12月20日）

第五辑

汽车风云

中国车企跻身世界汽车品牌强企有多远?
禁售传统能源汽车，中国特斯拉呼之欲出
共享汽车或被绞杀在路上
从零整比看外资车的黑心与国产车的良心
华为汽车呼之欲出，特斯拉麻烦立马就来
德系三强ABB 2018关键词：血拼
特斯拉“狼来了”，国产新能源车存亡战一触即发
为转型圈钱，迈巴赫、奔驰母公司拆分
卡特尔“血案”：奔驰、宝马、奥迪的长年密谋
豪车ABB三国杀：奥迪A6六连冠背后都是泪
JEEP库存之弦接近临崩点
“法国女神”DS在华魅力黯淡
长安汽车打响禁燃油车第一枪
新车型销售萎靡，东风日产混成“啃老族”
没落与崛起：大众辉昂与途昂为啥冰火两重天
均胜天价并购高田气囊到底值不值

世界汽车品牌十强版图，欧美占据六席，日韩占据四席，说句宽慰自己的话，中国品牌在追赶的路上，快马加鞭，矢志赶超

中国车企跻身世界汽车品牌强企有多远？

最近，举世最权威的品牌咨询公司 Interbrand 发布了“全球最佳品牌 100 强”（Best Global）。在“世界最佳汽车品牌十强”中，放眼望去，尽是欧美日韩品牌，中国军团则全军覆没，无论是国字号，还是民营企业，没有一个跻身其中。这让汽车人心有戚戚焉。

中国军团全军覆没，但那都是浮云

其中，日本丰田汽车品牌价值为 502 亿美元，摘得世界最佳汽车品牌桂冠。榜眼和探花分别为梅赛德斯－奔驰和宝马汽车，前者品牌价值为 478 亿美元，后者品牌价值为 415 亿美元。第四到十名分别为本田、福特、现代、奥迪、日产、大众、保时捷、特斯拉，对应的品牌价值各为 227 亿美元、136 亿美元、132 亿美元、120 亿美元、115 亿美元、101 亿美元、40 亿美元。

世界汽车品牌十强版图，欧美占据六席，日韩占据四席，说句宽慰自己的话，中国品牌在追赶的路上，快马加鞭，矢志赶超。

除却世界新能源汽车领军企业的特斯拉是后起之秀，其他九个汽车企业都有悠久的历史，厚重的积淀，是不折不扣的百年老店。由此不难看

出，品牌是底蕴的代名词，是历史和文化的沉淀。

相较于这些全球汽车强企，中国车企还很年轻，包括国字号，虽然看起来体型庞大，但不够强健，要跻身世界汽车品牌十强行列，还有一段路要走。

当然，稳中求进地发展，是不二选择；但亦有弯道超车的办法，而且目前正是这样一个机遇期。历史都是浮云，世界的车轮总是滚滚向前的。2003 年成立、2008 年才发布第一款产品的特斯拉能跻身其中，就给中国企业震撼启示：新能源汽车正是中国汽车企业实现弯道超车的绝佳风口，只要抓住机会了，中国车企跻身世界车企十强，让梦想照进现实，或许用不了多久。

新能源汽车是弯道超车风口

2017 年 9 月，国家工信部副部长辛国斌公开表示中国将全面禁售燃油车，在业界激起千层浪。其实，包括挪威、荷兰、德国、法国、英国在内的欧洲大陆，都开出了禁售燃油车的时间表，全面禁售的时间段约为 2025 年到 2040 年。

这意味着，无论是国企、民企，还是跨国企业，一切都要归零，大家基本上站在一个起跑线上——当然，由于技术实力原因、意识原因，在新能源汽车研发上，将会有先有后，有强有弱，但时间节点上，不会像传统企业差别那么大，这就为中国企业提供了良好的超赶机会。

产品出现升级换代，对企业来说就是弯道超车的机会。历史的发展充分证明了这一点。在家轿领域，中国车企行走艰难。但在 SUV 领域，中国车企却风生水起。到目前中国车企生产的 SUV 车，已经占据了全国市场份额的六成左右，打了一个难得的翻身仗。而新能源汽车替代传统汽车，正是中国车企实现全面赶超的一个新风口。相信届时一定会有中国车企跻身世界十强行列，而且可能数量不止一家。

家电、手机行业的发展也印证了这个发展趋势。现在家电企业跻身世界强企之列的，已经有一大串，中国家电企业已经占据了全球市场的半壁江山，欧美强企都被中国企业打得丢盔弃甲，落荒而逃，海尔、海信、美的、格力、TCL等已跻身全球家电强企行列。手机企业，在2G时代谈不上强大，在3G、4G时代出现了“中华酷联”，而现在华为、OPPO、vivo、小米都很强大，尤其华为，在世界舞台上对标苹果、三星，差距越来越小，胜利的天平正在向华为倾斜。

品牌弱是痛点，更是超越之道，关键要把产品做好

汽车工业是现代工业的皇冠，体现一个国家的综合工业力量。建国后，特别是改革开放以来，经过数十年发展，中国已经成为全球最大的汽车生产大国（含合资企业）和汽车消费大国。中国汽车工业已经蔚然成林，涌现出了像一汽、上汽、广汽、北汽、长安汽车等大型国字号，又培育了长城汽车、吉利汽车、比亚迪汽车等一批后起之秀的民营企业。但与世界强企比较，自主品牌虽然规模有了，但品牌不够强大。这是中国汽车企业的痛点，更是现状，需要奋起直追。

品牌是综合实力的体现和标志。自主品牌与世界汽车强企的区别，就集中体现在品牌上。如果品牌提升不上去，产品价格就上不来，盈利能力就弱。这是自主品牌的汽车比世界强企便宜的主要因素。目前国内自主品牌众多，走的也是性价比路线。或许同一价位的汽车，在性能上差别并没用户想象中那么大，但价格却有天渊之别。一般情况下，自主品牌仅为外资品牌的一半。自主品牌要实现弯道超车，首先要在品牌建设上迎头赶上。

当然，品牌、科技研发的实力强弱，最终都通过载体产品体现出来。所以，做好品牌建设这门功课，搞好产品是关键。如果中国汽车企业研发出的产品。能与特斯拉有得一拼，不用说，背靠中国市场这样庞大的市

场，立马就能扬名立万，俘获万千用户的心。

特斯拉启迪我们，车企做强，要把创新放在首位，要潜心研发，坚持不舍，追求以革命性新品胜出，做到“不鸣则已，一鸣惊人”。

（2017 年 10 月 11 日）

禁产、禁售燃油车这事儿，对中国来说，是宜早不宜迟，因为这关系到中国汽车工业将来的命运前途。新能源汽车是一个新起点，现在大家基本上都在一个起跑线上，是中国车企迎头赶上，甚至实现弯道超车的一个千载难逢的机遇。禁产、禁售燃油车，中国需要咬紧牙关，坚决不能掉队

禁售传统能源汽车，中国特斯拉呼之欲出

不是危言耸听，而是千真万确：燃油汽车的禁产、禁售已经被提上日程。

在2017年9月的一次会议上，工信部副部长辛国斌公开表态：中国已启动传统能源车停产、停售的时间表研究。

宜早不宜迟，坚决不能掉队落伍

这个汽车工业发展史上里程碑式的时刻什么时候到来？专家解读意见不一。但笔者大胆猜测，最早不会早于2025年，最晚不会晚于2040年。也就是说，在8到22年内，新能源汽车将全面取代燃油车，担负起绿色出行主角的责任。

为什么这么说？

因为用新能源汽车替代燃油车，已经成为一种全球共识。而一些激进的先行国家，已经制订了禁产、禁售燃油车的时间表。以欧洲国家为例，挪威和芬兰将在2025年禁产、禁售燃油车，这是目前在全球范围内最早宣

布采取行动的；德国计划2030年禁产、禁售燃油车；而英国和法国不约而同地宣布将在2040年禁产、禁售燃油车。

笔者预估，中国禁产、禁售燃油车的时间，可能与德国大致趋同，即在2030年左右比较适宜，既不至于落伍掉队太久，也给了中国车企充分的准备时间。

当然，禁产、禁售燃油车这事儿，对中国来说，是宜早不宜迟，因为这关系到中国汽车工业将来的命运。中国汽车工业本来就起步较晚，这是造成中国车企与世界车企强弱的历史性原因，也可以说是主要原因之一。新能源汽车是一个新起点，现在大家基本上都在同一个起跑线上，这是中国车企迎头赶上，甚至实现弯道超车的一个千载难逢的机遇。如果这次机会错失了，那么在将来的全球汽车版图上，中国车企仍然没有出头之日。所以，禁产、禁售新能源汽车，中国需要咬紧牙关，坚决不能掉队！

无论是对世界车企，还是对中国车企，全面禁产、禁售燃油车，都是一种壮士断腕的阵痛，都要置之死地而后生，谁能提前卡位，谁能将油门一踩到底，谁就可能弯道超车成功。如果姑息迁就，边做边看，那就意味着过去落后，现在落后，将来还要落后。这种局面，是中国汽车人不能容忍，也不能接受的。

中国特斯拉们需要破解两个问题

从目前来看，影响新能源汽车发展和普及的，不外乎两个原因：一是新能源汽车的续航里程；一是新能源汽车的快充技术。只要这两个问题解决了，发展新能源汽车的问题就迎刃而解了；只要这两个问题解决了，禁产、禁售燃油车，对百姓生活的影响就归零了，禁产、禁售燃油车就会被社会普遍接受。从常识来判断，笔者认为新能源汽车的续航里程500公里是个坎——这对全球新能汽汽车的领导品牌特斯拉已经不是什么事儿，相信在全面禁产、禁售燃油机之前，对中国车企来说，也不是什么事儿。关于快充技术，笔者认为，充一次电，耗时5～10钟，是比较合适的，对车主的时间安排影响不大，在可接受范围内。笔者也相信，在全面禁产、禁售燃油车之前，这也是可以做到的。现在充电技术正处于一个高速发展的阶段，有些企业，已经将这技术攻克。只要这两个坎迈过了，用新能源汽车全面取代传统燃油车就不是什么事儿，禁产、禁售燃油车的所有问题就迎刃而解了。

对中国车企来说，普遍性解决这两个问题，目前尚有难度。但技术发展有其商业保密性。既然工信部都表态了，相信已经万事俱备，只欠东风了。因为这种表态不会是平白无故地做出来的，而是基于现有研发成果，以及对未来技术发展的基本判断做出的，肯定是胸中有数的。

鲁迅先生说：地上本没有路，走的人多了，也就成了路。这句话，对摸爬滚打在一线的中国车企发展新能源汽车来说，十分适应。如果中国车企不能抓住新能源车的机遇进行赶超，以后的机会就相当渺茫了。因为发展新能源汽车，虽然也有先有后，但基本上都是站在同一个起跑线上，中国车企并没有落后太远，迎头赶上的潜力十分巨大。

新能源汽车正是中国汽车工业的机会。相信届时在这个舞台上，中国车企将长袖善舞，大放异彩，异军突起的有可能是老牌的国字号，如一汽、广汽、上汽、北汽等；也有可能是后起之秀的民企，如比亚迪、吉利、长城等，当然也有可能是董明珠看好并且倾尽全力下注的珠海银隆等新生力量。

在新能源汽车时代，出现中国的特斯拉，不是没有可能，而是一切皆有可能的。且让我们拭目以待！

（2017年10月21日）

与共享汽车相比，招手即来的出租车、滴滴出行，既经济合理，又快捷方便，可以免去用户很多烦恼，不给用户添堵，所以更有市场，更具生命力。或许，共享汽车对用户有新鲜感，但难有回头客

共享汽车或被绞杀在路上

受如火如荼发展的共享单车启发，共享汽车在北上广深杭等一线城市惊艳亮相，重新焕发“第二春”。据有关部门统计，全国目前约有共享汽车20万辆，正在以20%的增速发展。

共享单车是移动互联网时代的产物，是个新鲜事物。但共享汽车却由来已久，20世纪40年代就已经出现，由瑞士人发明，在英日等工业发达国家曾经风靡一时。现在共享汽车卷土重来，会成为移动互联网生活形态下的一个新风口吗？

共享单车的好处，共享汽车别攀比

车企认为有可能，风投认为有可能，因为共享单车功成名就了，火得一塌糊涂，共享汽车也就不可能遇冷。所以，他们摩拳擦掌，随时准备跻身共享汽车的新蓝海，抢食一杯羹。

事实上，这是一种彻头彻尾的错觉。到目前为止，运营共享汽车的，都是在赔本赚吆喝，做的是亏本买卖。如果效颦共享单车那样疯狂地烧钱投入，赌其爆发式增长的可能性，那就真的要陷入万劫不复的投资陷阱

中，给资本带来肉包子打狗一样的灾难性后果。

共享单车的蓬勃发展，取决于两个关键性诱因：一是多快好省地解决了市民出行最后一公里问题，应用场景十分丰富。这一点，没有其他交通工具可以取而代之。二是解决了海量移动互联网的入口问题，可以积聚庞大的客户资源，在此基础上产生空前的应用潜力。

当然，共享单车此外还具有无与伦比的用户体验，存放取用方便，使用起来物美价廉。相比于共享汽车，共享单车投入成本较低，更易形成规模化效应，更受投资方青睐——当然，由于竞争过于激烈，即使是共享单车，已经有投资方严重透支，难以支撑，明确表达了退场意愿。

要不要发展共享汽车真是个问题

共享汽车呢，好处在哪里？

在拥挤的一二线城市，寸土寸金，车位十分紧张，恐怕难找共享汽车的容身之处。从目前情况来看，适合共享汽车的，有两个比较看好的场所：一个是机场，一个是高铁站。在一般情况下，这两个地方，都远离城市中心。如果不愿挤公交、坐地铁、打出租、叫滴滴，用户可以选择共享汽车，解决到达目的地数公里、数十公里，甚至更远的路途问题。

然而，如果期待共享汽车可以在城市每个犄角旮旯遍地开花，那就有点儿想入非非了，也没有这个必要——城市中心要不要太多共享汽车，不是由运营者或者投资者想当然来决定，而是取决于市场。

在运营成本上，共享汽车要远高于共享单车，包括车辆成本、车位成本、运程里程费用、交强险、车辆损失险、商业第三者责任险等，加起来是一笔不菲的费用，如果不转嫁到用户身上，由企业来承担，企业的运营无疑是要亏损的；如果将其转嫁到用户头上，费用就明显高过出租车、滴滴出行，用户体验极不理想。

顺其自然，莫揠苗助长了

目前运行的共享汽车以新能源汽车为主，充电桩难找，停车位难找，还车地难找，使用起来诸多不便。所以，共享汽车远不及滴滴出行和共享单车便利。

与共享汽车相比，招手即来的出租车、滴滴出行，既经济合理，又快捷方便，可以免去用户很多烦恼，不给用户添堵，所以更有市场，更具生命力。或许，共享汽车对用户有新鲜感，但难有回头客。

所以，毫不夸张地说，作为新生事物，共享汽车有可能被绞杀在摇篮中。当然，存在的就是合理的。讲了那么多，意思不是要消灭共享汽车，而是希望运营者和投资方能够理性看待这个新生事物，不要盲目起哄，让其按照市场规律生长，而不是人为地揠苗助长。

如果希望共享汽车成为第二个共享单车，那就是打错了如意算盘，最终多半要付出沉重代价。

（2017 年 10 月 12 日）

汽车后市场规模巨大，预计到2018年有望突破万亿元。但无论是外资品牌，还是自主品牌，赚钱得摸摸自己的良心，不能榨取无度，否则，迟早会被用户抛弃，从而阴沟里翻船

从零整比看外资车的黑心与国产车的良心

在蓬勃发展的中国车市，依然是外资品牌（含合资品牌）比较得人心，占据明显的市场优势。由于关系到生命财产安全，质量可靠，信得过，是中国用户选择外资品牌的关键原因。

然而事实并非如此，这两年外资品牌层出不穷地出现质量问题，正使得包括被神化的德国品牌在内的外资品牌走下神坛。

作为一名外资品牌用户，中国消费者最怕的是什么？

是维修和保养。

心惊肉跳的零整比

对于外资品牌的维修和保养，网友用一句话形象地描述了这种心境：花钱买罪受。

罪是形容外资品牌服务态度普遍较差，花钱是形容外资品牌的维修和保养价格高高在上，让人难以接受。

对于外资品牌来说，仿佛服务差、维修和保养费用高，与其价格一样，都是彰显其身份地位的要素，是其经营之道。

最近，中国保险行业协会和中国汽车维修行业协会在北京发布的汽车零整比数据研究报告印证了这个情况。

所谓零整比，就是一部车所有零部件的价格之和与整车价格的比值。报告抽取了目前市场上主流的100多种车型为样本，进行分析比较，得出结论。

结果显示，零整比排名前十的分别为北京奔驰GLK（827.58%），北京奔驰C级（645.97%），沃尔沃S60L（620.12%），华晨宝马X1（618.64%），雷克萨斯ES（605.59%），东风英菲尼迪Q50L（587.03%），北京奔驰E级（573.52%），宝马X3（563.85%），一汽马自达睿翼（550.72%），华晨宝马3系（543.69%）。

外资品牌零整比之高，让人心惊肉跳。排名前十的，零整比都在五倍以上，换句话来说，全部零部件的价格相加，可以买五辆以上的整车，真的是"买得起，坏不得，修不起"。

北京奔驰零整比闪耀榜单，有三部跻身前十，其中北京奔驰GLK高居榜首，达八倍以上，一部四十多万的北京奔驰GLK的零件价格总和可以买一部400万的法拉第了。另一德国豪车品牌宝马也不甘示弱，有三款车型跻身榜单，与奔驰不相伯仲。在外资品牌中以性价比著称的日系品牌，亦有三款车型跻身其中，给人感觉有点怪异——当然，日系品牌这三款车型亦算是日系品牌中的高档车了。

外资的黑心与国产的良心

零整比排名前十的，都是外资品牌，虽然沃尔沃已经被中国自主品牌的吉利纳入囊中，成了名副其实的中国品牌，但从骨子里讲，沃尔沃仍然是外资品牌的基因，流着欧洲车系的血。拥有一部外资品牌，确实能够彰显身份地位，满足虚荣心。但用户开在路上，估计也要不断提心吊胆地祈祷：千万别出什么乱子来，要维修可就麻烦了。

在零整比前十榜单中，德国豪车奔驰和宝马在唱主角，看不到德国豪车三驾马车的另外一驾——奥迪，是不是说明奥迪在维修上比较有良心，没与其他外资品牌站在一起？

其实不是。在另一个榜单，即保养指数排名前十中，奥迪是脱颖而出的，有四款跻身其中，而且奥迪 A8、奥迪 Q5、奥迪 A6 成功占据了冠亚季军宝座。这说明在通过保养赚钱上，奥迪可谓一枝独秀，一家独大，也是生财有道。

维修和保养现在正演变成车企攫取利润的主要来源和主流方式。高得离谱的零整比和保养指数，说明在维修和保养上，外资品牌是坑深套路多，在想方设法掏用户腰包——它们也知道，买他们车的中国用户，相对而言是一个比较富裕的阶层，有油水可捞。

比较有良心，愿意真心实意为用户着想的，还是自主品牌。这也是最近两年，自主品牌不断攻城拔寨，从外资品牌那儿抢饭吃的原因所在。

在零整比方面，重庆力帆 620 最低，只有 155.12%，即拆成零部件卖，与整车价格都是差不多的，显得童叟无欺，良心天地可鉴。保养指数最低的是长城 C30，常用配件负担指数最低的车型是长城哈弗 H6，仅为 9.30。

据有关机构数据，汽车后市场规模巨大，预计到 2018 年有望突破万亿元，但无论是外资品牌，还是自主品牌，赚钱得摸摸自己的良心，不能榨取无度，否则，迟早会被用户抛弃，从而阴沟里翻船——有一点外资品牌应该要清楚地认识到：自主品牌无论是在技术上，还是在创新上和用户体验上，都在迎头赶上，如果外资品牌在中国不能良心经营，就有可能像彩电、手机领域一样，被逐渐赶超。

（2017 年 11 月 17 日）

新能源汽车对所有车企来说，都是机会均等的，可以“时势造英雄”。华为在新能源汽车技术研发上，已经有了突破性进展

华为汽车呼之欲出，特斯拉麻烦立马就来

传言“不仅仅是世界500强”的华为要涉足汽车领域，综合目前各种资讯来看，这并非空穴来风，华为汽车的庐山面目渐渐被撩起。

未来汽车发展的两个主轴：智能化和新能源汽车，华为都在踊跃涉猎，且渐入佳境，渐见成效。

智能化，华为风生水起

智能化是华为老本行，是其大展身手的平台。华为智慧手机 Mate10 上市，印证了在智能化方面，华为走在了其他企业前列。华为的云、管、端，其实都是智能化的有力工具和支撑，在汽车智能化上，具有较大优势，这也使得华为提供的智能化解决方案得到了其他车企认可，多项合作正在有条不紊地推进，用风生水起来形容，也一点都不为过。

正在到来的5G时代，人、手机、车的互联，让华为与汽车渊源进一步深化。作为5G龙头企业，华为智能化水平将帮助车企“百尺竿头，更进一步”。据华为内部消息，其无人驾驶汽车正在悄悄测试中，有关团队成员已多达数百人。

近年来，关于华为进军汽车行业的消息不绝于耳。2014 年 10 月，华

为牵手东风，双方在汽车电子、智能汽车、IT/ICT信息化建设等领域开展跨界合作。2014年11月，华为与长安汽车签订战略合作，在车联网和智能汽车领域展开合作。并且华为关于汽车智能化，得到了其他国际造车巨头赏识，分别与德国汽车技术巨头博世、宝马、戴姆勒、奥迪等成立联盟，达成5G合作意向，共同推进汽车智能化。

新能源技术秒杀特斯拉

华为是中国前沿技术的代名词。华为进军汽车领域，涉足的肯定不是传统能源汽车，而是新能源汽车。

或许华为正在等待时机，传统能源汽车正在走进历史的垃圾堆。目前各国都在禁产、禁售燃油车，希望通过强制性手段早日完成新旧车的更替升级。中英法德都先后宣布了禁产、禁售燃油车的消息，并相继制定了推进时间表，新能源汽车的市场被无限放大。

新能源汽车对所有车企来说，机会都是均等的，可以“时势造英雄”。华为在新能源汽车技术研发上，已经有了突破性进展。目前新能源汽车续航里程，都在200~500公里内，这是影响新能源车普及的关键性因素，其他品牌的新能源汽车续航里程一般为200多公里，而全球新能源汽车的龙头企业，特斯拉的续航里程可以达到500公里了。

制约新能源汽车续航的，主要是电池技术。2016年，华为就宣布在石墨稀电池研究上取得了重大突破，只要充电10分钟，可以续航1000公里。充电快，续航里程长的石墨稀电池技术，彻底解决了制约新能源汽车普及的关键瓶颈，让其开进寻常百姓家成为可能。最牛的新能源汽车特斯拉续航里程都只有500公里，如果华为新能源汽车梦想成真，岂不可以成功秒杀特斯拉？

如果华为电池能快速商用，这对新能源汽车的发展贡献之大，足以彪炳千秋，载入汽车发展的史载。

做配套还是生产整车?

进军汽车领域，华为已经是铁板钉钉的了。到底华为是以为其他车企提供智能化解决方案和电池配套供应为主，还是要推出打上华为 LOGO 的整车出现呢?

从目前来看，华为做配件的可能性更大。帮助其他车企智能化，是华为老本行，不用过于刻意。突破新能源技术，可以为其他汽车企配套供应电池。这两个方面，有力佐证了华为将来做汽车关键配件供应商的可行性。

但华为不是一个浅尝辄止的企业，即使先做配件，但随着时间推移，时机逐渐成熟，华为推出打着华为 LOGO 的汽车，那也是没有什么不可能的。据外媒报道，2016 年华为与加拿大汽车整车工程与代工制造商麦格纳达成合作，麦格纳负责生产制造汽车，华为则负责运营。如此看来，华为品牌的新能源汽车上市，也是大概率事件。

作为中国人，当然希望华为全力以赴发展新能源汽车，推出华为品牌整车。在新能源汽车领域，有华为这样的企业务实耕作，可以确保我国在将来的新能源汽车版图上占有一席之地。这或许是中国未来汽车工业发展的福音。

（2017 年 10 月 20 日）

展望德系三强在中国的2018年，或许只有一个关键词可以描述，这个词就是“血拼”。奥迪是不肯轻易让出龙头宝座的，更不愿屈居末席，轻易服输的。但形势比人强，奥迪是人在江湖，身不由己。老对手奔驰和宝马已经铆足了劲，非要把皇帝拉下马不可

德系三强 ABB 2018 关键词：血拼

在中国高端豪车市场占据绝对垄断地位的“德系豪车三强”（又称ABB）的奔驰、宝马、奥迪，在2017年不分伯仲、旗鼓相当，差不多打了个平手。但如果要纵向认真考究，得出一个结果来，奔驰当仁不让地成为赢家，奥迪成为输家，宝马比上不足比下有余，尚可接受。

在2018年1月12日以前，三家车企先后发布了2017年在中国市场的“辉煌战报”。其中，1月5日，一汽－大众奥迪率先“亮剑”，宣布全年销售595288辆，“连续30次夺得中国豪华车市场年销量冠军”。但仅仅四天后，奥迪被老对手奔驰公开的数据掴了一巴掌，1月9日，奔驰中国发布数据，称梅赛德斯－奔驰及smart品牌2017年在华累计销售610965辆，同比增长25.9%，首次在全球范围单一市场突破60万销量大关。1月12日，宝马发布宝马BMW及MINI品牌2017年在华共销售594388辆，同比增长15.1%，创下历史新高。

从数据看，三家车企在前几年呈现出来的数字鸿沟已被填平，奥迪一枝独秀的情况已经一去不复返了。宝马已经迎头赶上，距奥迪年度销量只

有988辆，也就是一个身段的距离，可能在不经意间就能超越了；奔驰则后来居上，在总销量上一举超出奥迪一万多辆。如果不是奥迪在2017年后半程发力，在多款车型上采用大幅度降价方式拉升销量，恐怕奥迪在2017年结果就很难看，不只被奔驰超越，也会被宝马超越，从往年的"鸡头"变成今年的"牛尾"了。

特别是在2017年12月份，奥迪不顾一切地向前冲了一把，才好不容易保住了颜面。通过激烈价格战，在2017年12月，奥迪销售了68948辆，同比增长高达34.4%。而这个月，奔驰和宝马销量均突破了五万辆大关，奔驰销售了50811辆、宝马销售了52026辆。从相关信息上看，在2017年的最后一个月，为拉动销售，保住增长势头，不至于落后太多，奥迪车辆降幅动辄数万元、十万元，甚至更高，着实让用户怦然心动，成为三强优选。

如果从2017年全年增长势头来看，三豪车的差距已经明显拉开。奥迪全年增速垫底，只有区区1.05%。如果12月的最后冲刷，奥迪全年出现负增长是大概率事件。相比奥迪的停滞不前，奔驰和宝马来势汹汹。其中奔驰成绩最亮眼，全年增长率为25.9%。如果2018年让这种势头继续保持，把奥迪甩开相当一段距离将成为现实。宝马在2017年也实现了15.1%的可观增长，如果惯性持续，将奥迪甩在身后，也是分分钟的事儿。

在中国豪车市场，德系三强占据80%以上的市场份额。展望三强在中国的2018年，或许只有一个关键词可以描述，这个词就是"血拼"。奥迪是不肯轻易让出龙头宝座的，更不愿屈居末席，轻易服输，这从2017年12月奥迪的动作可以看得出来。但形势比人强，奥迪是人在江湖，身不由己。老对手的奔驰和宝马已经铆足了劲，非要把皇帝拉下马不可。

所以，对于2018年德系三强在中国市场的情况，就只剩下一种可能，那就是刺刀见红，奋不顾身地血拼。这种拼，除了拼推新车、拼新车性能，最重要的就是拼价格。其实，对德系三强来说，在新车性能上大同小异，难见格外出众之处。所以，最大可能就是打价格战。三强血拼价格，对中国消费者来说是福音。三强价格战或许将拉动中国豪车价格持续下沉，让中国消费者受益。

鉴于地位影响，只要德系三强开打价格战，其他豪车品牌为了生存，不得不积极跟进。所以，2018 年的中国豪车市场，通过价格血拼大打出手，已经是如箭在弦，势在必发。

（2018 年 1 月 17 日）

值得关注的是特斯拉进入中国的时间。上海特斯拉建成投产后，正好迎来中国禁产、禁售燃油车的风口，市场对续航能力超强的特斯拉的欢迎程度可想而知，届时用供不应求来形容经济型特斯拉的畅销状况，应该是一点都不为过的

特斯拉“狼来了”，国产新能源车存亡战一触即发

说狼来了，狼真的就来了！

据2017年10月23日消息，上海市政府网开一面，打破合资车企外资股比的限制，与全球新能汽车领导品牌特斯拉签署协议，允许特斯拉在上海自贸区投资建立一座独资工厂，在中国量化生产汽车。

特斯拉在中国上海投资设厂，意味着什么？

在全球范围内，特斯拉都具有超强人气。如果特斯拉成功落户上海，那就意味着中国消费者可以买到外观更拉风、性能更卓越、价格更便宜的新能源汽车——从2017年7月7日第一辆面向大众场的Model 3在加州弗里蒙特工厂下线，特斯拉就实现从高端奢华电动车制造商向经济型电动车的转变。

但这并不是全部。

对中国汽车产业来说，特斯拉落户上海，相当于引爆了一个重量级的核弹！

如果特斯拉落户上海，依旧走的是高端奢华路线，对自主品牌的新能源汽车来说，倒不足为惧——有价格区隔就好办，你掏富豪的腰包，我赚

普通老百姓的钱。

但现在已经有资料显示，特斯拉在上海建厂生产的，应该不是其奢华版车型，而是经济型的 Model 3。这款车型目前在欧美定价约为 3.5 万美元——比起动辄 10 万美元的奢华版，更接地气。由此可以推测，上海特斯拉生产的 Model 3 价格大致在 23 万 ~25 万元人民币之间，甚至可能更低。

对客户来说，特斯拉这种价格是极具杀伤力的，可以在车市上畅行无阻了。尤其值得关注的是特斯拉进入中国的时间——上海特斯拉建成投产后，正好迎来中国禁产、禁售燃油车的风口，市场对续航能力超强的特斯拉的欢迎程度可想而知，届时用供不应求来形容经济型特斯拉的畅销状况，应该是一点都不为过的。

所以，对新能源汽车市场来说，特斯拉落户上海，无异于打开了潘多拉的盒子，点燃新能源汽车价格战的星星之火。自主品牌的新能源汽车，如比亚迪、江淮、长安、北汽等将如何应对？或许，除了提升性能，严控质量外，打价格战也是无法逃避的一环，自主品牌们不得不奋起迎战，进行自卫还击。

没有新能源汽车，就没有中国汽车工业的未来。把特斯拉引进中国，等于在一个养满小鱼的池塘里放进一条鲶鱼，要想活命，小鱼们不得不放弃安逸生活，拼命游动，以防被鲶鱼逮住吃掉。但愿在特斯拉激发下，自主品牌知耻后勇，迎头赶上！

当然，有一点值得庆幸，上海市政府对特斯拉落户中国对汽车产业造成的破坏性是有所预估，有所控制的。根据目前协议，写的是建造一座工厂。这说明特斯拉在中国的规模是有所控制的，在某种程度上，产能受到限制。而且建成后，特斯拉的生产和运输成本相对从美国进口降低了不少，然而要支付 25% 的进口税，这约束了其价格难以一降到底，给自主品牌留下了缓冲的空间。

（2017 年 10 月 26 日）

拆分完成后，独立战斗的能力或许是增强了，但整体协调起来就没那么容易了，需要整合资源，共同应对对手，难免磕磕碰碰，使合力打折，甚至各扫自家门前雪，哪管他人瓦上霜，使其应对市场风险的能力大打折扣

为转型圈钱，迈巴赫、奔驰母公司拆分

坊间流传的全球第一豪车品牌、德国汽车制造巨头戴姆勒要拆分的事儿终于尘埃落地：2017 年 10 月 17 日，戴姆勒对外宣称，为应对新挑战，董事会已决定着手筹备旗下整车板块的拆分工作，奔驰品牌乘用车和商务车，以及戴姆勒卡车及客车业务或被转型为两家独立的法律实体。

子女大了，闹着独立和分家在所难免，各有各的算盘，各有各的利益考量，都以为独立单飞，可以飞得更高更远，获利更多更大。但分家，有做得更大，过得更好的；也有日渐式微，经营不下去的，看各自的能力和命运。

曾经做加法

抱团才能取暖，整合更易做强。这是经营企业的一个普遍法则。在相当长一段时间内，拥有 130 多年悠久历史的戴姆勒，更明白联手做大做强的道理，并且从中获益匪浅——戴姆勒拥有今天的规模实力，都是通过整合的路子来达成的。

戴姆勒是名副其实的百年老店，其麾下每个品牌都金光闪闪的，沉甸

甸的，极具份量，包括举世闻名的迈巴赫、smart、奔驰、AMG、乌尼莫克等显赫尊贵的汽车品牌。

如果没有合字诀，戴姆勒难言今日成就。1890 年，戴姆勒和迈巴赫成立戴姆勒发动机研究院，开始携手合作，走上做大、做强的道路。1926 年 6 月，戴姆勒公司和奔驰公司合并，成立了戴姆勒－奔驰公司，所生产的所有汽车都命名为“梅赛德斯－奔驰”。这次合并，开启了书写全球汽车工业史上的一段春秋佳话，一段美好婚姻壮大家族的神奇之旅，从那开始，戴姆勒的道路越走越顺。

1998 年 5 月，戴姆勒－奔驰公司以 360 亿美元的价格并购美国克莱斯勒汽车公司，并将公司更名为戴姆勒－克莱斯勒。这次合并，一个汽车巨无霸组装问世，合并后的戴姆勒一跃成为全球第五大汽车巨头。2007 年 5 月，戴姆勒－克莱斯勒宣布，私募基金 Cerberus 以 55 亿欧元（约 74 亿美元，550 亿元人民币）收购旗下克莱斯勒集团 80.1% 的股份，戴姆勒－克莱斯勒继续持有 19.9% 股权。2007 年 10 月，戴姆勒－克莱斯勒公司发布公报称，公司更名为戴姆勒股份公司。

一路走来，做加法在戴姆勒发展史上立下汗马功劳。通过做加法，让戴姆勒衍生出五大业务板块：主要销售梅赛德斯－奔驰品牌豪华乘用车和 Smart 品牌汽车的梅赛德斯－奔驰汽车；主要销售戴姆勒/奔驰品牌卡车的戴姆勒卡车；主要销售凌特等奔驰品牌厢式车/面包车的梅赛德斯－奔驰面包车；主要销售戴姆勒/奔驰品牌巴士的戴姆勒客车；以及戴姆勒金融服务。

戴姆勒的每一块业务都堪称庞大无比，一起构成了一个市值高达 600 多亿欧元的企业航母舰队群，在全球汽车市场扬帆远征，战功赫赫，尤其是在豪车市场，无人能出其右，打造了毫无争议的世界第一豪华车品牌。

为啥做减法？

其他汽车企业都在做加法，合纵连横，戴姆勒为什么背道而驰，做起了减法？

这两年汽车市场变化剧烈，挑战来自两个方面：新能源和智能化。

新能源汽车特斯拉的横空出世，强势介入，成为汽车行业核裂变的始作蛹者。发展新能源汽车，替代传统能源汽车，逐渐成为各国共识，禁产、禁售燃油车从呼吁开始落地为国家政策。挪威率先行动，称在2025年停产、停售燃油车。戴姆勒所在地德国，也宣布将于2030年停产、停售燃油车；英法中等国纷纷跟进，一场全球范围内禁产、禁售燃油车的战争全面打响。

这种转型，既是挑战，又是机遇，对任何汽车企业来说机会都是均等的，甚至像特斯拉那样没有任何历史背景的新品牌都可能横空出世，也意味着以前几十年，甚至上百年的品牌积淀、技术积累在顷刻间土崩瓦解、化为乌有，甚至成为企业转型的包袱，使其不堪重负。

为应对剧烈变化的市场环境，其他企业都希望强强携手，借助各自优势，扬长避短，以便在新的竞争中脱颖而出。目前戴姆勒达到了有史以来最佳状态，各项财务指标均抵达峰值。在2017年福布斯排行榜上，戴姆勒以1695亿美元的营业收入位列全球汽车行业第三位。按照惯常思维，戴姆勒正是发挥优势、四面出击的时候，而选择在这个时候拆分，确实需要牵扯更多精力，有分赃之嫌。

当然，坦率地说，戴姆勒高层比我等"吃闲饭，操淡心"之辈更精明。正是业务、财务都处于史上最佳时期，在投资者眼里，戴姆勒才更值钱，才能更有效地整合其他资本来助自己向新能源和智能化发展一臂之力——毕竟新技术研发、推广、生产设备的布局，都需要大量真金白银。通过拆分，可以让戴姆勒相关业务待价而沽，更加有利可图。

据汤森路透数据，目前戴姆勒集团的总市值为652.5亿欧元左右，约合人民币5126亿元。而有资本分析师表示，如果戴姆勒卡车和巴士业务单独分拆出去，其估值有望达到310亿欧元。戴姆勒高层在接受采访时候表示，有可能出售部分独立子公司股权以获取更多资金。拆分之后，戴姆勒的独立子公司估值有望实现翻倍，最终可能超过1000亿欧元，从而获得更多的资金用于新能源汽车技术、汽车智能化技术的研发和推广。

当然，企业少了，面向市场或许更灵活，更接地气，更能准确地把准行业发展脉搏和市场一线需求，做出快速灵活的反应。但即使戴姆勒拆分了，每个公司都仍然是巨无霸，并且德国企业文化严谨作风根深蒂固，在应对市场变化上，能否向着快速灵活转身，仍不好说。但有一点可以肯定，拆分完成后，独立战斗的能力或许是增强了，但整体协调起来就没那么容易了，需要整合资源，共同应对对手，难免磕磕碰碰，使合力打折，甚至各扫自家门前雪，哪管他人瓦上霜，使其应对市场风险的能力大打折扣。

所以，戴姆勒拆分，是福是祸，是危是机，是助力是阻力，目前一切都言之尚早，只有让给时间来检验其拆分之举是英明还是愚蠢。

（2017年10月19日）

谁犯了错，都要受到惩罚的，逃是逃不掉的。惩罚迟早会来，只是个时间问题

卡特尔"血案"：奔驰、宝马、奥迪的长年密谋

在全球用户眼里光鲜锃亮，代表全球汽车最高水平，代表"德国制造"的美好形象，有"德国豪车三驾马车"之称的奔驰、宝马、奥迪及其母公司戴姆勒、大众都掉进了同一个惊天大案——被称为"德国经济史上最大的卡特尔案"中，成为血腥合谋者。

冰山一角已现，内部分崩离析

卡特尔是法语 cartel 的音译，原意为协定或同盟，是一种正式的串谋行为。某些厂商为打击对手，垄断市场，获取高额利润而达成的有关划分销售市场、规定产品产量、确定商品价格等协议，从而形成垄断性的企业联合。

把德国豪车三驾马车定义为卡特尔组织，已经证实不是冤枉的。有越来越多的证据指证他们不光彩地勾结在一起——尽管目前的证据还只是合谋的冰山一角。

据欧盟竞争委员会主席玛格丽特·维斯塔杰尔（MargretheVestager）警告称，法庭证实了德国主要汽车制造商大众集团及其子公司奥迪和保时捷、宝马、戴姆勒等厂商涉嫌德国经济史上最大的卡特尔案。

目前，这个卡特尔组织内部已经出现了“犹大”，而导致祸起萧墙了。

2017 年 3 月份，德国调查人员对奥迪办公室进行了突击检查。两周后，奥迪母公司大众集团和奔驰母公戴姆勒不打自招，向监管方披露了与其他公司一起通过秘密会议进行非法交流的有关事宜，请求宽大处理。

尽管案件正在发展中，但德国卡特尔当局已经证实这些企业暗中勾结，联合打压竞争对手的事实。

据欧洲媒体报道，大众、戴姆勒、宝马约有 60 个工作小组自 1990 年以来就暗中联系，仅在过去五年内就秘密会见 1000 余次，就某些决议达成共识，甚至由于某些原因暂停彼此之间的竞争，并经常无视法律部门提出的建议。他们的合作涉及到汽车技术、成本、供应商和战略，以及柴油发动机排放控制相关活动。

奔驰、奥迪母公司都坦白从宽了，宝马仍在硬扛

所有这些合谋行为，压力可能源于其他行业搅局者咄咄逼人的侵犯，从 20 世纪以来，汽车向着智能化和新能源方向突飞猛进，新技术让老牌企业感到前所未有的压力，尤其是特斯拉、优步和谷歌等的“入侵”。这三家行业搅局者联合收购了诺基亚的数字地图部门，这是针对科技行业的一项里程碑式的交易，足以改写技术发展方向。2016 年 11 月，他们与美国企业福特合作，建立了可供电动车使用的超级快速充电网络。从而对德国制造企业向新能源汽车转型上造成巨大冲击，使得德国老牌企业感到由领先者到跟随者的巨大落差。

当然，谁犯了错，都要受到惩罚的，逃是逃不掉的。惩罚迟早会来，只是个时间问题。2016 年，欧盟已经向以上五家汽车生产企业开出了约 30 亿欧元的卡特尔史上最高罚单。但处罚并没有就此罢手。欧盟最近宣布，将对大众汽车旗下的 Scania 处以 8.8 亿欧元的处罚。

随着调查进一步深入，越来越多的罪证将浮出水面，处罚力度水涨船

高成为必然。如果按照相关规定，最高可按照他们全球收入的10%进行处罚。而2016年，五大汽车企业全球营业收入合计超过5000亿欧元。这意味着针对他们的罚款甚至有望高达500亿欧元，约3900亿元人民币。

这种处罚额度，搁在谁身上，都不是闹着玩的，肯定会让企业元气大伤。所以，他们已经在想办法躲避处罚。卡特尔内部的松动，就是这种情况的反映。2017年9月20日，德国戴姆勒已经向欧盟委员会申请做"污点证人"，成为该案的关键证人，意在免除罚款。据欧盟相关规定，参与卡特尔的第一个向欧盟委员会检举揭发并提供有效信息的可免于罚款。大众集团也主动向监管当局承认可能违反了反垄断法。

德国豪车三驾宝车中，目前只有宝马还在硬撑着，死活不认帐。或许是因为宝马已经失去了坦白从宽的先机，反正现在都要面临处罚，不如一赖到底，以争取多一点时间，做好应对准备。但这可能已经于事无补了。

（2017年10月25日）

奥迪 A6 的六连冠来得并不轻松，劳心费神，辛辛苦苦不说，还要放下架子，拉低身段，以牺牲利润来换取市场

豪车 ABB 三国杀：奥迪 A6 六连冠背后都是泪

在广州车展上，对标的品牌和车型杀得难分难解，其中知己知彼的德国豪车“三驾马车”的奔驰、宝马、奥迪更为你死我活，各不相让，尤其集中在奔驰 E 级、宝马 5 系和奥迪 A6 系列车型上。

奔驰 E 级、宝马 5 系和奥迪 A6 在市场定价上紧追不舍，区间价基本上界定在 40 万～70 万元之间。其中奥迪 A6 区间价为 40.60 万～74.60 万元，宝马 5 系区间价为 44.99 万～66.39 万元，奔驰 E 级区间价为 42.42 万～62.98 万元。可以看得出来，三者的定价高度重合，竞争异常激烈。

在刚刚统计出炉的 2017 年 7 月份 C 级车市场销售数据，也体现了三者竞争的激烈程度。奥迪 A6、宝马 5 系、奔驰 E 级位居前三，销量分别为 14486 辆、11099 辆、9171 辆，共同组成“紧密团结”的第一阵营。从 2017 年 5 月份以来，这是奥迪连续六个月蝉联 C 级车市榜首。截止 10 月，2017 年奥迪 A6、宝马 5 系、奔驰 E 级在中国市场上的销量分别为 121045 辆、97101 辆、94400 辆，都领先于第二阵营领头车凯迪拉克 34838 辆至少半个身位以上。

奔驰 E 级、宝马 5 系和奥迪 A6 都是“德国老乡”，工艺和技术相差无几，品牌和文化异曲同工，价位高度重合，打得难分难解，全在情理

之中。

奥迪 A6 技术领先、配置豪华、运动能力超强，公认的形容词是豪华、动感、成熟。

宝马 5 系是汽车史上最出色的系列之一，车身修长、线条流畅、大气漂亮、内饰沉稳、做工精致、配置丰富、空间宽裕、深受年轻成功者青睐。

奔驰 E 级轿车是一款介于 C 级与 S 级之间的中大型高端商务轿车、跑车、旅行车，外观年轻时尚、车身稳重大气、内饰豪华精致、空间大、安全性高、可以充分印证"开宝马坐奔驰"的体验。

目前，在德系豪车三强中，奔驰增速最快，2017 年 1－10 月份同比增长了 27.8%。

奥迪 A6 能够领先于奔驰 E 级和宝马 5 系，有其深刻的历史原因和积极的现实因素。"三强"都是在 20 世纪 80 年代到中国拓展市场，但奥迪获得了官方青睐，成为约定俗成的"官车"。在中国做生意，被官方认可的，更容易俘获普通老百姓。1988 年奥迪汽车授权中国一汽生产奥迪 100，组装后被政府部门抢购一空，从此奥迪成为名副其实的官车。但宝马和奔驰就没有官方点石成金的好运，一切只能靠自己。

积极的现实因素就是在奔驰 E 级、宝马 5 系和奥迪 A6 中的销售活动中，奥迪 A6 的销售政策是最机动灵活的，在直接面对消费者的市场上，奥迪 A6 掀起了多轮价格战，其中降价幅度最高的达到 15 万元，约为 25 万元左右，从而引发抢购风潮。而奔驰 E 级、宝马 5 系仍然是保持 40 万以上的销售底价，没有采取激进的价格策略。

由此可以看出，奥迪 A6 的六连冠来得并不轻松，劳心费神，辛辛苦苦不说，还要放下架子，拉低身段，以牺牲利润来换取市场。从 2014 年外交部长王毅宣布用红旗替代奥迪 A6 起，其官车风采逐渐黯淡，走进历史，奥迪也陷身转型泥淖之中，一时无从适应。如果不是有那种捋起袖子加油干的艰苦奋斗精神和牺牲利润的精神，奥迪 A6 的月度销售冠军宝座恐怕早就易主了。

所以，从 10 月销售看，奥迪 A6 虽然表面风光无限，但这种风光背后的凄风苦雨，泪水涟涟，恐怕只有奥迪自己深有感触，不足为外人称道。

（2017 年 11 月 23 日）

对 Jeep 来说，更为不幸的是，由于自由光出现了烧机油、天窗漏水、变速箱渗油、中控异响、天窗异响等问题以及对厂商处置态度十分不满的用户组织起来的群体维权事件，已经成为广汽菲克扩大销售的绊脚石

JEEP 库存之弦接近临崩点

2017 年 8 月广汽菲亚特—克莱斯勒（下文简称广汽菲克）销售奏凯，止跌回升，销量同比增长 5.39%，环比增长 6.95%。其旗下 Jeep 主推的自由光和自由侠两款主力车型的月销量分别为 4068 辆和 2304 辆，貌似逐渐元气恢复，在触底后反弹，回归正常轨道。

在持续发酵然而这个销售数量并不能让 Jeep 感到脸上有多大荣光。作为定位为“全球 SUV 领导品牌”的 Jeep，有过梦幻般的光辉岁月，曾经是 SUV 的代名词。世界上第一辆越野车，就源自 Jeep，专门提供给二战中美国军方使用，二战期间约有 60 万部 Jeep 在军队中服役，以卓越性能适应了险恶的战争环境，功勋卓著，并扬名立万，形成独特撩人的标识区别——“并非所有吉普都叫 Jeep”。

强大的品牌影响源于悠久的历史。在全球各地，Jeep 都有深远影响，拥有大批拥趸，即使在中国亦不例外。Jeep 对形象爱护有加，拓展中国市场，请来代言的都是铁骨铮铮的硬汉，如万科创始人、以酷爱登山著称的著名企业家王石，京东集团创始人、从底层摸爬滚打过来的、百折不屈的新一代企业家刘强东，形象俊朗、演技一流、表面冰冷内心火热的一线影

星谢霆锋。这些精雕细琢的推广手段凸显 Jeep 看好中国市场。

Jeep 有两款经典车型，即自由光和自由侠。其中，Jeep 自由光名字 Cherokee 原来是美国一个印第安人部落酋长的名字，该部落的人们以勇猛剽悍、机智果敢著称。自由侠将菲克集团内以 Jeep 为代表的 75 年美系专业 SUV 四驱血统和以菲亚特为代表的拥有 117 年欧系运动小车的操控基因有序重组，造就了专业级超驾趣味的全新 Jeep 自由侠，为都市年轻族群提供独一无二的超级驾趣体验，表达对生活的向往和追求。

由于拥有较好品牌形象，在中国市场上 SUV 车声誉鹊起的大背景下，Jeep 曾经水涨船高，过了一段风光日子。2016 年，广汽菲克的销量暴增 270.8%，Jeep 自由光月销量一度冲破万辆大关。即使 2017 年初，自由光和自由侠都处在巅峰状态，3 月自由侠销量为 4500 辆，4 月自由光销量为 9250 辆。但其后，形势急转其下，一路跌落。到目前销量仍处于被腰斩状态，7 月自由光销量为 3777 辆，自由侠为 2028 辆。尽管 8 月在止跌回升，自由光和自由侠分别销售了 4068 辆和 2304，仍然不及巅峰时的 1/2。

这两年 SUV 销售一直都处在井喷的扩张状态，深得用户喜爱。作为 SUV 车型的全球领导品牌，如果在这种风调雨顺的市场环境下，Jeep 仍然难有作为，那就意味着其在中国市场的雄心壮志正在遭遇挫败，前景变得黯淡和扑朔迷离。

2017 年 8 月份销售数据显示，Jeep 看起来是止跌回升，呈现出向好迹象。但透过现象看本质，不难发现，其实自由光也好，自由侠也好，来自市场的情况并不乐观，因为 Jeep 销量止跌回升是通过压货来实现的，而不是实实在在的销售，这种情况凸显 Jeep 在中国的销售处境正处在不断恶化之中。

据中国汽车流通协会公布的数据，8 月，广汽菲克库存系数高达 2.46，成为合资车企中库存最高的冠军企业，在整个中国市场车企库存指数排行榜上高居第二。由此看来，广汽菲克稍有起色的战果，是建立在库存高企的基础上，是通过把压力传导给渠道来实现的，经销商正在承受难忍的库存高压，系统消化不良的苦果正在出现。事实上，从大环境上讲，8 月正是一年中汽车市场在经历夏季的销售淡季之后，逐渐转向旺季的开始。所以，广汽菲克销售在 8 月出现止跌回升，是正常现象，并不能成为 Jeep 销售改善的证据。

在汽车领域，品牌企业与经销商之间，压货与反压货间的矛盾一直存在。曾有汽车品牌，特别是合资企业，不能正确处理好这种矛盾，引发经销商反水，甚至导致其在中国经营陷入大面积瘫痪。目前，广汽菲克居高不下的库存，已让经销商感受到了前所未有的压力。然而对 Jeep 来说，更为不幸的是，由于自由光出现了烧机油、天窗漏水、变速箱渗油、中控异响、天窗异响等问题以及对厂商处置态度十分不满的用户组织起来的群体维权事件在持续发酵，已经成为广汽菲克扩大销售的绊脚石。

（2017 年 10 月 10 日）

在中国车市上，长安汽车以中低端为主，在高端车领域没有什么建树，中低端的品牌形象比较固化。DS偏偏是一款高端车，是豪华车品牌，与长安汽车合作，在主客观上受固化因素影响较大，无法定价过高，也不易被消费者接受

“法国女神”DS在华魅力黯淡

世界浪漫之都巴黎的风情，不仅体现在袅娜多姿、秋波频送的美丽女郎身上，也体现在线条优雅、大街小巷拉风驰骋的DS（谛艾仕）上。

作为权贵阶层的标配，法国豪车品牌DS在那片生养的土地上，与多情的巴黎女郎一样，风华绝代，魅力劲射。

但DS在华却是水土不服。据最新统计数据，DS在中国市场的三款主流车型DS 5Ls、DS 4S、DS 5 2017年10月份的销量分别为336辆、199辆、11辆，月度共计销量只有屈指可数的546辆；1—10月，这三款车型累计销量分别为1234辆、1031辆、337辆，三款车型累计销售了2602辆。按10月份各大车型销量排行，DS 5Ls排在第173位，DS 4S排在第188位，DS 5排在第217位。

这组数据足以反映DS在华的惨淡经营状况。在中国这个全球最大的汽车产销大国，DS的存在宛如一颗石子扔进了惊涛骇浪的浩瀚海洋，被完全湮没，激不起一点浪花，没有什么存在感。

不是价格问题

法国人以艺术才华迸溅，时尚浪漫风流著称于世。这种显著特质，从

DS 的命名就可以窥斑见豹。在法国语言中，DS 全称为 Déesse，有让人想入非非的“女神”之意。

事实上，DS 从品牌命名，到产品设计，都与其名字一样，风华绝代、魅力四射，成为权贵出行的标签，显摆的资本，尤其受到法国政要青睐，有“总统座驾”美誉。从显赫的戴高乐总统到现任的年轻的马克龙总统，DS 都是法国总统的不二之选——马克龙的座驾是一辆黑色的 DS7 SUV。

但中国消费者对这位异域女神并没刮目相看，甚至反应十分冷淡——在中国车市，DS 确实是“养在深闺无人识”，叫好不叫座，这是让 DS 全球 CEO 易博丰怎么都想不明白的一件怪事。

矛盾确实是那样凸显，让 DS 经营者们内心难以接受。从中国市场销量看，DS 不愧为“小众豪车”。之所以是“小众豪车”，其显著标志就是高高在上的价格，让人高攀不起，比如迈巴赫。然而事实上，与其他豪车相比，DS 的价格绝对走的是十分亲民的“群众路线”，已经富起来的大多数中国人都可以消费得起，没有太大压力。

以在中国销售的三款主流 DS 车型为主，DS 5LS 的价格区间为 14.98 万～24.68 万元，DS 4S 的价格区间为 14.99 万～22.99 万元，DS 5 的价格区间为 21.99 万～34.99 万元。

这种价格绝不是豪车那种辣眼睛的价格体现。这价格对于定位为“汽车工业顶级设计豪华品牌”的 DS 来说，实在是委曲求全，让 DS 极具性价比和竞争力。所以，按道理，DS 不应该门前冷落鞍马稀，而应该是供销两旺，与同一档次的德国豪车三品牌的奥迪、宝马、奔驰在销量处于同一级别才对。

须知，在时尚浪漫的法国，DS 这个牌子是销量的保证。1955 年 DS 在巴黎汽车展上第一次亮相，就以独特的外形，超前的技术横空出世，脱颖而出，俘虏了众多消费者之心，开展 15 分钟内就接到了 743 份订单，开展第一天订单数高达 12000 份。

不是产品问题

法国女神 DS 在华倍受冷落，既然不是价格问题，难道是产品问题？

既然是女神，那肯定就是美貌和智慧并存的。作为法国豪车，其实 DS 的产品是比较成熟的，经历了数十年岁月的淬炼，一路走来，DS 经过了千锤百炼，百炼成精了。其在中国市场上的三款主流车型，也是成熟的老款式，产品质量和性能经得起用户挑剔。

DS 5 在 2011 年 4 月发布，是一款基于 PF2 平台的轿跑车型，车身长度达到 4600mm，拥有宽敞的内部空间，配备 1.6L THP 汽油发动机以及 2.2L HDi 柴油发动机，以及 PSA HYbrid4 技术，实现电动四轮驱动，最大功率达到 147kW，有钛银、摩卡棕、珍珠白、静谧黑、浩瀚灰、典雅灰以及极光蓝共计 7 种颜色，可以满足消费者的各种需求。

DS 5LS 是标准的三厢车型，大量镀铬饰条的使用和更有设计感的灯组使其档次凸显，气质高雅，前脸大气厚重。DS 5LS 的内饰用料对得起“豪华 A 级车”的定位。Nappa 真皮和表链式真皮座椅无论是在视觉还是触觉上，都值得肯定。仪表盘和中控台更加清晰便利，智能互联紧跟时代潮流，除显示实时路况的导航系统之外，还包括天气、新闻、股票、城市活动、环保驾驶和离车导航，应有尽有。

国产 DS 4S 最早亮相于 2015 年广州车展，其车身尺寸为 4435/1843/1510mm，轴距为 2715mm。外观延续了 DS 品牌家族式的前脸设计基因，C 形的 LED 日间行车灯让其更显犀利动感，车尾的双边共两出镀铬排气，青春的运动气息扑面而来。

在奥迪、大众等德国汽车深受尾气排放门、德美日系车深受高田安全气囊影响，不得不大规模召回的大好市场形势下，DS 都没能实现翻身，实在让人想不明白。其实，DS 的质量和性能表现尚可，将其在中国市场不受待见的原因归结于产品，确实有些说不过去。

品牌和合作伙伴

DS 在华市场的问题到底在哪里？

中国人做事情，讲究天时、地利、人和。考察 DS 在华水土不服，或许可以从这三个方面着手。在中国，同样有句古话，叫做"早起的鸟儿有虫吃"，其实这句话里面就蕴藏着深奥的天时因素。

德国豪车三品牌在中国市场吃香喝辣的一个重要原因，就是进入中国市场早，在 20 世纪 80 年代，ABB 就来到中国拓展耕耘，几乎与中国改革开放同步。一路走来，ABB 已经具备了丰厚的品牌沉淀，丰富的资源积累，成了中国消费者购买豪车时的首选。

DS 直到 2011 年才进入中国市场，可谓姗姗来迟。由于进入中国市场较晚，失去了市场先机，这是导致 DS 在华销售不振的一个重要原因。改变这种现状，只能借助岁月沉淀。

地利就是中国车市的发展现状。当年德国三豪车进入中国市场，汽车还是稀缺货，光有钱还不行，还需要找关系，需要有特权，德产豪车成了皇帝的女儿不愁嫁的抢手货。等 DS 进来，中国车市已经十分成熟，品牌众多、车型更多，推广起来难度大，要想脱颖而出则更为艰难。虽然 DS 意识到了这一问题，加强了推广，甚至入乡随俗，将形象代言人由有"法兰西玫瑰"之称的苏菲·玛索替换成中国观众喜欢的明星王凯，加强了推广力度，但从目前来看，这种作用有限，收效甚微。

那人和呢？

根据中国相关政策，外资品牌进入中国市场，都要选择一家本地汽车企业进行合资合作。奥迪选择的是一汽集团，奔驰选择的是北京汽车，宝马选择的是沈阳华晨。目前他们都已经发展了起来，从德系豪车三强成为中国车市豪车三强。

DS 选择的合作伙伴是长安汽车，于 2011 年在深圳龙华成立了长安标致雪铁龙汽车有限公司，注册资金40亿元人民币。

一个不可忽略的事实，那就是选择生意合作伙伴十分重要。合作伙伴选得对、选得好，可以加分，产生1+1>2的效果；合作伙伴选得不合适，那就减分了。或许DS与长安合作，就是一种比较尴尬的情况——两者不适配。在中国车市上，长安汽车以中低端为主，在高端车领域没有什么建树，中低端的品牌形象比较固化。DS偏偏是一款高端车，是豪华车品牌，与长安汽车合作，在主客观上受固化因素影响较大，无法定价过高，也不易被消费者接受。

当然，一切并非绝对。只不过DS选择与长安合作，想要取得市场成功，恐怕得走更长的路途，流更多的汗水，需要更长的时间。

（2017年12月6日）

长安汽车的份额和地位有点儿尴尬。从销量来看，比亚迪、知豆、众泰、北汽新能源是销售大户；而长安汽车新能源车的销量比这些车企都要低一档次；在燃油车的产销上，长安汽车才是自主品牌冠军。所以，“香格里拉计划”是长安汽车在转型上采取的赌徒式进攻，是以自己的短处来对阵竞争对手的长处

长安汽车打响禁燃油车第一枪

新能源汽车站上了大风口，迎来了前所未有的发展机遇。

英法德美相继推出禁产、禁售燃油车时间表；2017 年 9 月份，我国工信部副部长辛国斌公开表示，中国也正在制定禁产、禁售燃油车时间表。

“惊天地，泣鬼神”的“香格里拉计划”

2017 年 10 月 19 日，嗅觉像猎犬一样敏锐的长安汽车在北京召开新车发布会，主打新能源汽车。在会上，长安汽车不仅推出了 CS15EV、逸动 PHEV、新逸动 EV300 三款新能源型，而且石破天惊地宣布要在 2025 年全面停止生产和销售燃油车，成为我国第一个响应全面停产停售燃油车的企业。

长安汽车此举是务实战略还是营销噱头？

从策划角度来看，这次活动，长安汽车抓点相当成功，借助“惊天地，泣鬼神”的宣言，站上了禁产、禁售燃油车话题的风口，大有抢占中国新能源汽车第一品牌的气吞山河之势。

长安汽车宣言，估计让新能源汽车做得不错的比亚迪、江淮、北汽、众泰等都如鲠在喉，有苦难言——目前市场上，这些品牌的新能源汽车在销量都要胜过长安汽车。

策划做得传神轰动，为长安汽车的营销插上了翅膀，成为长安汽车这些年销量站上自主品牌第一宝座的法宝之一。

迄今距离2025年只剩下8年时间。如果要在2025年全面停产停售燃油车，留给长安汽车的时间并不多。

从传统能源汽车全面转型升级到新能源汽车，有太多系统性工作要做，代价亦相当沉重巨大。其他车企没有抢在长安汽车之前宣布，估计也是因为船大难掉头的原因——他们在边等边看究竟中国禁产禁售燃油车的具体期限是什么时候。

为完成2025禁产禁售燃油车的艰巨任务，长安汽车是豁出去了，准备全力以赴。在会上，长安汽车推出了保证届时兑现承诺的“香格里拉计划”，要在全产业链计划投入1000亿元，调动一万多研发人员，构建开放共赢的产业生态圈，打造具备高品质和愉悦体验的新能源汽车。

胜败关键在于产品成败。对于制约新能源汽车发展普及的两项关键指标，即充电时间和续航里程，长安汽车描述为届时其新能源汽车能做到“充电五分钟，续航百公里，续航里程为1000公里”——如果产品性能真这么卓越，长安汽车在2025年全面停产停售燃油车才有实际意义，否则，“香格里拉计划”将以失败告终，长安汽车也真要面临“壮士断腕”的窘境了。

冲动可能有惩罚

尽管我国禁产、禁售燃油车的时间还没公布，但据笔者判断，可能不会像长安汽车那样冒进，肯定要晚过2025年，以便给其他车企完成转型留下相对充裕的时间。这个时间或许与德国禁产禁售燃油车的时间一致，即

2030年；最晚不会晚过英法禁产禁售燃油车的时间，即2040年。

虽然目前中国新能源汽车销量增幅很快，但所占份额很低，数量较小。据最新数据，2017年9月份全国新能源汽车的产销量分别为7.7万辆和7.8万辆，同比增长分别为79.7%和79.1%。截至9月份，2017年新能源汽车累计产销量分别为42.4万辆和39.8万辆，同比分别增长40.2%和37.7%。

在这样一个高速增长，但绝对数值不大的盘子中，长安汽车的份额和地位有点儿尴尬。从销量来看，比亚迪、知豆、众泰、北汽新能源是销售大户；而长安汽车新能源车的销量比这些车企都要低一档次；在燃油车的产销上，长安汽车才是自主品牌冠军。所以，"香格里拉计划"是长安汽车在转型上采取的赌徒式进攻，是以自己的短处来对阵竞争对手的长处。

从另一个层面上讲，长安汽车新能源车的销量不济，也反应了长安汽车在新能源技术的突破和储备上，目前是比不上其他企业的。所以，2025年长安汽车是否可以成为新能源汽车第一品牌，尚有较大不确定性。但如果我国推出的全面禁产禁售燃油车的时间是2030年或者更晚，那就意味着在燃油车市场的销售上，长安汽车要白白赔掉五年甚至更长的时间。

不用估算都知道，这个损失，对目前燃油车自主品牌销量冠军来说，数额巨大，有点难以承受。届时，长安汽车就可能要为自己的青春冲动受到惩罚，付出代价。

（2017年10月21日）

从车型上看，东风日产处于青黄不接状态，老车型在不断老化，新车型却没有被市场广泛接受，作为新生力量的新车型还没形成基本的战斗力，或者说东风日产新车缺乏起码的竞争力，仍在吃老本

新车型销售萎靡，东风日产混成“啃老族”

东风日产2017年8月份的战报让其他销量萎靡不振的日系品牌车企“羡慕嫉妒恨”。

据全国乘用车信息联席会数据，东风日产在2017年8月实现销量8.91万辆，同比增长17.83%；1-8月累计销量达60.06万辆，同比增长12.95%。这两项指标都远超行业平均水平。

转眼间，2017年已经过去2/3。按照目前这种产销趋势，东风日产2017年应该迎来一个丰收之年，胜利之年，可以弹冠相庆了。这让2016年开始走马上任的东风日产总经理埃尔顿·顾索（Airton Cousseau）也可以暂时舒缓一下紧绷的神经，睡上一些安稳觉了。

然而认真比较，不难发现，目前的东风日产车型销售结构表现较为畸形：其中应该成为销售主力的新车型，如蓝鸟、西玛、劲客等却在惨淡经营，月销量仅为数百辆到4000辆之间；而应该退出销售主力阵营的老车型轩逸、奇骏、逍客和天籁，却是东风日产销售的绝对主力军，占据其总销量的八成以上。

对于这种情况，毫不客气地说，东风日产车型的新生力量还没有形成

基本的战斗力，或者说东风日产新车缺乏起码的竞争力，其销售仍在吃老本，堪称“啃老族”。从车型上看，东风日产处于青黄不接状态，老车型在不断老化，新车型却没有被市场广泛接受。

当然，这种情况出现，说明东风日产老车型的品牌是被接受的。但由于时代久远，款式陈旧，也不再是日产的未来主力。老车型的赚钱能力一般，利润薄如刀片，只能靠规模取胜。从东风汽车集团上半年财报可以得到印证——上半年东风日产销量同比增长 11.48%，但净利润却同比下滑了 5.3%。

东风日产销量的增长不是靠新品，而是靠老品、靠价格战取胜。据有关数据，2015 年底上市的蓝鸟，目前月销量不到 4000 辆；2016 年 5 月上市的西玛月均销量仅为百辆左右；2017 年 7 月上市的劲客，在 8 月份销量只有 3832 辆。而老车型的轩逸、奇骏、逍客和天籁前 8 个月的销量之和为 51.81 万辆，占东风日产同期总销量的八成；其中，轩逸一枝独秀，占到总销量的四成左右。老车型这种抢眼表现，让东风日产新车型沦为摆设和鸡肋。

从市场情况反映，不难看出，东风日产老车型的畅销，是靠灵活的营销政策作后盾。换句话来说，就是靠价格战。众所周知，价格战是一把双刃剑，在带来销量大幅提升，份额持续扩大的同时，也给品牌造成巨大伤害。所以，一般情况下，在产品推陈出新时使用。然而，目前东风日产的价格战，不仅涉及到老车型，而且殃及到新车型。

但让人纳闷的是，即使东风日产的新车型打价格战，都无法刺激其销售，价格战只是在老车型身上屡试不爽。原因在哪里？是新车型卖点不够突出，竞争力不够明显，还是新车型品牌影响力不够大，价格定位很不科学？

如果老是要靠历史来支撑今天，那东风日产未来该怎么办？所以，对东风日产来说，当务之急，是如何把新车型的品牌影响力做大，将其销售做起来，培育成销售主力。否则，未来将缺乏支撑，毕竟其老车型正在走进生命周期的最后阶段，销量再好，都是回光返照。

据悉，轩逸和蓝鸟是日产汽车在1959年推出的轿车系列，是其史上生产周期最长、累计产销量最多的车型，为其崛起立下了汗马功劳，但目前已是强弩之末，进入了车款寿命末期。奇骏是日产在2000年底推出的一款车型，其SUV款定位“城市四驱车”。天籁是2003年东风日产乘用车公司成立后，被看作是东风和日产合作的第一个真正意义上的产品。

（2017年10月9日）

大众辉昂是家轿，大众途昂是大型 SUV 车。这种截然不同的境况，折射出家轿市场正在快速没落，而 SUV 车市场正在快速崛起

没落与崛起：大众辉昂与途昂为啥冰火两重天

都是上汽大众引以为傲的“昂”字辈产品，价格都在 30 万到 60 万的样子，但在中国市场上“兄弟俩”却遭遇了冰火两重天的境遇：大众途昂销售如火如荼，从上市热销到卖断货，加价意向不绝于耳，呈现蛙声一片的丰年景象；而大众辉昂却是门前冷落，甚至沦落到无人问津的地步——直到最近用价格杠杆刺激，才勉强有所起色，但仍然极不理想。

据有关数据，大众途昂 2017 年 7 月份销售了 8148 辆，8 月销售了 8433 辆，9 月销售了 8771 辆，1－9 月共计销售了 4.53 万辆。大众途昂的价格区间为 30.89 万～51.89 万元，在这个价格的产品中，大众途昂产销两旺，销量名列前茅。大众辉昂 2017 年 7 月份销售了 709 辆，8 月份销售了 1003 辆，9 月份销售了 1897 辆，1－9 月共计销售了 0.51 万辆，甚至不及大众途昂的零头。大众辉昂的价格区间为 34.90 万～65.90 万元，在这个价格的产品中，大众辉昂的销售惨不忍睹，销量排行榜上倒着数名列前茅。

流着同样的血，定着相差无几的位，出现这样反差巨大的销售，着实是一个让人费解的谜，在整个汽车界都是相当罕见的。

唯一的理由，或许只有一个：大众辉昂是家轿，大众途昂是大型 SUV 车。这种截然不同的境况，折射出家轿市场正在快速没落，而 SUV 车市场

正在快速崛起。从 2017 年上半年数据也可以看出，SUV 车仍然处在高速增长阶段，已经迎头赶上，差不多与家轿平分天下了。

目前在 SUV 车市场，自主品牌占据优势，约占中国整个车市的 6 成。外资品牌由于推出 SUV 车型较慢，处于相对劣势阶段。但那些已经推出了 SUV 车型的外资品牌，明显可以看出，SUV 车的销量涨势喜人，就像大众途昂与大众辉昂一样，SUV 不断吞噬着家轿的市场。如果把大众辉昂的销售不济定为其他原因，倒不如将其原因归结到是受大众途昂冲击的结果。尽管这两款车的对标对象区别很大：大众途昂对标的是有“越野之王”之称的福特撼路者；而大众途昂对标的貌似是奥迪 A6。

大众辉昂的销量那么少，生产推广销售的成本又那么高，能赚到钱吗？照目前销量，大众辉昂能赚到钱，那就是奇迹了。既然是亏的，将来大众辉昂就只有两条路：要么退市，要么大幅降价。大众辉昂退市的可能性是极少的，所以降价倒是一个不错的选项。但其价格一定要降到与大众途昂有明显区别，不在一个价格区间里揾食，而是从竞争对手那儿抢饭吃为止。

大众显然已经意识到了这个问题，正在大刀阔斧地对大众辉昂砍价了。大众辉昂 2017 年 9 月份的销量比 8 月份的销量大幅增长，正是由于大众辉昂大幅降价产生作用的结果。

目前大众辉昂的降价幅度还远远不够，对其销售拉动作用十分有限。只有狠心大砍，直到性价比占有明显优势，让消费者怦然心动了，才能从其他竞争对手那儿抢到蛋糕，扭转当前销售极为不利的现状。

如果大众迫于严竣的销售形势，真能接受笔者建议，那么在未来两年内，大众辉昂有可能成为豪车阵营的“跳水之王”，让消费者真真切切地感到——值！但大众辉昂使用的是奥迪 A6 的车身平台，对标的是奥迪 A6，如果降得太多，也让大众颜面无光，内心难堪。所以，在大降与小降的夹缝中，大众辉昂是老鼠进风箱——两头受气呢。

（2017 年 10 月 29 日）

全球有一亿多辆使用高田气囊的汽车被召回，仅中国就高达一千万辆，这事儿，彻底压倒了高田气囊，让其由一支"绩优股"瞬间变成"垃圾股"，给了均胜电子低价并购的机会

均胜天价并购高田气囊到底值不值

三十年河东，三十年河西。中国企业与日本企业，正在遭遇截然不同的命运：中国企业在狂飙突进，日本企业在急流勇退。

最近，继海信集团以7.5亿人民币获得日本东芝映像解决方案公司95%的股权后，中国企业再度出手——宁波均胜电子豪掷16亿美元（约106亿元人民币），并购了另一家日本企业"高田公司"。

定位于做汽车配套生意的高田公司，品牌不像东芝那样如雷贯耳家喻户晓。但在圈内，其名声和地位并不逊色于东芝，是全球最大的安全气囊配套供应商，几乎所有汽车大品牌，如大众、奥迪、丰田、本田、马自达等，都与高田气囊有密切合作。

鉴于这种江湖地位，高田气囊出现问题后，殃及的品牌之广、汽车召回数量之多、造成的损失之重，那是"盛况空前"，给全球汽车工业带来有史以来最惨重的打击。据数据统计，全球有一亿多辆使用高田气囊的汽车被召回，仅中国就高达一千万辆。

2015年，高田气囊被爆出存在安全隐患，在打开时张力过大，会爆出零件导致驾乘人员二次受伤，到2015年5月仅本田汽车就有6位使用者不

幸离世。这个问题使得高田公司面临巨额赔款，由于无力支付，日本高田公司不得不于2017年6月申请破产保护，债务超过90亿美元；其美国子公司亦申请破产保护，债务规模在100亿美元至500亿美元之间。

这事儿，彻底压倒了高田气囊，让其由一支“绩优股”瞬间变成“垃圾股”，给了均胜电子低价并购的机会。

106亿元人民币，是笔不小的数字。这笔收购划算吗？均胜电子是捡了个大便宜还是烫手山芋？

如果不是摊上事儿导致破产清算，这个价并购高田是太划算不过了——当然，如果不出事，高田也不会沦落到破产卖身的地步，均胜也不会有并购的机会。如果这事儿可以到此为止，给高田公司注入资金后，高田可以东山再起，也是划算的。

但问题是这摊破事对高田的打击是毁灭性的，流毒无法得到肃清，高田现在剩下的，只是负资产了。由于是汽车配套，事关用户生命安全，牵扯范围太广，这种影响是持续深远的，难以在短期内得到修复。

从目前来看，这个曾经的安全气囊全球第一品牌，已经成为负资产，不仅害己，也把合作伙伴给坑了。在行业内，汽车厂商都是谈高田气囊色变，没有企业敢再找高田气囊合作，要在短期内重建双方信任关系，也几乎是不可能的。所以，高田气囊曾经最有价值的客户渠道资源，已经派不上用场了。

其次是品牌。高田气囊曾经是安全气囊全球第一品牌。但现在其品牌美誉度已经归零，品牌价值荡然无存。从某种意义上讲，问题出现后，高田的品牌价值就透支殆尽，转变成为负资产，业内合作伙伴都唯恐避之不及。

均胜电子买下高田公司，究竟能得到什么？

均胜电子是一家汽车配套企业，产品系列包括驾驶员智能控制系统、电动汽车电池管理系统、工业自动化生产线、空调控制系统、传感器系统、电子控制单元、汽车发动机涡轮增压进排气系统、空气管理系统、车身清洗系统、后视镜总成等。旗下百利得安全系统也生产安全气囊。这次收购，均胜电子看中高田的，可能就是其技术、品牌和渠道。但实际上，估计勉强可以派上用场的，就只有技术这一项了。

百利得希望通过收购、整合高田技术，帮助自己成为全球最大安全气囊供应商。如果百利得奔着这个目标去，最后效果可能就要打折了。高田在技术上确实有过人之处，但其安全气囊的安全问题都得不到解决，其技术带来的隐患又该如何避免？将来类似问题会不会重复出现？如果出现了，那岂不是把均胜电子也拖进了高田今日的困境？

由此看来，均胜电子收购高田，并非是一桩占了便宜的买卖，至少不值那么多钱；接下来，如何变废为宝，将考验均胜电子妙手回春的本领。

（2017 年 11 月 28 日）